내 생애 마지막 영어 공부법

뉴욕의사의 백신 영어

고수민 지음

은행나무

CONTENTS

시작하며 8
추천의 말 15

1장 _ 내가 영어를 얼마나 잘할 수 있을까 18

영어 잘하는 사람이 드문 한국 21 | 교포 2세들의 영어 실력, 미국 사람과 똑같을까? 24 | 교포 1.5세들은 영어를 얼마나 잘할까 27_ ■아이들은 이민 오면 저절로 영어가 된다? 29 | 이민 1세대 전문직들의 영어 실력은? 31 | 알고 보면 놀랍지 않은 다중언어 구사자의 언어 실력 33 | 한국의 영어 도사들의 실력이 궁금하다 35 | 뉴욕 의사 고수민의 영어 실력 대공개 37 | 현실적인 영어 공부의 목표를 세우자 44

2장 _ 목적의식을 가져야 영어를 잘한다 46

블로그로 영어 공부 방법을 전파하기 시작하다 49 | 쏟아지는 영어 공부 관련 질문들 51 | 영어 덕에 20대에 부장으로 승진한 친구 이야기 54 | 한국인에게만 어려운 야속한 영어 56 | 원어민 수준이 되는 데 얼마나 시간이 걸리는지 묻지 마세요 59 | 영어를 잘하려면 목적의식을 가지고 공부해야 65_ ■영어 학습법의 우월성, 과학적으로 증명할 수 있을까? 66

3장 _ 토플, 토익 고득점자도 영어를 못하는 이유 70

고수민의 토플 도전기 74_ ■첫 영어 학원 레벨 테스트, 결과는? 76 | 토플과 실제 영어, 얼마나 차이가 있을까 79 | 토플은 한강, 진짜 영어는 태평양 81 | 영어 공부 2년 반 만에 미국 구직 인터뷰에 도전하다 82 | 토플은 못해도 영어는 잘할 수 있는 비결 86

4장 _ 영어 듣기를 잘하는 비결 90

9.11 테러 당시의 껄끄러운 동시통역 93 | 영어 귀가 뚫린다는 말은 과연 무엇? 95_ ■영어를 우리말로 옮겨 쓰기와 정확한 발음의 중요성 101_ ■이해의 속도를 측정하는 법 107_ ■이 책에서 영어 실력을 어떻게 분류하고 있나? 113 | 영어 귀가 뚫린다는 것을 다시 정리하자면 114

★ Q&A 116

5장 _ 네이티브와 통(通)하는 영어 발음 만드는 법 118

부정확한 발음이 통하는 예외적인 경우 122 | 발음을 얼마나 원어민에 가깝게 해야 하나? 124_ ■미국인끼리도 발음을 못 알아들어서 실수를 할까? 126 | 누구에게나 설명 가능한 발음 내는 법 128 | 정확한 발음은 노력으로 성취하는 것 132

★ Q&A 134

6장 _ 돈 안 드는 최고의 영어 공부, 책 읽기 138

성공한 사람들의 비결을 따라 하자 141 | 소리 내어 읽으면 성공한다 143 | 소리 내어 읽어야 하는 이유 145 | 외우려고 노력하지 않아도 된다 148 | 읽기는 두뇌와 입이 익숙해지는 과정 153 | 교재를 선정하는 요령 155_ ■유명인도 실수하는 영어 번역 158 | 실전 글 읽기를 당장 시작해보자 163

★ Q&A 165

7장 _ 영화로 영어 공부 제대로 하는 법 170

말은 해도 정서적 교감을 나누지 못하는 고통 173 | 영화로 하는 영어 공부의 장점 176_ ■한국 드라마에 빠진 교포 2세들 182 | 영화를 이용한 영어 공부의 단점과 극복 방안 183 | 자신의 수준에 맞는 영화 고르기, 기타 주의 사항 186 | 영화로 하는 영어 공부의 다섯 단계 190_ ■영화의 자막을 읽지 않는 즐거움 194

★ Q&A 199

8장 _ 뜨거운 감자, 영문법 공부 정말 필요한가 202

피해망상을 부르는 문법 위주의 영어 205 | 영어를 잘하려면 영문법이 얼마나 필요한가 210 | 영어 회화 속에서 문법을 찾는 법 211 | 두 가지 문법 공부의 실천 방향 214_ ■의사가 의학을 공부하는 비결 219

★ Q&A 222

9장 _ 가장 효율적으로 어휘력을 늘리는 비결 226

내가 알고 있는 단어 수는 얼마나 될까? 229 | 미국인의 어휘력을 추산해보면 232_ ■정말 낯선 미국 사람들의 이름 234 | 어휘력 확보에 관한 다양한 의견들 235 | 전문직과 직장인에게 요구되는 어휘력 추산 238_ ■정리하는 습관이 있어야 성공한다 241 | 효율적인 영단어 공부를 위해 꼭 알아야 할 원칙 245_ ■한국 사람의 한국말 배우기 248

★ Q&A 249

10장 _ 영어 공부의 필수 코스, 영어 일기 쓰기 252

영어는 잘하는데 영작문만 못할 수도 있을까? 256 | 영어 일기가 말하기를 도와주는 이유 259_ ■방문이 잠겨서 못 들어가요 260_ ■궁하면 통하는 공부 262 | 이미 영어를 잘하는 사람, 무엇을 공부해야 할까? 263_ ■히딩크와 패리스 힐튼의 공통점 265 | 영어 일기 쓰기를 미루는 흔한 핑계들 269 | 영어 일기를 쓰면서 드는 의문점과 해답 271
★ Q&A 275

11장 _ 라디오로 영어 공부 제대로 하는 비결 278

냄비 위에 밥이 타는 이유 282_ ■듣다가 포기한 듣기 공부 283 | 뒤늦게 깨달은 라디오 영어의 진가 286_ ■혼자만 듣기 평가를 잘 본 친구의 비결 292 | 라디오 방송으로 영어 공부할 때의 주의사항 293
★ Q&A 298

12장 _ 학원과 연수를 100% 활용하는 방법 304

학원을 다녀도 영어가 늘지 않는 이유 308_ ■영어 강사와의 프리토킹으로 내 실력을 완벽하게 측정할 수 있을까? 310 | 학원을 제대로 활용하는 방법 317 | 영어 연수, 언제 가야 하나 321 | 해외 영어 연수를 활용하는 방법 325
★ Q&A 327

마치며 332

시작하며

제가 처음 영어에 관한 책을 내기 위해 글을 쓰기 시작할 때 아내가 그랬습니다.

"당신 정말 그럴 능력이 되는 거예요?"

"……."

언제나 그렇듯이 아내는 저를 가장 많이 견제해주는 사람이어서 저의 자만심이 지나치기 전에 지그시 제 에고(ego)를 눌러줍니다. 늘 제가 부족함이 많은 사람이라는 것을 깨닫게 해주는 촌철살인의 한마디를 듣곤 하지만 이번에는 정말 여러 가지 생각을 하게 되었습니다.

'정말 내가 영어 공부에 관한 책을 쓸 자격이 되는 것일까?'

솔직히 저는 영어의 대가도 아니고 달인도 아닙니다. 전공도 영어가 아니라 의학이고, 의학 공부를 하면서 원서를 좀 보긴 했지만 영어 실력에 별 도움이 되었던 것 같지는 않습니다. 영어 공부를 시작하기 전만 해도 영어로 된 문장을 입 밖에 내기가 버거운 사람이었고 미국 영화를 보아도 자막만 읽었지 말을 알아들으려는 노력조차도 하지 않았었습니다. 그런데 지금은 미국 병원에서 미국 사람들과 일하고 토론하고 공부하면서 매일을 지내고 있습니다.

미국 교포들은 흔히 '돈 쓰는 영어는 쉽고 돈 버는 영어는 어렵다' 고 말합니다. 여행을 가서 내 돈을 쓰는 그런 경우에는 영어가 짧아도 용서가 되지만, 미국 사람으로부터 월급을 받거나 돈을 벌기 위해 뭔가를 팔려고 하면 일정 수준의 영어가 요구된다는 말이지요. 그런데 제가 미국에 와서 '돈 쓰는' 영어를 넘어서서 '돈 버는' 영어를 하고 있으니 불과 몇 년 전의 제 영어 실력을 생각하면 정말 기적이 일어난 것만 같습니다.

어떻게 해서 이런 기적 같은 일이 일어났을까요? 예전의 제게 영어는 미국 영화 보는 것을 도와주고, 어쩌다 한번씩 영자 신문을 읽도록 해주는 사치품이었지만 이제는 생활 필수품이 되어버렸다는 차이가 있기는 합니다. 지금은 미국 환자와 영어로 이야기하고, 영어로 의무 기록을 작성하고, 영어로 동료 의사들과 환자에 관해 토론하고, 하다못해 동료를 흉보는 일도 영어로만 해야 합니다. 사치품으로서 해도 그만 안 해도 그만이었던 영어를 생활 필수품으로서의 영어로 바꾸느라 공부하는 마음의 자세가 달라진 점이 큰 기여를 한 건 사실일 것입니다. 절박했으니 열심히 했지만 절박하다고 원하는 것을 다 성취할 수는 없는 일이니까 저도 뭔가 비결이 있기는 있었던 것 같습니다.

전에도 그랬지만 지금도 한국인에게 영어가 얼마나 중요한지 잘 알고 있습니다. 해마다 신년이 되면 직장인 설문조사를 하는데 직장인들의 새해 소망 1위는 언제나 영어를 잘하는 것이라고 합니다. 왜 모든 사람이 영어에 매달려야 하는가, 이 과도한 영어 열풍에 대해 비판이 많지만 유치원생부터 정년을 앞둔 직장인까지 영어 좀 잘했으면 좋겠다는 것은 한결 같은 솔직한 바람일 것입니다. 그런데 이상한 현상이 있습니다. 다수의 영어 학습자들은 끊임없이 노력하고 좌절하기를 반복하는 다람쥐 쳇바퀴 도는 영어 공부를 하고, 극소수의 사람들만이 필요한 영어를 자유자재로 구사하는 수준에 도달합니다. 영어를 잘하는 사람은 도대체 무슨 능력이 그렇게 뛰어난 것일까요? 보통의 능력을 가진 사람도 과연 영어를 잘할 수 있는 것일까요? 영어를 잘하는 사람들은 어떻게 공부를 했을까요? 적어도 저에게는 오랫동안 이런 기본적인 질문에 대한 대답이 명쾌하지 않았습니다.

'기적'이라고까지 과하게 표현을 했는데 어쨌거나 저는 제게 필요한 최소한의 영어는 습득하게 되었습니다. 그리고 불과 몇 년 전만 해도 정말 가능할까 꿈만 꾸던 그 수준까지 왔으니 대한민국의 대표 선수들과 비교해서는 대단한 수준이 아니더라도 스스로는 만족합니다. 저는 그 흔한 어학 연수도 유학도 해본 적이 없고 영어 공부만을 위해서 제 직업을 희생해본 적도 없습니다. 모든 영어 공부는 형편상 한국에서만 이루어졌으며, 직장 생활과 계속 병행해야만 했습니다. 제 자신도 영어 초보시절에는 외국 한 번 안 나가보고 한국에서만 공부했다는데도 영어를 잘하는 사람들을 볼 때면 정말 특별한 재능을 타고났거나 보통 사람은 상상도 못할 노력을 했으려니 생각을 했었습니다. 그런데 지금 와서 저의 경우를 보니 꼭 그런 것은 아닌 것 같습니다.

저의 영어 공부 방법은 지금도 서점에 빽빽이 꽂혀 있는 '영어 공부 이렇게 해야 한다' 는 종류의 책들을 종합하면서 나온 것입니다. 영어 공부를 시작하던 무렵 저는 30대 초반에 영어를 새로 잡았으니 남들보다 10년은 늦은 셈이라는 불안감에 사로잡혀 있었습니다. 따라서 저에게는 시간을 낭비할 틈이 없으니 가장 빠르고 효율적인 공부 방법을 찾아야 한다는 절실함이 있었지요. 하지만 아무리 생각해도 고등학교 때 보던 〈맨투맨〉이나 〈성문종합영어〉를 다시 보는 것은 길이 아닌 것 같았기에 영어 공부 방법을 다룬 책을 많이 찾아 읽었고, 다양한 방법을 시도해보게 되었습니다. 어쨌거나 수많은 책들을 읽었고 다양한 방법을 시도했지만 이 모든 책들이 다 도움이 되는 것은 아니었습니다. 일부는 오히려 역효과가 나기도 했습니다. 제시한 방법을 따라 몇 달을 고생해서 새로운 습관을 만들었다가 결국 좌절하고 다시 원점으로 돌아가기를 몇 번이나 되풀이했습니다. 새로운 방법이 나올 때마다 그게 더 나은 방법이 아닌가 하는 고민에 더 이상 진도를 나가지 못하고 망설이기도 했습니다. 영어 도사들이 다들 자신이 창안한 새로운 공부 방법을 따라야 한다고 주장하고 있긴 했으나, 정작 그들은 상당히 비슷한 방법으로 공부했다는 점을 시간이 지나면서 깨닫게 되었습니다. 돌이켜 보니 성공뿐만이 아니라 실패에서도 배운 게 많았던 것 같습니다.

   제가 한국에서 가정의학과 전공의 수련을 받을 때의 일입니다. 가정의학이라는 전문 과목의 특성상 레지던트들은 각 과로 파견 근무를 많이 나가게 됩니다. 그럴 때면 각 과의 여러 사무실 위치와 병실, 검사실의 위치를 새로 익혀야 함은 물론이고, 새로운 교수님들과 동료 전공의들의 이름부터 필요한 전화번호, 각 과의 고유 처방약까지 알아야 했습니다. 새로운 과에 갈 때마다 어김없이 그 과의 전공의들에 비해 약간 불리한 조건에서 일을 시작한 셈이지요. 따라서 가정의학과 전공의들은 해당 파견과 전공의에 비해서 다소 능력이 떨어지는 사람으로 인식되기가 쉬웠습니다. 그래서 저를 비롯한 몇몇 동료들은 의기투합하여 다른 과에 파견 나가 알아야 할 기본적인 지식에 대한 매뉴얼을 만들었고, 후배 전공의들은 이 매뉴얼에만 따르면 기본 오리엔테이션이 완벽히 이루어지게 해놓았습니다. 이 작전은 완벽하게 성공해서 많은 동료와 후배들이 파견 생활을 한결 효율적이고 쉽게 할 수 있었고, 나중에 안 일인데 이 매뉴얼이 심지어는 파견을 나간 과의 전공의조차도 참고하는 자료가 되었습니다.

여기서 제가 얻은 교훈은 단순한 것이었습니다. '내가 한 번 고생하면서 한 가지 길을 개척했다면, 시행착오는 나 하나가 경험한 것으로 족하지 이 길을 오르는 사람마다 똑같이 고생할 필요가 있는가' 하는 것입니다. 그 길을 가는 방법에 대한 자세한 안내서만 있으면 수많은 사람들이 불필요한 실패를 경험하지 않아도 되기 때문입니다.

우리 주위에는 흔하지는 않지만 영어의 대가들이 분명히 있습니다. 일부는 영어를 가르치는 것이 직업인 사람들이고, 나머지는 영어를 직업의 도구로 삼아서 살아가는 사람들입니다. 지금까지 우리의 학습에 실제로 영향을 끼쳤던 사람들은 영어를 가르치는 것을 직업으로 살아가는 사람들이었습니다. 하지만 이들은 영어 학습 시장에서 살아남기 위해 어떻게 하든 서로가 차별화되어야 하고 뭔가 고유의 색깔을 가져야 하므로 자기만의 방법을 주장하면서 우리를 혼란스럽게 만들기도 합니다. 반면에 기자든 교수든 회사원이든 영어를 직업의 도구로 삼아서 살아가는 부류의 대다수의 사람들은 자기가 필요로 하는 것을 이미 이루었기 때문에 자신들이 겪었던 경험과 별로 자랑스럽지 않은 시행착오를 전수하는 일에는 관심이 없습니다. 아주 친절하고 영어를 잘하는 선배를 둔 사람이라면 선배를 만난 술자리에서 '영어는 이렇게 하면 된다' 는 조언을 잠깐 들을 수도 있을 것입니다. 하지만 몇 시간에 걸쳐서 영어 공부에 관해 자기의 경험을 나누고 상세하게 조언을 해줄 사람을 찾기란 쉽지 않은 것이 현실입니다.

  만약 영어 공부에 성공한 선배가 주변에 있어서 남들이 어떻게 해서 성공했는지, 자신은 어떻게 했는지, 어떤 방법은 효과가 없었는지 등을 긴 호흡으로 솔직하고 자세히 설명해줄 수 있다면 그 자체만으로 시행착오와 시간 낭비를 피할 수 있게 되고, 가장 효율적인 방법을 찾아 이 책 저 책을 놓고 고민하지 않아도 될 것입니다. 혼란스러울 정도로 영어 공부에 관한 책이 넘쳐나는데 영어를 전공하지도 통달하지도 못한 제가 감히 영어 공부에 관한 책을 하나 더할 용기를 낸 이유가 여기에 있습니다.

  저는 필요에 의해서 뒤늦게 영어를 시작했고 약간의 시행착오가 있었지만 비교적 짧은 시간에 제가 필요한 만큼은 성취를 했습니다. 그리고 미국에 와서 제가 한국에서 얻은 실력을 검증받으면서 살고 있습니다. 또한 블로그를 통해 수많은 영어 학습자들과 대화하면서 그들이 무엇을 필요로 하고 무엇 때문에 좌절하는지 더 잘 알게 되었습니다. 저는 선생님으로서 가르치는 것이 아니라 선배로서 조언해주는 데 자신이 있습니다. 저는 이 책을 통해 남들이 먼저 간 이 길을 영어 공부의 후배들에게 자세히 안내해줄 것입니다. 모든 사람이 민병철, 이익훈 선생이 될 수는 없겠지만 저만큼은 할 수 있다고 믿기 때문입니다.

2009년 여름, 뉴욕에서
고수민

추천의 말

★유창한 영어 구사를 위한 제대로 된 전략★

YBM 강남 ELS 강사, Brian D. Fleming

저는 서울에서 영어 강사를 하던 2000년도에 닥터 고를 만났습니다. 그때 그는 초급반에 있었습니다. 그의 영어 실력은 별로 뛰어나지 못했지만 공부하려는 의지와 자세, 노력은 높이 살 만했습니다. 이를 바탕으로 금방 중급반으로 올라갈 수 있었고, 오래지 않아 고급반에 속하게 되었습니다. 많은 한국인들이 영어 공부에 시간과 돈과 정성을 쏟고 있지만 큰 결실을 거두지 못하는 것과는 달리 닥터 고는 정반대의 경험을 했습니다. 외국에서 공부해본 적이 없음에도 불구하고(매우 흔한 일이지만 결실을 거두는 경우는 흔치 않습니다) 닥터 고는 아주 극소수의 한국인 혹은 한국인 영어 선생님이나 도달하는 수준에 이르렀습니다. 저는 개인적으로 그의 선생님이자 친구로서 이를 목격한 사람입니다. 그는 영어의 각 분야를 골고루 마스터했습니다. 즉 말하기, 듣기, 읽기, 쓰기가 그것입니다. 이것은 단지 말을 잘한다는 정도가 아니라 자기 자신의 생각을 외국인 강사들이나 동료 학생들이 이해하기 쉽게 표현할 능력이 있다는 의미입니다. 그는 영어를 자신의 모국어인 듯이 사용합니다. 그의 어휘, 발음, 억양, 문법과 유창성은 지극히 정상이고 자연스러우며 알아듣기 쉽습니다. 닥터 고는 또한 영어를 공부하는 데 독특한 방법이 있습니다. 그의 방법은 어떤 한국인 성인이나 청소년, 어린이라도 쉽게 적용할 수 있습니다. 영어를 배우는 게 어렵거나 지루한 것일 필요가 없습니다. 또한 시간을 지루하게 끌거나 스트레스를 주는 것이어서도 안 됩니다. 흔히 사람들이 생각하는 것처럼 기나긴 시간과 돈과 노력이 소모되어야만 하는 것도 아닙니다. 그러나 영어를 제대로 공부하려면 제대로 된 방법이 필요합니다. 자신의 목표를 이루기 위한 적절한 전략이 뒤따라야 합니다. 닥터 고는 유창하고 능숙한 영어를 구사하기를 원한다면 따라야 할 전략을 가졌습니다. 만약 한국인 중에 영어를 어떻게 하면 마스터할 수 있는지 제대로 아는 사람이 있다면, 그는 분명히 닥터 고일 것입니다.

★영어 공부 정복을 위한 훌륭한 셰르파★

YBM 역삼 ELS 강사, 정재현

《뉴욕의사의 백신 영어》란 제목을 보면서 고수민 씨의 영어 학습법에 참 적합한 제목이라는 생각이 먼저 들었습니다. 대한민국에서 영어 교육 시장은 돈과 밀접한 연관이 있는 하나의 커다란 비즈니스가 된 지 오래입니다. 이미 언론에도 여러 번 소개되었듯이 한국에서 영어 교육에 퍼붓는 돈이 가히 상상을 초월합니다. 그런데도 왜, 아직도 우리는 영어 교육에서 이렇다 할 성과를 내지 못하고 있을까요? 방법에 문제가 있는 건 아닐까요?

얼마 전 신문에 TOEFL 말하기 영역에서 한국이 거의 최하위를 했다는 뉴스가 실려 다시 한번 한국 영어 교육에 대한 효율성을 되짚어보게 했습니다. 대한민국에는 영어 관련 서적, 강의, 학습법들이 넘쳐나고 있습니다. 대부분은 그것만 끝내면 영어를 마스터할 수 있다는 식의 문구로 마치 그것이 만병통치약이나 되는 것처럼 영어 학습자들을 현혹합니다. 이런 상황 속에서 고수민 씨처럼 '우직하게 제대로 영어 공부하자'는 주장은 어찌 보면 새로울 것도, 설득력도 없어 보입니다. '다 아는 내용

아닌가?' 하고 쉽게 생각하기 쉽습니다. 하지만 일단 책을 열고 그 내용을 하나하나 읽어보면, 왜 고수민 씨가 이런 책을 쓰게 되었는지 금방 이해하게 되실 겁니다.

고수민 씨가 그동안 그의 블로그에 올린 글들을 하나하나 정성스럽게 읽고 리플도 달면서 제가 느낀 생각은 '어떻게 영어 교육을 전문적으로 공부하지 않은 사람이 영어 학습자로서의 경험만을 가지고서 이렇게 깊은 식견으로 영어 학습법에 대한 올바른 방향을 제시할까?'였습니다. 하지만 그 해답은 그가 쓴 글 안에 있었습니다. 그는 무엇보다도 한국의 영어 학습자를 사랑하는 따뜻한 마음이 있었습니다. 먼 타국인 미국에서 의사로서 생활하기도 바쁠 텐데, 그가 한국과 미국에서 직접 고민하고 경험한 것들을 통해서 한국인의 영어 공부에 진심으로 도움을 주고 싶어 한다는 게 느껴졌습니다.

《뉴욕의사의 백신 영어》는 히말라야라는 영어 공부의 산맥을 등반하는 여러분에게 좋은 셰르파(등반을 도와주는 현지 가이드) 역할을 해줄 거라 자부합니다. 다시 한번 《뉴욕의사의 백신 영어》의 탄생을 축하드리고, 이 책에서 제시된 올바르고 효율적인 영어 학습 방법으로, 우직하지만 제대로 공부해서 유창하게 영어를 사용할 그날이 독자 여러분께 오기를 기대합니다.

영어 공부를 시작할 때면 누구나 몇 년 후 영어를 유창하게 구사하는 자신의 모습을 상상하고 꿈에 잠기게 됩니다. 만약에 극장에 가서 자막을 읽느라고 눈을 정신없이 굴리지 않아도 된다면 영화를 제대로 감상할 수 있으리라고 말이죠. CNN으로 세계 각국에서 쉴새 없이 쏟아지는 소식을 여유 있게 들을 수 있으면 어떨까요. 외국에서 걸려온 전화를 모든 사람들이 눈치를 보면서 받지 못할 때 먼저 나서서 통화하고 상사에게 멋지게 내용을 정리해주는 것 역시나 상상만 해도 즐거운 일일 것입니다.

영어 잘하는 사람이 드문 한국

영어를 잘하면 정말 편하고 좋겠다는 생각은 들지만 독자 여러분은 자신이 이렇게 될 것이라는 확신이 얼마나 있을지 모르겠습니다. 제가 영어 공부를 할 때는 주변에 소위 롤모델(role model)이 될 만한 사람이 없었습니다. 다시 말해서 혼자 영어를 공부해서 불편함 없이 유창하게 영어를 구사하는 사람이 주위에 없었다는 것이죠. 외국에서 살았던 덕에 피나는 노력 없이도 저절로 영어를 잘했을 교포 출신들이나, 영어를 업으로 살아가는 영어 학원의 강사들, 제 주변에서 찾아볼 수 있는 '영어를 잘하는 사람'이라고는 그들이 전부였습니다. 그들은 모두 영어에 관해서는 특별한 사람들이었기 때문에 그들을 모델 삼아서 보통 사람인 제 자신이 그렇게 잘할 수 있을지에 대해서는 도저히 가늠할 길이 없었습니다. 저는 외국에서 살다 온 적도 없고, 외국 유학도 안 가봤고, 평생 영어만 공부하면서 살 수 있는 형편도 아니었습니다. 그저 남들이 했으니까 나도 할 수 있을 것이라는 끊임없는 자기 암시를 통해 미래의 저를 그려볼 수밖에 없었습니다.

　여러분도 아마 비슷한 고민을 했을지도 모릅니다. 그리고 제가 그랬던 것처럼 주위에 그냥 공부를 열심히 해서 영어를 잘하게 된 사례를 찾아보기가 힘들다면 저와 똑같은 고민을 했을 것입니다. 만약에 낚시를 갔는데 몇 시간째 고기를 잡지 못하고 있다고 합시다. 그곳에서 물고기를 잡은 사람이 있다는 이야기를 들어는 보았지만 실제로 잡은 사람을 본 적이 없는 경우와 다른 사람들이 물고기를 낚아 올리는 것을 심심찮게 보아온 사람의 경우는 마음의 자세가 다를 것입니다. 남이 성공한 것을 보아야 시간이 걸려도 나 역시 성공한다는 것을 믿게 되지 않겠습니까?

　저는 한국에 있을 때 강남역 인근의 영어 학원 몇 군데를 몇 년간 다녔는데, 수년 동안 학원을 다녔다는 사람들이 처음에는 영어를 매우 잘하는 줄 알았다가 알고 보니 수준이 그리 높지 않다는 것을 알고 실망한 적이 있습니다. 나는 저렇게 되지 않도록 하겠다는 각오는 다져졌지만 몇 년간 학원에 다니는 정성도 결국 별로 소용없을 정도로 한국인에게 영어는 어려운 과제가 아닐까 하는 회의가 들기도 했었지요.

저는 미국에 살면서 많은 사람들과 이야기를 나눌 기회가 있었습니다. 그중에는 조기 유학 온 고등학생부터, 대학 혹은 대학원 유학생, 박사 후 과정(포닥, post-doctoral fellowship)을 하기 위해 미국에 건너온 사람도 있었고, 교환교수로 오신 교수님들, 미국인 회사에 다니는 직장인, 외국인과 결혼한 사람, 자영업자, 변호사, 회계사, 의사도 있었습니다. 셀 수 없이 많은 사람과 만나는 동안, 제 취미가 영어 공부에 대해 이야기를 나누는 것이다 보니 영어 공부에 대한 그들의 솔직한 생각이 듣고 싶었습니다. 제가 대화 중에 느낀 것은 겉보기에는 다들 영어를 잘하고 잘 살고 있는 것 같았지만 적어도 한국에서 자라 중·고등학교 이상의 학교 교육을 마친 사람이라면 한결같이 자신의 영어에 대해 불만족스러워 했고 더 발전시킬 방법이 없나 고민하고 있었습니다. 심지어는 초등학교 때 조기 유학을 와서 어른들이 보기에는 영어에 전혀 부족함이 없어 보이는 중·고등학생들조차 자신의 영어가 완전하지 않다며 불만스러워할 정도였습니다.(다만 이렇게 일찍 미국에 건너온 조기 유학생이나 이민 1.5세의 경우는 대학교까지 지속되는 교육 과정을 거치면서 영어 실력이 점차 개선되어서인지 성인이 된 후에는 큰 불만 없이 살아가고 있긴 했습니다.)

여러분이 그동안 읽었던 영어 공부에 관련된 책에서는 '영어, 이렇게만 하면 금방 정복된다' 라는 식으로 주장을 했을 수도 있지만 제 생각에 영어는 한국인에게 그리 쉬운 것이 분명 아닙니다. 반면에 그렇다고 해서 못할 것도 없다는 것 또한 사실입니다. 그럼 영어 공부를 열심히 몇 달, 혹은 몇 년을 해야 영어를 잘할 수 있을까요.

교포 2세들의 영어 실력, 미국 사람과 똑같을까?

저는 살아오면서 영어를 참 잘하는 사람도 만났고, 그렇지 못해서 고생을 하며 사는 사람도 만났습니다. 영어를 잘하는 정도를 이해를 돕기 위해 숫자로 한번 표현해보려고 합니다. 아주 대략적으로 각 집단의 영어 실력을 점수로 매겨보자는 것이지요. 어디까지나 저 개인의 추정이므로 큰 가치를 두기는 어렵지만 영어 공부의 목표가 어느 정도가 되어야 하는지 추정하는 데 실질적인 개념을 줄 수 있을 것 같아서 굳이 시도해보려고 합니다. 일단 우리의 '꿈의 영어 실력'인 미국인 대졸 성인의 영어 실력을 100이라고 해보겠습니다. 한국인으로서 이들의 영어 실력에 가장 가까이 근접한 사람은 아마도 미국에서 태어나고 자란 재미교포 2세들일 것입니다. 제가 문구를 선택하면서 원어민의 영어 실력과 똑같다고 하지 않고 '가장 가까이'라고 표현한 것에 의문을 가질 분들이 있을 법합니다. 그냥 미국에서 나고, 자라고, 교육을 받았다면 당연히 미국인과 언어 구사력이 '똑같아야' 하는 것이 아닐까 하고 의문이 들지 않으십니까? 그런데 이 질문에 대한 대답은 '아니오'입니다.

제게는 미국에서 태어나서 자라고 있는 아들이 있습니다. 하나뿐인 아들인지라 어떻게 교육을 시켜야 할지 고민을 상당히 많이 하게 됩니다. 제가 내린 결정 중의 하나는 아무리 법적으로 미국 시민으로 태어났어도 한국인으로서의 정체성과 긍지를 계속 갖고 살 수 있도록 한국어 교육만은 확실하게 시키자는 것이었습니다.

그런데 얼마 전, 한국인 이민 1세이신 대학교수님과 이야기할 기회가 있었습니다. 미국에서 오래 살아온 분이기 때문에 그분은 자녀 교육을 어떻게 했는지 궁금했고, 제가 적용할 수 있는 조언을 듣기를 원했습니다. 그런데 이 교수님이 말씀하시는 내용 중에 제가 미처 몰랐던 것이 있었습니다. 지금은 다 장성해서 미국의 명문 대학과 대학원에 다니는 자녀들이 있는데 고등학교 때부터 대학 다닐 때까지도 아이들의 영어 실력 때문에 고민이 많았다는 이야기가 그것이었습니다. 미국에서 태어나 유치원부터 대학까지 미국 아이들과 섞여서 미국 선생님에게 영어로 교육받았고, 미국의 명문 대학교에까지 입학할 정도의 자녀들이라면 영어가 완벽해야 당연할 것 같은데 영어 실력이 모자라다니 대체 무슨 소리였을까요?

이 교수님이 말씀하는 영어는 정확히 말하자면 에세이를 쓰는 능력과 언어 분야 시험에서의 능력이었습니다. 사실 이분의 자녀와 같은 사람들은 한국 사람들이 보기에는 완벽한 영어를 구사하는 게 분명합니다. 그런데 '말을 잘한다'는 것도 중요한 언어 구사력이지만 수준 높은 언어 구사력은 말보다는 글로 써놓고 보면 차이가 확연히 드러나게 됩니다. 상식적으로도 대학교 국문과 교수님의 말과 고등학생의 일상생활의 말이 크게 다르지는 않을지라도 글에서는 수준의 차이가 큰 것이 당연한 일일 것입니다.

영어도 마찬가지입니다. 늘 영어를 쓰는 환경에서 자란 보통의 미국 사람들과 가정에서는 한국어를 쓰고 학교에서는 영어를 쓰는 환경에서 자란 교포 2세들의 영어가 일상생활에서는 차이가 없는지 몰라도 수준 높은 영어를 요구하는 단계에 들어서면 미묘한 차이가 느껴질 수 있다는 것입니다. 물론 개인적인 어학 능력의 차이나 공부의 방향 등에 따라서 차이를 보이겠지만, 전체적으로 볼 때 한인 2세들이 공부를 잘하면 잘할수록 더 실력이 높은 미국인 학생들과 경쟁해야 하기 때문에 영어 실력이 미세하게 떨어지는 점이 더 크게 부각되어 보일 수도 있을 것인데 그분은 자녀들에게서 그런 차이를 보셨던 것입니다.

이런 점을 뒷받침하는 이야기가 하나 더 있습니다. 지금 미국의 초등학교에서는 가정에서 영어를 쓰지 않는 환경의 아이들이 입학하면 정규수업을 바로 듣게 하지 않고 ESL(English as a second language) 코스에 넣어 영어를 익힌 후에 정규수업으로 올라가게 하고 있다는 사실입니다. 이는 아이가 이미 미국에서 유치원을 다녔기에 또래와 비교해서 큰 차이 없는 영어를 구사해도 예외가 아닙니다. 아무리 미국에서 자랐어도 집에서 부모님이 영어를 쓰지 않는다면 무조건 ESL에 들어가야 합니다. 한국 부모가 보기에는 자녀의 영어가 미국 아이들과 똑같은 것 같아도 교사들에게는 다르게 보이기 때문입니다.

이런 것을 감안하면 재미교포 2세들의 영어는 겉보기에는 똑같더라도 잘 따지고 보면 미국인과 100% 같지는 않다고 생각됩니다. 이들의 영어 실력을 평가하기란 매우 어렵지만 말하기, 듣기, 쓰기, 읽기를 다 포함하여 그래도 대졸 미국 성인을 기준으로 95 이상은 줄 수 있을 것 같습니다. 다시 말하지만 이런 수치는 개인차가 엄청나게 큰 만큼 개개인으로 따지고 보면 정말 의미가 없을 수 있으니 그저 집단의 평균을 추정한다고 생각하시면 됩니다.

교포 1.5세들은 영어를 얼마나 잘할까

한국인으로서 재미교포 2세 다음 수준의 영어를 구사하는 사람은 아마도 교포 1.5세일 것입니다. 똑같은 이민 1.5세라 할지라도 학자들은 12세 이전에 미국에 왔느냐 이후에 왔느냐에 따라 모국어의 억양을 유지하는가도 결정이 되고, 언어 구사력의 차이도 난다고 말합니다. 이처럼 영어 학습이 조기에 이루어질수록 영어가 완벽에 가까워진다는 것은 오랫동안 있어온 학설이었지만 최근 이를 실험으로 입증하는 다양한 논문들이 나오고 있습니다.

여기에는 fMRI(functional magnetic resonance imaging)라는 영상 진단법이 이용되기도 하고 PET(positron emission tomography) 같은 진단법이 시도되기도 하였는데 이 언어와 관련된 실험이란 다름 아니라, 12세 이전에 미국에 와서 영어를 익힌 사람들과 12세 이후에 미국에 와서 영어를 익힌 사람들이 영어로 의사소통을 할 때 활성화가 되는 두뇌 영역이 차이가 있는지를 관찰한 것이었습니다. 이 결과에 따르면 12세 이전에 영어를 익힌 사람들은 한국어와 영어를 말할 때 같은 언어 중추 부위에서 활성이 보였지만, 12세 이후에 영어를 익힌 사람들은 영어를 말할 때 한국어를 말할 때 사용되는 언어 중추가 아닌 일반적인 학습 내용을 처리하는 부위에서 활성도가 측정된 바가 있습니다.

다시 말하자면 적어도 생리적으로는 늦게 영어를 배운 사람은 유감스럽게도 모국어를 사용하듯이 영어를 사용하기가 어렵다는 것입니다. 인간의 노력은 때로 모든 사람이 불가능하리라 생각하는 걸 뛰어넘어 엄청난 결과를 낳기도 하는 것이니만큼 늦게 영어를 공부한 사람은 원어민의 수준에 도달할 수 없다거나 원어민을 넘어설 수 없다고 단정 짓지는 않겠습니다. 하지만 늦게 시작하면 더 불리하다는 것은 부인할 수 없는 사실입니다.

12세 이후에 미국에 이민 와서 교육을 받은 이민 1.5세의 경우 이렇게 영어를 못하는 불이익만 있는 것은 아닙니다. 이들은 영어가 부족한 만큼 한국어는 더 잘하게 되는 장점도 있습니다. 그런데 한국어를 아주 잘하는 것은 아니고 거의 영어가 부족한 만큼만 잘하게 됩니다. 예를 들어 제가 미국에 와서 알게 된 교포 1.5세 의사 분이 있습니다. 이분은 초등학교 5학년 때 이민을 와 초등학교 이후 대학원까지의 교육을 전부 미국에서 받은 사람이었습니다. 언뜻 보면 영어와 한국어 모두 완벽하게 구사하는 것 같았으나 자세히 보면 그렇지 않았습니다. 제가 보기에는 미국 사람과 완전히 같지는 않아도 이분의 영어는 충분히 훌륭했습니다. 하지만 한국말로 대화하다 보면 이분의 어휘력이나 표현력의 수준이 초등학교 고학년에 머무르고 있다는 느낌을 받을 때가 있었습니다. 즉 같은 교육 수준을 가진 미국인과 비교한다면 아주 약간은 부족한 영어를 구사하는 반면에 그 부족은 약간의 한국어로 메우고 있는 느낌이라고나 할까요. 이런 현상은 이분만의 특별한 경우는 아니었고 그 후로 만난 많은 이민 1.5세와 그들의 부모님으로부터 확인할 수 있었습니다. 이민 1.5세들도 한국에서 미국으로 건너온 시기에 따라 영어와 한국어 실력의 차이가 있었는데 어린 나이에 이민을 왔을수록 한국어에는 더 취약하고 대신 영어에는 더 유창한 현상을 보이고 있었습니다. 그래서 저는 이들의 영어 수준을 80%에서 90% 정도로 추정을 하겠습니다.

아이들은 이민 오면 저절로 영어가 된다?

자녀 교육을 위해 한국의 한 가정이 미국에 이민을 왔다고 가정해보겠습니다. 이민을 오기는 했지만 영어가 너무 버거운 짐이 되는 부모에 비해 초등학교에 다니는 자녀는 1년 이내에 어느 정도 유창하게 영어를 구사하게 될 가능성이 높습니다. 이들 부모는 무슨 생각을 하게 될까요? 아이들은 미국에 와서 몇 달 만에 영어가 되는데 왜 우리는 그렇게 되지 않을까 궁금할 것입니다. 그리고 그 짧은 기간에 영어를 유창하게 구사하게 된 초등학생 자녀가 무한히 자랑스러울 것이며 자신에 비해 자녀의 영어는 너무나 훌륭하게 보여서 아이들은 미국에 오면 영어를 저절로 다 잘하게 되는 것으로 오해하게 될 가능성도 매우 높습니다. 이것은 실제로 미국에 이민 온 가족들이 거의 대부분 겪는 경험입니다. 적어도 제가 이야기해본 사람들 중에는 예외가 없었습니다.

영어가 아이들에게는 이렇게 미국에서 몇 달만 학교에 다니면 터지는 쉬운 것일까요? 절대 그렇지 않습니다. 집에서는 자녀들의 영어가 유창해 보이겠지만 같은 학급의 또래의 영어 수준에도 못 미치는 영어를 하고 있는 것에 불과하기 때문에 미국에 몇 달만 있으면 영어에 완벽해질 수 있는 것처럼 착각을 해서는 안 됩니다. 또한 영어가 아이들이라고 더 쉬운 것도 아닙니다. 이들 자녀들의 영어 실력이 향상된 비결은 어쩔 수 없이 하루 종일 영어만 사용하면서 지내야 하며 학교에 다니면서 필요에 의해 동기부여가 충분히 되었을 것이라는 점, 그나마 상대적으로 쉬운 영어를 구사하는 같은 초등학생 친구들이 연습 파트너가 되어준다는 점, 그리고 이들 이민학생의 실력을 알고 눈높이를 낮추어 가르쳐주는 선생님들이 있다는 사실에 있습니다. 아마 어른이라도 이와 같은 조건 아래 교육을 받을 수 있다면 자녀들만큼은 아니더라도 상당히 근사한 수준의 영어가 가능할 것입니다. 제가 이야기해본 이민 가정의 자녀들은 자신들이 얼마나 스트레스를 많이 받으면서 힘들게 영어를 익혔는지 부모님들은 모른다는 말을 다들 했었습니다. 그러니 아이들은 미국에 오면 저절로 영어가 된다는 말을 하는 것은 어른들이 그저 편하게 생각한 것에 불과합니다. 물론 두뇌발달이 완성되지 않은 아이들의 외국어 습득이 용이하다는 측면을 부인하지는 않으나 그렇다고 저절로 언어가 익혀진다고 생각하지는 말자는 것입니다.

그 누구에게도 언어가 저절로 익혀질 수는 없습니다. 다 연습의 결과일 뿐입니다. 위에서 썼듯이 미국에서 태어났거나 어려서부터 교육을 받았던 운 좋은 한국사람들은 영어를 잘하지만 그만큼 한국어를 잘못합니다. 한국어를 100% 완벽하게 구사하는 독자 여러분도 열심히 실력을 연마하면 영어를 유창하게 할 수 있습니다. 여러분은 이미 한국어를 100% 구사하기 때문에 영어를 공부해서 원어민의 70%에서 80% 수준만 구사할 줄 알아도 직업과 생활에서 엄청난 우위를 점할 수 있습니다.

제가 처음 영어 공부를 시작할 때 희망사항은 정말 미국 사람과 똑같은 톤으로 똑같이 유창하고 유려한 표현을 쓰면서 영어를 하는 것이었습니다. 하지만 그런 일은 일어나지 않았습니다. 지금 와서 깨닫는 것인데 예를 들어 대학원을 나온 30세의 미국인과 똑같은 수준의 영어를 하려면 미국에서 태어나 영어를 모국어로 쓰는 부모 밑에서 자라고, 영어를 쓰면서 유치원에서 대학원까지 다니고, 매일 영어로 나오는 텔레비전을 보고, 영어로 된 글을 읽으면서 30세에 도달하는 것밖에 방법이 없습니다. 한국에서 태어나 한국어를 모국어로 쓰는 부모 밑에서 자라고, 한국어를 쓰면서 교육받고 자란 사람이 20대 중반의 어느 날 영어를 잘하고 싶다고 결심하고 그때부터 죽어라 공부를 열심히 한다고 해서 30세에 도달했을 때 이 30세의 미국인과 같은 수준의 영어를

> 구사하기를 바라는 것은 지나친 욕심입니다.
>
> 듣고 보면 아무것도 아닌 당연한 이런 이야기가 너무나 쉽게 부인되고 있는 곳이 현재의 영어 교육시장입니다. 많은 책들이 누구나 영어를 열심히 하면 몇 달 혹은 몇 년 만에 미국 사람처럼 될 수 있다는 식으로 홍보를 하지만 영어 학습자들이 아무리 열심히 노력해도 이런 수준에 한참 못 미치게 되는 게 당연합니다. 결국 해도 안 되는 이런 현상의 책임은 영어 학습자들에게 전가됩니다. 다들 공부 방법은 문제가 없는데 공부하는 이들이 열심히 하지 않았다는 결론을 내리게 만들지요. 그리고 영어 학습자들은 다시 절망하게 되고 영어는 역시 어려운 것이라는 결론을 내리게 됩니다.

이민 1세대 전문직의 영어 실력은?

저는 미국에 와서 많은 한인 의사들을 만났습니다. 수십 년 전에 이민을 와 살아온 분들을 만났을 때 저는 그분들이 영어를 매우 잘할 것이라고 기대했습니다. 저 자신은 아이큐도 100이 살짝 넘는 평범한 수준이고, 눈치가 빠르고 착하다는 이야기는 들어봤지만 천재적이라거나 좀 더 양보해서 수재라는 이야기조차도 들어보지 못한 학생이었기 때문에 평균적인 의사들은 저보다 대부분 똑똑할 것이고 특히나 미국에 사는 한인 의사들은 여러 가지 이유에서 저보다 훨씬 영어를 잘할 거라고 생각했습니다. 더군다나 이들이 수십 년 전에 미국에 먼저 정착하여 영어를 매일 연습하면서 살았으니 아주 영어를 잘할 수밖에 없는 환경이 아니었겠냐는 생각이었지요.

그런데 대단히 죄송하게도 선배 의사들 중에 영어가 정철, 민병철, 이근철 같은 분들은 찾아보려야 찾아볼 수가 없었습니다. 예전의 발음 교육이야 그렇다고 쳐도 문장의 구성이랄지 단어와 숙어의 선택도 그렇고, 하다못해 옛날에는 오로지 그 한 가지만 공부했다던 문법까지 다 고려해서 판단하건대, 아주 기본적인 정보의 전달에는 부족함이 없을지라도 유려한 표현과는 거리가 아주 먼 영어를 구사하는 분이 상당히 많았습니다. 이런 견해는 아주 건방진 것으로 받아들여질 수 있기 때문에 의사들이 듣는 자리에서는 절대로 할 만한 말이 아님에도 불구하고 독자 여러분에게 비밀을 공개하는 것입니다.

그런데 미국의 한국 의사들이 어떤 분들일까요? 대학교에 갔다는 사실만도 대단했을 1970년대에 의대를 가셨고, 거기서 더 나아가 미국으로 의료 이민을 갈 결심을 했다는 자체가 얼마나 명석한 두뇌와 호연지기와 영어 실력을 갖춘 분들인가 하는 것을 웅변해 줍니다. 그런데 제가 느낀 그분들의 영어는 그 명석함에 비할 수 없을 정도로 훨씬 덜 세련된 것이었습니다. 이것은 머리가 아무리 좋아도 제대로 된 훈련이 없다면 영어 실력의 향상을 도모할 수 없다는 사실을 보여주는 예가 될 것입니다. 또한 미국에 오래 산다고, 영어로 많이 말한다고 해서 저절로 영어가 늘지 않는다는 것을 보여주는 예이기도 합니다.

그럼에도 불구하고 언어 연마도 일종의 학습이기에 똑같이 영어 공부를 한다면 머리가 좋은 사람 혹은 암기력이 뛰어난 사람이 더 잘할 가능성이 있다는 것을 부인하지는 않겠습니다. 하지만 더 중요한 것은 제대로 된 방법으로 꾸준히 공부하는 것입니다. 머리 좋은 사람이 영어 공부에 조금 유리할 가능성은 있지만 언어 학습의 성패는 연습에 달려 있기 때문에 평범한 사람이 더 많이 연습함으로써 머리 좋은 사람의 수준을 충분히 뛰어넘을 수 있습니다. 저는 그 누구도 영어를 못할 정도로 머리가 나쁘기는 힘들다고 생각합니다.

알고 보면 놀랍지 않은 다중언어 구사자의 언어 실력

제가 학교에 다니던 시절, 유럽에서 활동하는 팝페라 가수인 키메라라는 한국인이 있었습니다. 그 무렵 대단한 인기를 누렸던 분이지요. 아마 지금도 이분을 기억하는 분이 많으리라 생각합니다. 유명세 탓에 이분에 대한 기사들이 종종 신문에 등장했는데, 한번은 그 딸에 대한 뉴스를 본 기억이 납니다. 내용인즉 아버지는 프랑스인이고 어머니가 한국인이어서 불어와 한국어를 하는 한편 스페인에서 자랐기에 스페인어도 구사하고, 잦은 이사와 여행으로 영어를 배울 기회가 있어 영어조차도 잘한다는 것이었지요. 1980년대 중반인 당시 키메라의 딸이 4세 정도였던 것으로 생각되는데, 저는 학교에서 친구와 네 살짜리도 4개 국어를 유창하게 한다는데 우린 뭐냐며 자조적인 대화를 나누었던 기억이 납니다.

그토록 어린 나이에 여러 가지 언어를 구사한다니 참 부럽고도 대단했습니다. 하지만 당시에는 깊이 생각하지 않았으나 이제야 깨닫게 된 한 가지가 있습니다. 4세의 아이가 아무리 4개 국어를 한다고 해도 그것은 네 살 수준의 언어에 불과하다는 것입니다. 다시 말해서 네 살짜리가 대학 강의를 듣고 이해할 수도 없고, 텔레비전의 정치 토론 프로그램에 참여할 수도 없을 것입니다. 게다가 이 수준의 언어 능력이 성장하면서 얼마나 유지될 것인가 하는 것도 회의적입니다. 이 아이가 지구상에 몇 안 되는 언어의 신동이라면 예외이겠으나 어지간한 능력으로는 영어, 불어, 스페인어, 한국어를 각각의 모국어를 쓰는 사람만큼 100% 잘하기는 힘들 거라는 것입니다. 4개 국어를 조금씩은 하겠지만 분명 잘하는 언어는 따로 있을 것이고, 마치 재미교포 2세가 한국어에 약하듯이 다른 언어에는 약점이 있을 것입니다. 이런 이야기를 하는 이유는 언어란 것이 그렇게 쉽게 습득되지 않는 것이라는 제 주장을 뒷받침하기 위해서입니다.

조금 더 예를 들어서 설명해보겠습니다. 우리는 박목월의 시 〈나그네〉를 학교에서 배워서 다 잘 알고 있습니다. 이 시에는 "술 익는 마을마다 타는 저녁놀"이라는 시구가 나오는데 우리는 이 '술 익는 마을'이라는 말을 들으면 이것이 무엇을 뜻하는지 아주 쉽게 알 수 있습니다. 술을 집집마다 직접 담가서 숙성시키는 예전의 풍습에 대해 배웠기 때문이죠. 하지만 키메라의 딸에게 '술 익는 마을'이라는 말의 의미를 물어보면 대답할 수 있을까요. '정다운' 마을이나 '작은' 마을이나 '인심 좋은' 마을은 그 자체로 의미가 통하니까 단어만 알아도 직관적으로 알 수 있을 테지만 '술 익는' 마을이라니, 아무리 언어 영재라도 이런 것을 배우지 않고 어떻게 알 수 있겠습니까.

다른 언어의 경우도 마찬가지입니다. 영어에 'see the light'라는 표현이 있는데 직역으로 '빛을 보다'라는 뜻보다는 '허락하다'라는 의미로 쓰입니다. (때로는 '공개되다'라는 의미도 있습니다.) 아무리 see와 light라는 단어를 알아도 이 숙어를 따로 배우지 않았다면 저절로 알 수 없는 표현입니다. 결국 언어도 여느 기술과 마찬가지로 정도의 차이는 있지만 배우고 연습한 만큼밖에 알 수가 없다는 것입니다. 이번에는 숫자로 다중언어 구사자의 언어 실력을 표현하지는 않겠습니다. 하지만 한국어를 포함한 몇 개의 언어를 할 줄 안다 해도 한국어를 모국어로 사용하면서 동년배에 비해서 한국어 실력이 떨어질 수밖에 없다는 점은 상식에 반하지 않을 것으로 생각합니다.

한국 영어 도사들의 실력이 궁금하다

영어권 국가에서 태어났거나 이민을 가서 초등 교육부터 받은 경우를 제외하고 여러분과 저처럼 한국에서 태어나 교육받은 사람들이 이제 영어 공부를 시작한다고 하면 영어를 얼마나 잘할 수 있을까요. 아무래도 영어를 가장 잘하는 축에 드는 사람들은 여러분이 서점 가서 만나는 각종 영어 교재의 저자들과 학원가의 유명 강사나 원장들이 될 것 같습니다. 저는 영어 공부를 할 때 대한민국의 영어 도사들이 쓴 영어 공부법에 대한 책을 많이 읽었었습니다. 그들이 공부한 이야기를 간략히 정리해보면 이렇습니다. 그들은 일단 영어를 너무 좋아해서 영어로 된 것이라면 뭐든지 다 시도했습니다. 미국 영화도 열심히 보았고 대사를 외워보기도 했으며, 팝송도 열심히 듣고 따라 부르고 가사도 외웠다고 합니다. 소설이건 신문이건 영어로 쓰인 것이라면 무엇이든 닥치는 대로 읽었으며, 심지어는 길에서 외국인을 만나기라도 하면 말을 걸었다고들 합니다. 분명히 그들 중 일부는 그러다가 대학에서 영어를 전공했을 수도 있고 외국에서 유학을 했던 사람도 있을 것입니다. 생각해보면 이런 정성이면 뭔들 못하겠는가 하는 생각이 들고, 그토록 노력했던 사람들이 영어를 잘하는 게 당연한 것 같기도 합니다. 이제 궁금해지는 것은 그들의 영어 실력은 대학원 교육을 받은 미국인 기준으로 어느 정도나 될까 하는 것입니다.

참 어려운 이야기인데 여기서 무슨 학문적으로 결론을 내자는 것은 아니므로 그냥 제가 지금까지 보아온 내용을 토대로 말씀드리겠습니다. 분명히 문법이나 어휘는 어지간한 미국인보다 뛰어날 것이고 대신 듣기와 말하기는 조금 떨어지지 않을까 생각해봅니다. 앞에서 이민 1.5세나 2세의 영어 실력에 관한 논의가 있었으니 예상하시겠지만 태어나서부터 영어만 하면서 살아온 사람에 비해서 아무리 열심히 했다고 하지만 제2외국어로 공부한 사람이 더 유창할 것 같지는 않다는 추정으로 말하는 것이기 때문에 제 짐작이 완전하지 않을 수 있음을 감안하셔야 합니다. 어쨌거나 종합적으로는 우리나라에서 영어를 가장 잘한다는 사람들의 실력이 원어민의 90%에서 95% 정도 되지 않을까 생각합니다.

다시 말하지만 우리 모두가 이 정도까지 성취할 수 있다고 주장하는 것은 과장이 심한 것 같습니다. 우리와 같은 보통 사람과 우리나라에서 손꼽히는 영어 도사와의 가장 큰 차이는 우리는 영어만 공부하면서 살 수 없는 사람들이라는 점입니다. 우리도 영어를 잘하고 싶기는 하지만 현실적으로 학교 공부도 해야 하고 직장도 다녀야 하고, 집안일에도 충실해야 하기 때문에 영어에 미쳐 살려고 해도 그럴 수 없는 경우가 대부분일 것입니다.

뉴욕의사 고수민의 영어 실력 대공개

심히 주관적인 평가이지만 저는 미국 영화나 드라마는 80%에서 90%를 알아듣고, 미국인과 일상생활에서 직접 대화하는 경우 90%에서 100% 모두를 알아듣습니다. 간혹 못 알아듣는 부분은 다시 질문해서 채우면 되니까 크게 오해가 생길 일은 없습니다. 그리고 제가 말하고 싶은 내용은 거의 대부분 전달할 능력이 됩니다. 저도 때로는 100% 하고 싶은 말을 다 하지 못해 답답함을 느끼는 경우가 있지만 말하고자 하는 내용 자체가 전달이 안 된다기보다는 뉘앙스의 전달이 어려운 것 같습니다. 하지만 일상생활에서 크게 불편한 것은 없습니다. 저도 논문을 쓸 때는 작성한 초벌 원고를 원어민에게 부탁해서 교정을 보곤 합니다. 사소한 실수를 바로잡기 위해서지요. 스스로 완벽하게 쓰면 좋겠지만 저로서는 문법적으로만 괜찮으면 다 문제가 없어 보여서 원어민의 입장에서 감지하는 사소한 뉘앙스의 차이나 어색한 표현을 찾아내기가 쉽지 않습니다. 그래서 이 부분은 그냥 영어가 모국어가 아닌 사람으로서 받아들이고 살고 있습니다.

저 정도의 영어 실력을 가진 사람이 CNN에서 앵커를 할 수는 없을 것입니다. UN에서 동시통역을 할 수도 없겠죠. 하지만 그냥 미국에서 고학력자들 틈에 끼어서 직장 생활을 하는 데는 큰 무리가 없습니다.

영어 공부 초기의 제 영어 실력을 보여주는 한 가지 실화를 소개해드리겠습니다. 이때는 제가 영어 공부를 시작한 지 약 2년이 되던 무렵이었습니다. 당시에 USMLE step3라고 불리는 미국 의사 시험의 한 종류를 보기 위해 미국의 국가시험 주관 기관에 국제전화를 해서 시험 날짜를 잡아야 하는 상황이었습니다. 생전 처음 미국에 전화를 하는 터라 대비를 충분히 해야겠기에 필요한 대화 내용을 미리 종이에 써서 몇 번이고 읽어보며 준비를 했습니다. 그리고 나서 마음을 다잡은 다음 미국에 전화를 걸었습니다. 다음은 당시의 대화 내용을 재구성한 것입니다.

나: "스텝 3 날짜를 잡으려고 한다."
미국: "알겠다. 이름과 수험번호를 알려달라."
나: "이름은 고수민이고 수험번호는 xxxxxxxxx이다."
미국: "그럼 데잇은?"
나: "데잇이라니?"
미국: "데잇이 뭐냐고?"
나: "못 알아듣겠다. 데잇이 스펠이 어떻게 되나?"
미국: "d-a-t-e."
나: "디, 에이, 티, 이, 그게 뭘까……. 아하, 날짜? 미안하다. 이제 알겠다. 시험 날짜는 ○월 ○일로 해줘라."
미국: "어디 그 날에 시험이 가능한지 보자."

이렇게 대화가 진행되었습니다. 대화를 하면서 너무 긴장을 했는지 부들부들 떨려서 혼난 것은 둘째치고 'date'라는 쉬운 단어도 못 알아들은 것이 나중에 어찌나 부끄럽던지 그동안 도대체 무슨 영어 공부를 했었나 자괴감이 들었습니다. 미국 시험 센터의 접수원은 어떻게 생각했을지 모르겠지만 한국에서 전화를 건 의사라는 사람이 이런 쉬운 말도 못 알아들으면서 미국은 어떻게 오려고 할까 하는 의문을 갖지 않았을까, 그런 공상이 꼬리를 물었습니다. 당시는 이미 영어 공부를 시작한 지 2년도 넘은 데다 실력이 많이 늘었다고 자평했던 때지만 영어로 전화하기가 어찌나 두렵고 힘들었는지 모릅니다. 이게 과거의 저의 모습이었습니다.

그러나 지금은 미국인과 전화 통화를 하는 것에 대해 전혀 스트레스를 느끼지 않습니다. 심리적인 안정 측면에서 한국인과 전화하는 것과 거의 차이를 느끼지 못한다고나 할까요. 때로는 100% 다 알아듣지 못하지만 그래도 별 문제는 없습니다. 그냥 다시 여유 있게 당황하지 않고 천천히 물어보면 다 해결이 되기 때문입니다.

저는 여러 명의 외국인과 교류하고 우정을 쌓으면서 그들에게 저의 영어 실력에 대해 물어본 적이 있었습니다. 그중에 두 명과 있었던 대화를 소개해보겠습니다. 첫 번째 친구는 한국에서 수년간 알고 지내던 미국인 영어 강사 폴(가명)입니다. 서울 강남의 어학원에서 5년 이상 강사 생활을 한 친구로 저와 오랜 기간 한국에서 우정을 쌓았습니다. 제가 미국으로 온 후 이 친구 역시 얼마 되지 않아 미국으로 귀국했는데도 고민거리가 있으면 가끔 통화를 했을 정도입니다. 그런데 이 친구들은 유전자가 원래 다른 것인지 항상 내 편만 들어주는 한국인 친구들과는 다르게 가끔은 아주 냉정하고(?) 객관적인 판단을 내려주기 때문에 그들이 해주는 저에 대한 평가를 오히려 조금 더 믿는 편입니다. 미국에 오기 얼마 전 폴에게 제 영어 실력에 대한 평가를 부탁한 적이 있었습니다.

나: "폴, 내 부탁 하나만 들어줘라."

폴: "뭔데?"

나: "내 영어 실력에 대한 너의 아주 객관적인 평가가 필요하다."

폴: "너 영어 잘해."

나: "아니 그런 거 말고, 너처럼 대학 교육을 마친 원어민의 영어를 10점이라고 가정하고, 영어를 전혀 못하는 사람을 0점이라고 하면 내 영어 실력은 몇 점이냐?"

폴: (얼굴을 찡그리며) "세상에 그런 어려운 질문을……."

나: "정말 내가 꼭 알아야겠거든."

폴: "흠…… 그래. 내 생각에 너의 영어는 8점 정도다."

나: "정말 그렇게 높냐. 내 생각보다도 더 높은데."

폴: "아냐, 발음에 한국인의 악센트가 들어가서 그렇지 문법이나 어휘, 유창성(fluency)을 종합적으로 따지면 그 정도 된다."

나: "그래도 못 믿겠다. 그럼 네가 일하는 학원의 한국인 영어 강사는 어느 정도냐?"

폴: "아주 민감한 이야기인데, 너처럼 8점이 대부분이고 드물게 사람에 따라서 9점을 주고 싶은 경우도 있다."

나: "내가 일류 학원의 영어 강사 수준이라니 도저히 못 믿겠다. 내가 학원에 다닐 때 보면 그들은 나와 비교가 되지 않게 영어를 잘하는 사람들이었는데."

폴: "믿거나 말거나 그게 내 평가다. 물론 내가 너하고 사회 각 분야에 대해 골고루 토론은 해보지 못했으니 일상적인 대화만으로 판단해서 그럴 수도 있겠지. 하지만 너보다 영어를 못하는 강사도 많다."

나: "그건 또 무슨 이야기인가?"

폴: "토익과 토플 강사의 경우는 5점이나 6점밖에 안 되는 경우도 많다."

나: "말도 안 된다. 너무 가혹한 평가가 아닐까? 그들은 다 한국에서 영어라면 도사급이다."

폴: "네 말이 맞을 수도 있겠다. 어쩌면 문법 실력은 오히려 나보다 나을 수도 있다. 하지만 그들은 아까 말한 회화 강사와 다르게 우리(원어민 강사)들을 조금 피하고 말을 적게 한다. 아마 구어체 영어에 자신이 좀 없는 것 같다. 어쩌다 말을 해봐도 말이 쉽게 나오지 않는 듯하고."

이런 식으로 대화가 이어졌습니다. 실제 있었던 대화를 옮긴 것이고, 저에 대한 고평가에 스스로 낯이 뜨거워지지만 참고가 될 만한 내용이라 그대로 적어보았습니다. 혹시 제 영어 실력이 생각보다 낮다며 실망한 분도 있겠지만, 생각보다 높다고 느낀 분도 있을 것이므로 이 부분은 독자의 판단에 맡기기로 하겠습니다. 문제는 원어민 강사가 우리나라 영어 학원 강사를 이 정도밖에 평가하지 않는다는 사실이 많은 독자들에게 충격적일 것 같습니다.

다만 토플, 토익 강사들의 영어 실력의 경우는 폴 자신이 그 강사들과 길게 토론을 하면서 실력을 측정해볼 기회가 많지 않다며 평가하기를 주저했는데 제가 억지로 의견을 물어서 그냥 보이는 만큼만 대답해준 것입니다. 그러니 그분들의 영어 실력이 실제보다 훨씬 저평가되어 있을 가능성을 꼭 고려해야 하겠습니다.

두 번째로 미국인 의사인 닥터 사이먼(가명)과의 대화를 소개합니다. 이 역시 제 영어 실력을 평가해달라고 요청했던 내용입니다.

나: "닥터 사이먼, 내 부탁 하나만 들어줘야겠다."
사이먼: "그래, 좋다. 뭐냐?"
나: "비밀인데, 내가 요즘 한국말로 영어 공부에 관한 책을 쓰고 있다."
사이먼: "너 참 별난 놈이다. 부탁이 뭐냐?"
나: "다름이 아니고 내 영어 실력을 좀 객관적으로 평가해줘라. 아무리 나쁘게 나와도 실망하지 않을 거니까 아주 솔직히 말해줘야 한다."
사이먼: "어떤 식의 평가를 원하는데?"
나: "그러니까 너의 영어 실력을 10점으로 잡고, 내 영어 실력이 몇 점인지 알려줘라."
사이먼: "아주 어려운 질문이다. (한참 생각하더니) 7점은 확실히 넘고 아마도 8점에 가깝지 않나 싶다."
나: "그렇구나. 정말이냐? 친구라고 후하게 점수 준 거 아닌가?"
사이먼: "아냐, 네 영어는 상당히 괜찮다. 이렇게 우리가 의사소통을 편하게 하고 있지 않나."
나: "고맙다. 그래도 믿어야 할지 확신이 서지 않는다."

사이먼: "그럼 이건 어떠냐. 한국인인 내과의 닥터 양 알지? 내 생각에 그는 5점 내지 6점이다."

나: "내가 생각해도 닥터 양은 말을 알아듣기가 좀 쉽지는 않더라."

사이먼: "그분은 미국에서 20년도 넘게 생활했고 의학적으로는 대단한 의사이지만 영어 실력을 늘리는 데는 별로 관심이 없으신 것 같더라. 영어를 잘하려고 노력했으면 훨씬 잘했겠다는 생각은 들지만 그분에게 영어는 단지 정보를 전달하는 수단에 불과한 것 같다. 그분뿐만 아니라 내가 지금까지 본 한국인 의사들이 대부분 5점 내지 6점의 범주에 있다."

나: "무슨 말인지는 알겠다. 하지만 한국인에게 영어는 특별히 더 어려운 언어라는 것을 감안해야 한다. 너희 미국인이 한국어를 배우는 것도 마찬가지다."

사이먼: "그런가?"

  물론 상당히 주관적일 수밖에 없는 이런 식의 영어 실력 평가에 큰 의미를 두고 싶지는 않습니다. 하지만 중요한 건 겉보기에 영어 실력이 원어민에 육박할 것 같은 미국에서 자란 이민 1.5세도, 고학력의 미국 이민 1세도, 영어 학원 강사도, 이 책을 쓰고 있는 저 자신도 원어민만큼 영어를 잘하지 못하고 있다는 것과 그런데도 영어를 사용하면서 살아가는 데 별로 지장이 없다는 것입니다. 또 중요한 것은 이들의 실력은 여러분이 생각하는 것만큼 여러분의 영어 실력에 비해 멀리 있지 않다는 것이고 독자 여러분의 노력으로 충분히 근접할 만한 범위에 있을 거라는 점입니다.

현실적인 목표를 세우자

우리는 영어를 하는 부모에게서 태어나 양육되지도 않았고 영어권 국가에서 어린 시절을 보내지도 못했습니다. (그런 분들이 제 책을 읽을 이유가 없겠지요.) 다행히도 우리는 영어를 대한민국에서 손꼽히게 잘할 필요가 있는 것도 아닙니다. 대부분의 사람들에게는 그저 불편함이 없이 구사할 수 있는 정도면 충분합니다. 이런 목표를 위해서라면 언어에 천부적인 재능이나 명석한 두뇌 같은 조건을 타고나지 못했다 해도 걱정할 것이 없습니다. 다시 강조하지만 영어는 언어이고, 그 누구든 간에 언어는 연습에 의해서 충분히 획득될 수 있습니다. 누구든지 영어를 원하는 만큼 하지 못한다면 머리가 나쁘거나 재능이 없는 것이 아니라 연습이 부족했거나 방법이 비효율적이었다고 봐야 합니다.

누구도 거리의 걸인에게 당신도 열심히 노력만 하면 이건희나 빌 게이츠처럼 부자가 될 수 있다고 감히 말하지는 못할 것입니다. 세상에는 별의별 가능성이 다 있지만 그래도 상식적으로 가능한 게 있는 것 아닙니까? 하지만 이 걸인에게 열심히 일하면 언젠가는 자신만의 집을 가질 수도 있다고 말해준다면 쉽지 않지만 그래도 충분히 납득이 가는 일이라고 생각됩니다. 대학 교육을 마친 미국 성인의 영어를 100으로 볼 때 독자들 중에서 10이나 20의 영어 실력을 가진 분이 50의 수준에 이르는 것은 마치 걸인이 몇 년을 일해서 통장에 1천만 원을 모으는 것과 같다고 생각합니다. 노력이 전제가 된다면 반드시 이룰 수 있는 목표라는 이야기입니다. 그리고 50의 실력이 70, 80으로 도약하는 것은 꾸준한 노력과 좋은 방법이 전제가 된다면 가능합니다. 물론 중간에 많은 사람들이 여러 가지 이유로 포기하기도 하겠지만 말입니다. 이는 마치 아무 재산도 없는 사람이 수십 년간 일하고 저축해서 지방 소도시에 작은 아파트를 한 채 살 정도로 돈을 모으는 것과 같다고 봅니다. 야심 찬 목표지만 반드시 가능합니다. 80으로 올라간 사람이 더 박차를 가해 100에 가깝게 오르는 것은 정말 피나는 노력과 재능과 평생의 공부를 요할 것이므로 이 부분에 대한 도전은 개인의 판단에 맡기겠습니다. 하지만 다행히도 실용적인 의미에서 여러분은 대부분 70에서 80 정도의 영어가 필요할 뿐이라는 것도 생각하시기 바랍니다. 그러니 일단 적절한 목표를 세우시기 바랍니다. 그리고 자신의 실력을 원어민의 실력에 비교하면서 좌절하지 말고, 다 잊고 앞으로 뚜벅뚜벅 꾸준히 나아가시기 바랍니다. 뜻이 있는 곳에 길이 있는 것 아니겠습니까?

영어를 잘하려면 가장 중요한 것이 무엇일까요? 일단 타고난 재능 같은 측정할 수도 없고 우리가 딱히 조절할 방법이 없는 변수를 제외하고 나면 영어를 잘하기 위해 가장 중요한 것은 바른 공부 방법의 선택과 목표를 향한 노력, 이 두 가지가 아닌가 싶습니다. 공부 방법에 대해서는 이 책에서 계속 이야기할 것이므로 어떤 것이 두 번째 변수인 노력을 좌우하게 될까에 대해서 생각해보겠습니다.

블로그로 영어 공부 방법을 전파하기 시작하다

저는 본의 아니게 영어 공부에 유용한 사이트로 알려지게 된 블로그를 운영하고 있습니다. 블로그란 것에 익숙하지 않은 분을 위해 간단히 설명을 드리자면 blog란 web과 log의 합성어인데 web이란 internet을 말하는 것이고 log는 항해 일지, 일기라는 뜻입니다. 이전에 존재하던 인터넷 개인 홈페이지와 비슷하기도 하지만 개설이 훨씬 간단하고, 독자들이 구독할 수 있으며, 글을 트랙백의 형태로 연결할 수 있다는 점에서 정보를 전파하고 의사소통을 하는 데 아주 효율적인 형태의 개인 인터넷 사이트입니다. 저는 2000년에 미국에서 의사로서의 새로운 삶을 설계하고자 결심한 후 2005년 최종적으로 미국의 병원에서 인턴으로서 직장을 잡을 때까지 숱한 고생을 해야 했습니다. 그러는 동안 저와 같은 길을 가고자 하는 사람들이 정보의 부족으로 인해 불필요한 난관에 부딪히지 않기를 바라는 마음이 절실해졌고, 그런 마음에서 이 블로그란 것을 개설하게 되었습니다. 특히 저는 제 개인적인 경험을 바탕으로 2003년 한국에 있을 때 카플란 학원이 주최한 미국 의사시험 설명회에 주 강사로 참여하기도 했었는데 이때 강연을 위해 수집했던 정보를 사장시키기가 아까워서 어떻게든 활용할 방법을 찾고 있기도 했었습니다. 그러다가 블로그가 제가 축적한 정보를 인터넷에 공개하는 좋은 통로가 될 것이라는 결론을 내리게 되었습니다.

  블로그를 시작해보니 한국의 의사들이 미국의 의사로서 거듭나기 위해서는 일단 5단계에 이르는(지금은 토플이 없어지면서 4단계로 간소화되었음) 미국 의사시험을 통과해야 하므로 시험 자체에 대한 정보가 블로그에 들어가야 했고, 미국 병원에서 인터뷰하는 법과 같은 것도 상당히 중요한 정보였습니다. 그리고 영어 공부를 하는 방법이라든가 미국 생활의 팁과 같은 것도 사람들이 관심 있어 할 만한 내용이었습니다. 하지만 이렇게 쓰인 글들을 정작 봐야 할 사람들에게 알리는 것은 쉬운 일이 아니었습니다. 따라서 저는 각종 메타블로그 사이트나 포털 사이트에 글을 송고하면서 글 알리기를 시작했습니다. 그런데 제가 블로그에 올린 여러 카테고리의 글 중에서 특히 영어 관련 글이 의사뿐만 아니라 영어에 목말라하는 일반인들에게 더 어필하고 있음을 발견하기 시작했습니다.

그래서 예정보다 더 자주 영어 공부 관련 글을 쓰기 시작했고 많은 사람의 공감을 받으면서 글이 계속 쌓여갔습니다. 그리고 블로그를 시작한 지 1년 반 정도가 되니까 약 1,300만 명의 방문자와 15,000명이 넘는 구독자를 가진 꽤 바쁜 블로그가 되어버렸습니다. 물론 제가 영어 관련 글만 블로그에 쓴 것은 아니지만 제 블로그 '뉴욕에서 의사하기' 1주년 기념 행사로 실시한 설문에 의하면 약 80%의 독자들이 영어 관련 글에 가장 관심을 가지고 있는 것으로 조사되기도 했었습니다.

쏟아지는 영어 공부 관련 질문들

서론이 길었는데 저는 블로그 덕분에 많은 사람들에게서 이메일을 받게 되었습니다. 일부는 그냥 글 잘 읽었다는 인사의 메일이었지만 반 이상은 영어 공부와 관련해서 도움을 얻고자 하는 내용이었습니다. 한국에 수많은 영어 선생님과 학원 강사가 있고 영어 공부에 관한 책들도 많이 있는데 뭐가 더 궁금하다는 것일까요? 독자 여러분도 제가 무슨 질문을 많이 받는지 궁금하실 것입니다. 그런데 이 질문은 기존의 책에서 제대로 답을 주지 않는 종류였습니다. 그것은 바로 왜 공부를 해도 해도 영어가 안 되느냐는 질문이었기 때문입니다. 어쨌거나 제가 블로그를 시작한 목적이 사람들이 궁금해하지만 쉽게 답을 얻을 수 없는 문제에 솔직한 답을 주려는 것이었으니까 방향을 제대로 잡은 것 같아 자부심이 느껴지기도 합니다.

너무나 당연하지만 영어 실력이 늘지 않는 이유 중의 하나는 영어를 열심히 하지 못했기 때문입니다. 영어를 열심히 연마하지 못한 이유는 아마도 시간이 없다거나 시간은 있었는데 게을렀거나 둘 중의 하나이겠지요. 그런데 앞에 펼쳐진 망망한 영어 공부의 바다로 항해를 나서기 전에 아주 중요한 질문을 스스로에게 던져 볼 필요가 있습니다. 그것은 바로 '나에게 정말 영어가 절실히 필요한가?' 하는 질문입니다. 영어를 잘하고 싶은 누구나 영어를 잘해야 할 이유를 뭔가 대기는 댈 수 있을 것입니다. 시험에서 좋은 점수를 얻고 싶기도 하고, 직장에서 승진에 도움이 될까 싶기도 하고, 남들 앞에서 영어 실력을 뽐내고 싶기도 하고, 언젠가 해외여행에서 써먹어 보고 싶기도 하겠지요. 다 좋은 이유입니다. 그럼에도 불구하고 다시 한번 자신에게 솔직히 답해봐야 합니다. 막연히 잘하기를 원하는 것 이상으로 영어가 정말 필요한 것입니까?

어떻게 생각하면 영어 공부의 비결을 알려준다는 책을 쓰는 사람이 거듭 이런 질문을 독자들에게 하는 것은 정말 무례한 일일 수도 있습니다. 영어는 잘하려는 결단과 노력이 있으면 누구나 잘할 수 있는 것이지만 그 노력과 희생의 양이 엄청나게 크기도 합니다. 영어를 어느 정도 수준에 올리기 위해 투자되는 개인적인 노력의 양을 더 필요한 다른 부분에 투자한다면 인생에서 좀 더 큰 이익을 얻을 수 있을지도 모릅니다. 그래서 영어 공부를 시작하기 전에 정말 내가 다른 것을 희생해서라도 영어를 잘해야 하는 이유가 충분히 있는지, 영어가 현재 내 인생에서 그 정도로 우선순위인지 꼭 점검을 해보자는 것입니다.

왜 영어 공부에 이렇게 많은 투자가 필요할까요? 그것은 유감스럽게도 영어가 한국 사람에게 유독 어렵다는 사실 때문입니다. 정말 억울하고 불공평한 것 같은데 우리 한국 사람이 영어를 배우는 건 독일이나 프랑스 사람이 하는 것보다 몇 배가 어렵습니다. 같은 아시아권이라도 인도나 중국 사람보다 힘들고 저 멀리 아프리카 사람들보다도 더 힘듭니다. 제 경험으로 우리만큼 영어를 못하는 민족은 일본밖에 없는 것 같습니다. 대신 한국인의 일본어 습득은 영어 배우기보다 훨씬 쉽다고 하니 다행이지만 그만큼 일본어와 한국어는 영어나 다른 유럽권의 언어와 문법상 연관이 적고 심지어는 반대인 경우가 많습니다. 언어 자체가 이렇게 많이 다르니 당연히 배우기가 더 어렵고 제대로 배우려면 더 많은 노력이 요구될 수밖에 없습니다.

저의 이런 주장이 독자 여러분으로 하여금 패배주의를 부추긴다고 오해를 살 수도 있다는 사실을 알지만 그런 위험을 감수하고라도 솔직해지고 싶습니다. 제가 지금까지 읽었던 수많은 영어 공부 관련 책들은 하면 된다는 자신감을 주었을지언정 영어 공부에 들어가는 노력을 실제보다 축소하여 알려주었기 때문에 우리는 조금만 열심히 하면 금방 영어를 잘할 수 있는 것으로 착각했고, 그래서 도전은 쉬웠으되 결과는 늘 실패였기 때문에 이젠 반대로 영어는 해도 안 되는 것이라는 선입견과 좌절을 경험해야 했습니다. 가끔은 영어를 잘하는 사람이 그간의 노력과 고생을 잊고서 영어가 쉬운 것이라며 이야기하는 경우가 있는데, 듣는 사람은 정말 에누리를 충분히 해서 들어야 합니다. 또한 어려서부터 영어를 접한 덕에 비교적 용이하게 영어를 습득한 사람의 이야기도 우리와 동떨어진 것일 가능성이 높으므로 이런 사람들의 이야기도 액면 그대로 받아들여서는 안 될 경우도 있습니다. 한국인에게 유독 영어가 어렵다는 것이 사실인지 몇 가지 사례를 들어 알아보겠습니다.

영어 덕에 20대에 부장으로 승진한 친구 이야기

지방의 무명 사립대학을 졸업했으나 동기들 중에 가장 빨리 성공한 제 친구 이야기를 한번 해보겠습니다. 이 친구는 한국에서 나고 자랐지만 영어를 잘했습니다. 당시로서 흔한 일은 아니었는데 미국에 어학연수를 장기간 다녀오기까지 할 정도로 영어 공부에 대한 열정도 있었습니다. 20대 후반의 어느 날 동창들이 모일 기회가 있었는데 프랑스계 다국적 유통기업 C사에 다니는 이 친구가 부장으로 승진했다고 알려왔습니다. 처음에 친구들은 다들 믿기를 어려워했습니다. 더욱이 유통기업에 걸맞은 마케팅에 대한 경험과 경력이 전무했던 그가 그런 성공을 이루었다는 것이 더 놀라운 일이었습니다. 그런데 이 친구의 이야기를 듣고 보니 그럴 만한 이유가 있었습니다. C사는 프랑스계이다 보니 점장급 고위직은 대개 유럽계의 인사였습니다. 그리고 회의에서 쓰는 언어는 공식적으로 영어로 통일되어 있었다고 합니다. 하지만 유럽 각국에서 뽑은 인재들이 처음부터 자기 모국어가 아닌 영어를 잘할 리는 없었습니다. 그래서 이 회사에서는 직영으로 캐나다에 영어 교육기관을 만들어서 세계 각국으로 직원들을 내보내기 전에 그곳에서 영어를 배우도록 했습니다. 그런데 이들이 영어를 배우는 기간이 놀랍게도 단 3개월이었다고 합니다. 그래도 간부급 직원들이 세계 각국의 지사로 나가서 영어를 쓰면서 업무를 하는 데 큰 지장이 없었나 봅니다.

  이 회사의 고민은 한국인 직원 교육이었습니다. 이 회사는 한국에 진출한 이후로 캐나다에서 영어에 숙달된 간부들을 한국에 보냈지만 한국 직원들의 영어 실력이 모자라 서로 의사소통에 문제가 있었습니다. 그래서 회사에서 자체적으로 원어민 강사를 고용하여 일과 후에 영어 학원을 사내에 열기도 하고 일부 직원은 캐나다로 보내는 등 나름대로 열심히 가르쳐보려고 노력을 많이 했다고 합니다. 하지만 당장의 의사소통이 문제가 되었으므로 제 친구와 같은 영어에 유창한 직원의 도움으로 회사의 외국인 점장과 과장급의 한국인 직원들이 의사소통을 하게 되었습니다. 그러니 제 친구는 직급은 낮아도 장관들에게 지시하는 대통령 비서실장으로 일하는 것이나 마찬가지인 상황이 되었던 것입니다.

  제 친구는 과장급 이하는 얼굴 보기도 쉽지 않은 점장에게 이런저런 건의도 수시로 할 수 있게 되었고 이런 과정에서 능력을 더 쉽게 인정받았다고 합니다. 아무리 능력이 출중한 직원도 자신이 하는 일을 윗사람이 몰라준다면 승진하기가 쉽지 않겠지만 운 좋은 이 친구는 회사의 최고위층과 수시로 이야기할 기회를 얻었으니 가진 능력을 다 보여줄 수 있었던가 봅니다. 결국 이 친구는 이례적인 고속 승진을 거듭하다가 20대 말에 부장의 직함을 얻게 되었습니다. 아마 영어에 능숙한 사람이 많은 지금의 세대라면 영어 하나로 이렇게 쉽게 고속 승진을 했다는 게 믿기지 않을 것도 같은데 10년도 더 전인 그 당시로서도 이런 경우는 흔한 일이 아니었습니다. 아쉽게도 이 다국적 유통기업은 그로부터 몇 년 후 한국에서 영업 부진으로 사업을 전면 철수하게 되었는데 제 친구의 신화가 그렇게 끝나버려서 저도 상당히 안타깝게 생각이 되었었습니다.

저는 C사의 직원 영어 교육 이야기를 전해 들으면서 복잡한 심경이었습니다. 그건 그 회사가 직원들을 교육하려는 열정이 있는 기업이었다는 사실에 감탄이 나오면서도 경영진들이 단 몇 개월로 한국인에게 영어 교육이 완성될 것이라는 순진한 기대를 했었다는 사실에 그만큼 한국인의 상황을 잘 이해하지 못했구나 하는 생각이 뒤섞였기 때문이었습니다.

한국인에게만 어려운 야속한 영어

유통업체 C사의 이야기에서 볼 수 있듯이 한국어와 영어는 근본적인 체계가 스페인어나 불어가 영어와 갖는 차이와는 비교할 수도 없이 크게 달라서 한국인이 영어에 유창해지는 데는 매우 장기간의 수련이 필요합니다. 그런데 한국인에게 영어가 어려운 것과 마찬가지로 영어를 모국어로 하는 사람에게 한국어가 어렵다는 반대의 명제도 성립하는 듯합니다. 얼마 전에 신문에서 보니 미국 국방성에서 전세계로 보내질 군인들을 대상으로 각국의 언어를 교육하는데 그들에게 한국어가 가장 어려운 언어로 꼽힌다고 합니다. 저는 이 기사를 보고 전혀 놀라지 않았습니다. 한국인에게 영어가 어려운데 원어민에게 한국어가 어려운 것 역시 지극히 당연한 일이라고 생각했기 때문입니다. 굳이 제가 주장하지 않아도 영어를 공부해보신 독자 여러분은 다들 이렇게 생각하고 있을 것입니다.

  영어가 어렵기는 고학력 유학생들도 마찬가지인가 봅니다. 얼마 전에 제가 자주 찾는 한 인터넷 동호회 홈페이지에서 있었던 일입니다. 국내의 유명 법대를 나온 어떤 회원이 지금의 직장을 그만두고 미국의 로스쿨에 진학하는 걸 고려하고 있다면서 어느 학교에 가야 할지 회원들의 조언을 구한 적이 있습니다. 현재 미국에서 살고 있는 다른 회원의 조언이 제 기억에 남습니다. 미국에서 잘나가는 변호사로 살고 싶다면 영어를 잘해야 하는데 그렇다면 가능한 한 한국인이 없는 미국 중서부 지방에 있는 대학원으로 진학해서 공부할 것을 권하는 내용이었습니다. 한국인이 희소한 환경에 가면 어쨌거나 미국인과의 교류가 늘어나게 되고 자연히 영어도 억지로나마 더 늘게 되겠지요. 그러니 이런 조언을 무시할 수 없는 노릇인 것 같습니다. 미국에서도 로스앤젤레스나 뉴욕과 같이 한국인이 많은 도시에 산다는 것은 생활에 많은 편리함을 줍니다. 한국 음식을 먹을 수 있고 한국인끼리의 교류도 쉽지요. 별로 향수병을 느끼면서 살 필요가 없습니다. 하지만 한국인이 너무 많으면 한국인과 어울릴 확률이 높아지므로 영어 실력의 향상에는 역효과를 가져오게 됩니다. 한국인이 영어를 잘하려고 할 때는 이런 생활의 편리를 포기해야 하는 극단적인(?) 선택도 강요받게 되는 것 같습니다.

  영어가 비단 대학생 이상의 성인에게만 어려운 것도 아닙니다. 얼마 전 미주의 한국계 일간지 기사를 보니 미국 서부의 로스앤젤레스와 같은 곳에는 영어를 못하는 이민 1.5세나 조기 유학생들이 흔하다고 합니다. 흔히들 미국만 가면 영어가 저절로 터진다고 오해하는 경우가 많은데 꼭 그렇지는 않습니다. 학교에서는 영어로 수업을 받지만 어울리는 친구들이 다 한국인이고, 텔레비전에서도 한국어 채널만 보고, 한국의 연예인을 좋아하고, 가정에서도 한국어만 쓰는 경우라면 영어를 잘하기가 쉽지 않을 것이라는 생각입니다. 이 학생들이 영어를 잘 못한다고 하는데 얼마나 못하는지 저도 잘 모르겠습니다. 영어를 잘한다 혹은 못한다고 표현할 때 얼마나 영어를 구사해야 하는가 하는 기준이 명확하지는 않기 때문입니다. 제 생각으로는 원활한 의사소통이 이루어짐을 전제로 원어민과 영어로 특정 주제에 관해서 20분 정도 대화를 할 수 준이 되면 괜찮지 않은가 싶습니다. 이런 생각은 이 정도 실력이 되지 않으면 미국에서 정상적인 학교 생활을 하기가 힘들다는 점을 고려한 것입니다. 따라서 유학생의 경우 원어민과 짧은 대화가 가능한 정도나 가게에서 물건을 사고 패스트푸드 음식점에서 음식을 주문하는 것에 불편함이 없는 정도의 영어를 벗어나지 못한다면 '영어를 못하는 것'으로 분류하는 것이 좋을 듯하다는 생각입니다. 어쨌든 여러분도 예전의 저와 같다면 영어를 못하는 조기 유학생이 있다는 이야기는 꿈에도 생각을 못 해보았을 것 같아서 소개를 드렸습니다.

  지난해 이명박 정부가 출범하면서 영어 몰입 교육을 시도하겠다는 계획을 발표하여 한국 사회를 뜨겁게 달군 적이 있습니다. 저도 이런 정책에 약간은 비판적인 생각을 지니고 있습니다. 이에 더 나아가 설사 한국의 모든 학교에서 막대한 돈을 들여 영어 선생님을 원어민으로 교체한다 해도, 영어 수업은 일주일에 불과 몇 시간에 불과할 뿐이고 그 나머지 95% 이상의 생활에서는 친구와 한국어로 이야기하고, 집에 가서 한국어를 쓰고, 한국어 환경에서 모든 것이 이루어지게 마련입니다. 그런 상황에서는 저절로 영어가 유창해질 수가 없습니다. 물론 비슷한 여건을 제공해줘도 영어를 못하는 아이들이 있는가 하면 영어를 잘하는 아이들도 분명히 있습니다. 영어를 정말 잘하고자 하는 열의가 있는 학생이야 개인적인 노력에 의해 큰 차이를 가져올 수 있을 것입니다. 하지만 이런 정책을 추진하는 분들은 영어 몰입 교육을 하기만 하면 한국 학생들이 영어를 잘 할 것이라고 순진하게 생각해서는 안 된다는 생각입니다. 다시 말하지만 영어는 한국인에게 특별히 더 어려운 언어이기 때문입니다.

원어민 수준이 되는 데 얼마나 시간이 걸리는지 묻지 마세요

영어가 그렇게나 어려운 것이라고 하는데 사람들은 얼마만큼의 노력을 해야 자기가 필요한 수준의 영어 능력을 얻게 될지 가늠하기가 쉽지 않을 것입니다. 저도 처음에는 순진하게도 6개월 정도면 어느 정도 말하고 듣지 않겠는가 하는 기대를 감히 했었습니다. 물론 나름대로 가용한 시간을 총동원하여 거의 영어 공부에만 전적으로 몰입을 해서 얻고자 하는 목표였습니다. 저는 영어 공부에 도전하기 전에 공부 방법을 소개한 수많은 교재들을 이미 열 권도 더 읽은 상태였고 6개월이라는 숫자는 단순한 희망사항이 아니라 이런 독서 끝에 얻게 된 결론이었습니다. 그 어느 책도 6개월이면 영어가 끝난다고 명시한 것은 아니었습니다만 저로서는 그렇게 생각할 수밖에 없었습니다. 이런 책을 읽다 보니 뭔가 공통점이 보이기 시작했습니다. 제가 읽은 책들에서 나름대로 추출해낸 공통점을 정리해보겠습니다. 그리고 거기에 제 의견을 섞어서 몇 가지 생각해보려고 합니다.

첫째, 영어는 누구나 잘할 수 있다는 것입니다. 그런데 제가 주장해왔듯이 이상하게도 얼마나 힘들게 오랜 기간 공부해야 하는지에 대해서는 언급이 전혀 없어서 책대로만 하면 금방 뭔가 될 것 같은 환상을 심어주었다는 아쉬움이 있었습니다.

둘째, 영어 공부는 저자들이 제시한 방법으로 해야 한다는 것입니다. 대부분의 저자들은 아주 설득력 있어 보이는 근거를 제시하고 있었기 때문에 어느 방법을 택하든 결코 손해를 보는 일처럼 보이지는 않았습니다. 하지만 공부하는 입장에서는 여러 가지 방법을 다 따라 할 수는 없었고 그중에서 한 가지를 선택해야 했기 때문에 결정 내리기가 아주 어려웠던 기억이 납니다.

셋째, 이 방법대로 하면 거의 원어민 수준의 영어를 구사하게 된다는 이야기가 있었습니다. 가장 달콤한 이야기이지만 지금 생각하면 가장 과장이 심한 이야기였습니다. 제 상식 수준에서 짐작해보건대 그런 책을 쓴 저자들 중 80%에서 90%는 영어 실력이 대졸자 원어민의 수준에 미치지 않을 것이라고 생각됩니다. 자신들이 그렇게 못하면서 자신의 방법을 따르면 그렇게 될 수도 있다는 것은 당연히 말이 안 됩니다만 이렇게 솔직히 말하는 사람은 한 명도 본 적이 없습니다. 영어를 열심히 하다 보면 영어를 꽤 잘할 수 있습니다만 대졸 원어민 수준에 가까이 가려면 직업이 될 정도로 영어만 생각하면서 살아야 하고, 앞에서도 말했듯이 그렇게 해도 원어민 수준에 도달하기 매우 힘듭니다. 매우 과격하게 들릴지는 몰라도 한국 사람에게 원어민 수준의 영어 운운하는 사람은 한국 사람에게 영어가 무엇인지 모르는 사람이라고 생각합니다.

제가 영어를 6개월간 열심히 하면 어느 정도 통달할 것이라 예상했다고 했는데 결론적으로는 그릇된 생각이었습니다. 하지만 그렇다고 해서 제가 읽었던 책을 쓴 저자들을 원망하고 싶지는 않습니다. 어쨌거나 책을 써서 팔아야 하는 입장이라면 보다 긍정적인 측면을 부각해야 하는 것이고 실제 사례를 들더라도 조금이라도 잘된 사례를 인용하는 것이 책 판매에 도움이 될 테니까 영어 정복이 그리 어려운 목표가 아니라고 믿도록 만들 수밖에 없었을 것입니다. 어떤 저자가 영어를 잘하려면 아주 열심히 꾸준히 노력해도 최소 5년은 걸리고, 어느 정도 실력이 쌓여도 원어민과 같은 수준까지 갈 수 없다는 사실을 받아들여야 하며, 이렇게 힘들게 쌓은 영어 실력도 그 후로 공부를 쉰다면 실력이 퇴보하게 된다고 주장한다고 가정해보겠습니다. 독자들이 어떻게 생각할까요? 자기 방법을 따르면 6개월 만에 원어민 수준의 영어가 가능하다고 해도 책이 팔릴까 말까인데 참 어이가 없는 말 아니겠습니까?

성급한 사람에게는 그 저자가 주장하는 방법대로 하면 그러지 않는 것보다 오히려 영어 완성 속도가 더 느릴 것 같다는 걱정을 하게 만들 것이고, 아마 이런 게 무슨 영어 공부 비결이냐는 의구심을 불러일으킬 것입니다. 왜냐하면 그 저자의 특정 영어 공부 비결을 쓰지 않고 공부해도 그 정도 기간이면 영어가 터지는 게 당연하다고 느낄 것이기 때문입니다. 하지만 자신의 경험을 돌아보고 다른 사람들의 이야기도 들어보시기 바랍니다. 제게 질문을 하신 분들은 아무리 3개월 만에 영어가 터지는 책을 봐도, 6개월만 꾸준히 하면 터진다는 책도, 1년을 공부해도 마찬가지라고 합니다. 1천 개의 패턴을 외워도, 2천 개의 문장을 외워도, 3천 단어를 외워도 영어 실력에는 변화가 별로 없다고 합니다. 도대체 뭐가 문제일까요? 얼마나 더 좋은 방법을 찾아야 할까요? 이 문제에 대한 정답은 대개는 방법이 문제가 아니라 노력의 양이 문제이기 때문에 공부를 더 많이 오래 해야 한다는 것입니다. 공부를 해도 해도 제자리인 것같이 느껴지는 이유는 영어에서 공부할 분량이 그만큼 방대하기 때문에 표가 별로 안 나는 것뿐이지 진짜로 실력이 하나도 늘지 않은 것은 아닙니다. 공부를 열심히 해도 영어가 늘지 않는 분들의 첫 번째 과제는 영어 공부의 양이 그만큼 많다는 것을 이해하는 것이고 그 다음 과제는 그래도 조금 더 효율적인 영어 공부 방법을 찾는 것입니다.

　위에서 언급한 영어 공부에 시간이 5년 이상 걸린다고 주장하는 저자는 저를 의미한다고 보시면 됩니다. 저는 비현실적인 목표로 여러분을 비참하게 만들고 싶지 않습니다. 차라리 기대를 현실적으로 실현 가능한 수준으로 낮추고 대신 꾸준히 노력함으로써 그 현실적인 목표를 달성하도록 도와드리고 싶습니다. 영어가 이렇게 어렵다는 제 말을 도저히 믿지 못하는 분들은 다른 방법으로 영어 공부를 열심히 해보시고 5년 후에 다시 이 책을 읽어주시기 바랍니다. 그때에는 분명히 저에게 동의하시리라 믿습니다. 5년을 기다릴 수 없다면 미국에 유학 간 선후배 중에 5년 정도 미국에서 공부한 사람에게 연락해서 확인을 하거나, 여러분이 다니는 영어 학원의 강사(교포 출신 제외)에게 답을 구하는 것도 좋은 방법입니다. 여러분에게 가장 정직하게 답변해줄 만한 사람을 골라서 그들에게 영어를 잘하게 되기까지 시간이 얼마나 걸렸는지, 얼마나 노력했는지, 그리고 영어 실력이 대졸 원어민에 비해서 어느 정도 된다고 생각하는지 물어보시기 바랍니다. 아마 제가 한 이야기와 비슷할 것입니다.

제 중학교 동창 K는 중학교 3학년을 마친 후 가족 모두 미국 플로리다로 이민을 갔습니다. 제가 대학교 3학년 때 우연히 다시 만났는데 그때 K는 미국에서 대학교 1학년이었습니다. 50명이 넘는 중학교 한 학급에서 10등 안에 들었던 모범적인 학생이었는데 왜 이렇게 대학 입학이 늦었냐고 물었더니 결론은 영어 때문이었습니다. 영어가 안되니까 한 학년을 낮추어 중학교 3학년 과정을 다시 했다고 합니다. 방과 후에 선생님이 따로 영어를 가르쳐주는 등 눈물 나는 고생 끝에 중학교를 마치고 고등학교에 갔는데 1년을 또 유급해서 남들보다 1년 늦게 졸업, 결국 동년배보다 2년 늦게 대학에 가게 되었다고 합니다. 그 친구는 이제야 영어가 조금 된다고 말하더군요. 중학교 3학년 때 미국으로 건너간 후 무려 6년이 지난 후에 말입니다. 영어가 책 몇 권 읽고 1, 2년 만에 될 수 있는 것이라면 이 친구는 정말 바보임에 틀림없을 것입니다. 유감스럽게도 우리 모두는 제 친구 K와 크게 다르지 않습니다.

얼마 전 한 신문 보도에 의하면 평균 나이 15세에 조기 유학을 떠나 평균 8년을 공부하고 귀국한 사람들을 대상으로 설문 조사를 해보았다고 합니다. 결과를 보니 조기 유학파 중에서 자신의 영어가 원어민과 비슷하다고 평가한 사람은 50%밖에 안 되었다고 합니다. 더 놀라운 것은 이들에 대한 기업 인사 담당자들의 평가인데, 조기 유학파의 영어가 원어민과 비슷하여 만족한다고 대답한 비율은 16%에 불과하다고 합니다. 솔직히 저는 아무리 조기 유학을 했어도 8년이면 고등학교, 대학교, 대학원 정도의 시간을 보낸 것인데 이들의 영어가 과연 원어민과 똑같을지에 대해서는 회의적입니다. 그래서 50%나 되는 사람들이 자신의 영어가 부족함이 없다고 평가했다는 것조차 제 예상보다는 높은 수치입니다. 어쨌든 단기간에 영어를 정복하겠다는 것이 얼마나 허황된 이야기인지는 분명해 보입니다.

그런데 이렇게 어렵고 시간이 많이 걸리는 영어지만 현실적인 목표를 설정한다면 이룰 방법이 뭔가 있기는 있습니다. 하지만 이 공부 방법은 이미 다 알려진 것들입니다. 그래도 여러분이 공부를 하면서 제 책에서 아주 실제적인 도움을 받을 만한 구석이 꽤 있으리라고 기대합니다. 왜냐하면 시간을 낭비하지 않는 가장 효율적인 공부를 논할 것이기 때문입니다. 다만 영어 공부 방법이 겨우 이 정도밖에 없다는 사실을 여러분이 심정적으로 받아들이고 싶지 않을지도 모릅니다. 제 이야기는 결국 영어 실력 향상에는 우직하게 꾸준히 공부하는 것 외에는 묘수가 없다는 이야기이기 때문입니다. 사람들은 항상 영어에 뭔가 빠르고도 쉬운 길이 있으리라고 생각합니다. 공부를 하기 위해 마음을 잡으려면 일단

이 유혹에서 벗어나야 하겠습니다. 혹시 여러분이 영어 공부 방법에 대한 마술적인 기대를 이미 버렸다면 이 책을 읽기가 오히려 더 편안할 것이라고 생각합니다.

영어를 잘하려면 목적의식을 가지고 공부해야

정리를 다시 해보겠습니다. 영어를 잘하는 데는 많은 노력이 요구됩니다. 그리고 그 노력을 끝까지 끌고 가는 것은 목적의식입니다. 영어는 쉽게 몇 달 만에 완성되지 않는다고 했습니다. 아주 열심히 노력해도 최소 몇 년이 걸리고 그렇게 해도 원어민 수준에 도달한다는 보장이 없습니다. 확실하게 영어가 필요하지도 않으면서 그냥 한번 영어 공부를 시도하며 시간을 보내고, 학원비로 교재비로 돈을 낭비하고 나서야 역시 안 되는구나 하면서 물러날 일이 아닙니다. 독하게 결심하고 한번 하려면 끝까지 해야 합니다. 아니면 시작을 하지 말아야 합니다. 이게 제가 영어 공부를 하면서 절실하게 느낀 점입니다. 어떤 책에서도 이런 이야기를 읽은 적이 없습니다. 그래서 제가 이런 점을 강조합니다. 이 글을 쓰면서도 어쩌면 영어를 잘하고 싶어 하는 저마다의 절박함을 과소평가한 듯 보이는 제 언급에 대해서 이 글을 읽는 분들이 실망할 수 있을 것이라는 걱정이 듭니다. 영어가 절박하지 않았으면 이 책을 구입하지도 않았을 것인데 말이죠. 제가 여기서 영어가 쉽지 않다거나 공부에 시간이 오래 걸린다거나 뚜렷한 목적의식을 가져달라는 이야기를 굳이 하는 이유는 영어 정복을 손쉬운 것으로 포장해서 여러분을 현혹해왔던 일부 정치인, 관료, 교육자, 그리고 사업가들을 경계해야 한다는 것을 강조하고 여러분이 앞으로 가야 할 여정을 알고 계시라는 뜻에서입니다.

 다시 말하지만 여러분은 반드시 영어를 잘할 수 있습니다. 하지만 쉽지는 않습니다. 영어를 손쉽게 정복할 수 있다는 다른 저자의 의견이 더 맞는 것 같으면 이 책을 더 읽으실 필요도 없습니다. 제 방법은 효과는 보장할 수 있지만 가장 원론적이고 정직하며 고된 방법이기 때문입니다. 그러므로 이 글을 읽는 여러분은 바로 여기서 자신이 왜 영어를 잘해야 하는지 목적의식을 분명하게 다시 세우시기를 당부 드립니다.

영어 학습법의 우월성, 과학적으로 증명할 수 있을까?

 어떠한 학습 방법이 효과가 있는지 증명하려면 어떻게 하면 될까요?
 실험을 해보면 될 일입니다. 제대로 된 실험은 다음과 같은 조건을 갖추어야 합니다. 일단 통계적으로 의미를 갖추기 위해 최대한 많은 지원자를 모아야 합니다. 이들의 영어 실력을 시험이든 영어 면접이든 최대한 공정한 방법으로 측정한 후에 무작위로 추첨을 해서 두 개 이상의 그룹으로 나누어야 하겠습니다. (물론 적용할 방법의 수에 따라 세 개의 그룹이든 네 개의 그룹이든 상관이 없습니다.) 그리고 본격적인 실험을 해야 하는데 이 두 그룹 A와 B에 대해서 각각 다른 영어 공부 비결에 따라 공부하도록 합니다. 이들이 공부하는 시간과 습관을 엄격하게 통제해서 두 그룹의 공부하는 시간을 최대한 비슷하게 만들 수 있다면 비결에 따른 차이만 볼 수 있을 것입니다.
 이렇게 몇 달이 지나고 나서 처음에 영어 실력을 측정할 때 사용했던 방법과 비슷한 시험이나 영어 면접 등을 통해 실력을 측정해서 어느 그룹이 더 실력 향상이 뛰어난지 차이를 측정하면 될 것입니다. 하지만 독자들 중 그 누구도 이런 식의 실험을 했다는 이야기를 들은 적이 없을 것입니다.

이렇게 영어 공부법의 우월성을 증명하지 않는 이유는 무엇일까요? 일단은 이런 대규모 연구에는 돈이 너무 많이 듭니다. 그래서 개인이나 기업이 하기에는 벅찬 측면이 있지요. 그럼 교육부라도 나서서 연구를 하고 가장 좋은 방법을 골라 국민들이 헛된 길로 빠지지 않게 해주어야 할 것 같은데 왠지 몰라도 교육부는 이런 데에는 신경 쓸 겨를이 없습니다.

하지만 이런 학습법 검증이 없는 더 중요한 이유는 그 어떤 학습법의 창시자도 자신의 학습법이 우월하다고 말만 할 뿐 실제로 검증을 거쳐 만약 자신의 학습법이 실제로는 별다른 효과가 없는 경우 자신의 방법이 도태되는 위험을 감수하고 싶지 않기 때문입니다. 이것은 영어 공부 학습법이라는 것이 연구의 대상이 아니라 사업의 대상이기 때문입니다.

제 생각에는 한국에서 1조가 넘는다는 거대한 영어 학습 시장이 유지되는 비결 중의 하나는 영어 학습자들이 한 가지 방법을 해보다 안 되면 포기하고 다른 방법에 매달리기를 반복하면서 돈을 낭비하는 구조에 있지 않나 하는 생각이 들기도 합니다. 물론 영어 학습법이나 도구의 창시자들이 나름대로 자신의 방법에 확신을 가진 채 영어 학습자들에게 도움도 주고 자신도 사업을 영위하는 두 마리의 토끼를 잡고자 하는 의도를 가졌겠지만 시스템이 그렇게 보인다는 것입니다.

학습법과 학습기기 광고를 살펴보면 그 공부 방법이 우월하다는 객관적 근거를 제시하기가 힘드니 대신 그 방법으로 효과를 보았다는 학습자들의 증언을 광고에 활용하고 있습니다. 그런데 저는 이 증언의 신빙성에 의심을 품지 않을 수가 없습니다. 아마 독자 여러분도 마찬가지일 것입니다. 때로는 도대체 누가 이 자본주의 세상에 살면서 광고에 나오는 말을 믿을 것인가 하는 생각이 들기도 합니다.

하지만 이런 이성적인 판단은 영어 실력 향상이 절실한 사람에게 때로는 큰 영향을 발휘하지 못합니다. 사람들에게 '나와 똑같은 처지의 다른 학생이나 직장인이 이 방법을 써서 공부했는데 효과가 있다면 내가 해서 안 될 이유가 무엇인가' 라고 생각하게 만들기 때문입니다. 그래서 과장 광고를 보면 처음에는 대부분 무시하다가도 계속 광고를 보면 이런 증언을 진짜로 믿고 싶어지는 것이 인지상정입니다. 물론 이런 증언이 사실일 가능성도 많습니다. 더 중요한 문제는 그 증언을 한 사람이 사실을 말했느냐 아니냐가 아니라 그 사람이 효과를 보았으니 나도 효과를 볼 수 있다고 믿을 수 있느냐입니다.

제가 의사이니만큼 의학적 문제로 치환해서 이런 현상을 설명해보겠습니다. 의학적으로는 '나는 이렇게 효과를 보았다' 라는 식의 이런 증언은 아무리 정직한 의견이라도 가장 하급에 속하는 신뢰성을 가진 정보로 취급됩니다.

왜 그런지 조금만 더 자세히 이야기해보겠습니다. 만약 간암에 효과가 있다는 어떤 신약이 개발되었다고 해보겠습니다. 개발자는 이 신약이 간암을 치료하는 데 매우 효과적이라고 믿고 있습니다. 그래서 몇 명의 간암 환자들에게 투여했더니 예상대로 간암의 크기가 대폭 줄어드는 효과가 있었고 치료를 받은 환자들은 대단히 기뻐하고 감사해하고 있습니다. 그래서 개발자는 이 약으로 효과를 본 사람들의 증언을 광고에 적극 활용하고 싶어 합니다. 그렇다면 효과를 본 사람이 분명히 있으니 이 약은 효과가 있다고 광고할 수 있을까요?

정답은 이런 종류의 약은 팔 수도 없고 효과가 있다고 말할 수도 없다는 것입니다. 효과가 없다는 것이 아니라 이렇게 제한된 몇 사람을 대상으로 한 실험으로는 효과를 증명할 수 없다는 것입니다. 효능을 확인하기 위해서는 대소규모 임상 실험을 여러 번 반복해서 더 많은 사람을 대상으로 효과가 있는지를 확인해야 합니다. 그리고 위에서 설명한 것과 같이 환자를 두 군으로 나누어 기존의 치료제와 새로 개발된 치료제의 우열을 가려서 더 낫다는 증명을 하는 것도 효과를 증명하는 좋은 방법입니다. 그렇지 않으면 학계에서 받아들여질 수 없습니다.

이 간암 치료제로 치료를 받아서 암의 크기가 줄었다는 것은 언뜻 들으면 간암이 치료되고 있다는 증거로 해석될 수도 있지만 대규모 환자-대조군 연구를 해보면 암의 크기만 줄어들었지 실제 환자의 사망률이나 예후에는 별다른 영향을 끼치지 않았을 수도 있고 소수의 환자에게서는 운 좋게 호의적인 결과가 나왔지만 대규모 연구에서 평균을 내어보면 기존의 치료제와 비슷하거나 오히려 못한 결과가 나올 수도 있습니다.

영어 공부 도구나 방법도 마찬가지입니다. 몇 사람에게는 탁월한 효과가 있는 것 같았지만 알고 보니 그 사람들은 우연히 그 방법이 잘 맞아서 효과를 본 사람들이었고 사실은 대부분의 사람에게는 별로 효과가 없는 방법일 수도 있습니다. 그래서 영어 공부 방법이나 도구를 바라볼 때는 조금 더 비판적으로 바라보는 눈이 필요하겠습니다.

3장
토플, 토익 고득점자도 영어를 못하는 이유

　　　　환자들이 아파서 의사를 찾아갈 때 걱정스럽기 마련입니다. 다행히도 면허 제도라는 것이 있어서 충분한 실력을 갖춘 사람이 의사 면허증이라는 자격증을 가지기 때문에 아무리 못해도 이 정도는 하지 않겠나 하는 믿음을 갖게 되기는 합니다.

　영어 공부 이야기를 하면서 의사 이야기를 꺼내는 이유는 서로 유사한 점이 있어서입니다. 의사의 실력을 의사보다 더 적은 의학 지식을 가진 사람이 파악하기가 거의 불가능한 것처럼 영어를 잘한다는 사람의 영어 실력도 영어를 못하는 사람 입장에서는 파악하기가 힘듭니다. 그래서 의료업에 면허 제도가 있는 것처럼 영어를 못하는 사람이 잘하는 사람의 실력을 평가하려면 뭔가 객관적인 잣대가 필요하게 됩니다. 이런 점이 우리나라가 토플, 토익 천국이 되는 데 상당히 기여한 것이 아닌가 생각합니다.

고수민의 토플 도전기

실상 어떤 사람이 영어를 잘하는지 평가할 만한 객관적인 방법이 별로 많지는 않습니다. 요즘처럼 경쟁이 치열한 구직 시장에서는 높은 전공 학점과 탄탄한 경력 말고도 영어 실력이 뒷받침되어야 일자리를 얻을 수 있다고 합니다. 기업의 인사 담당자들이 얼마나 영어를 잘하는지는 모르겠으나 예외는 있겠지만 전반적으로는 취직을 위해서 열심히 영어를 공부해온 구직자들보다 더 잘하지는 못할 것이라고 짐작됩니다. 요즘 대학생들은 학교에서도 옛날보다 조금 더 실용적인 방법으로 영어를 배우고 있고 해외 연수를 다녀온 사람도 많아서 전반적으로 영어를 더 제대로 공부하는 분위기가 아닌가 합니다. 시험 점수란 것이 아주 편리하고도 객관적인 평가기준이 된다는 점에서 토플, 토익이 우리 현실에서 그토록 중요해진 것은 이해가 갑니다만 진짜 영어 실력을 얼마나 반영하는지에 대해서는 조금 생각해볼 필요가 있습니다.

미국 의사면허를 따기 위해 열심히 공부하던 시절 제가 통과해야 하는 다섯 개의 시험 중 한 가지가 바로 토플이었습니다. 저도 여느 토플 수험생과 마찬가지로 토플 서적을 사서 공부하고 전문학원도 다녔으며 인터넷 동호회에 가입해 여러 가지 정보도 얻었습니다. 영어를 썩 잘 하지는 못했지만 학원에 다니고 토플 관련 서적을 독파하면서 열심히 공부한 끝에 2002년 봄에 시험을 쳤는데 미국 의사시험 위원회에서 요구하는 최소 점수인 213점(CBT 기준으로)을 여유 있게 넘어 250점을 받게 되었습니다.

토익은 본 적이 없어서 점수를 말하기가 어렵지만 요즘 인터넷에서 구할 수 있는 토플과 토익 점수 환산표라는 것을 보니 제 토플 점수는 토익으로는 800점 후반에서 900점 초반에 해당하는 점수라고 합니다. 제가 생각해도 괜찮은 점수지만 아주 높은 점수는 분명히 아닙니다. 거의 만점에 가까운 점수를 얻는다 할지라도 실전 영어를 잘하는 것과 거리가 멀다는 점은 이미 많이 알려져 있습니다만, 제가 토플에 매달릴 당시의 생각으로는 많은 영어 전문가들이 비판하는 것처럼 토플 시험을 공부하는 자체가 실전 영어에 도움이 안 된다고 하는 것은 좀 너무한 것이 아닌가 생각했었습니다. 공부를 해보니 토플에서 문법, 단어, 듣기와 쓰기도 해야 하니 영어 실력의 핵심 항목들은 다 테스트되고 있어서 예전의 독해와 문법으로 구성된 토플 PBT와는 많이 달랐기 때문입니다. 더 나아가 요즘 IBT에서는 말하기까지 평가를 하니 실전 영어에 필요한 각 항목을 골고루 잘해야 시험도 잘 보는 구조로 시험이 바뀌어가는 것 같습니다.

그 후로 내친김에 재미로 토익도 보고 싶어져서 공부에 도전했다가 결국은 한 번도 정식으로 시험을 보지 못하고 포기하긴 했는데 공부하면서 받은 인상은 토익은 토플 PBT나 CBT보다는 훨씬 더 실전 영어에 가깝게 디자인된 시험이라는 것이었습니다. 한 가지 짚고 넘어갈 것은 지금부터 말하는 토플은 IBT는 제외한 것이라는 점입니다. 왜냐하면 기존의 토플, 토익, 그리고 텝스까지도 시험의 형태가 서로 비슷하지만 토플 IBT와는 다르기 때문입니다.

저는 2000년도에 영어 공부를 시작한 이래로 처음 2년간은 이것저것 맛을 보는 식으로 다양한 영어 공부에 도전했습니다. 여전히 영어 공부의 중심을 잡지 못한 상태에서 2002년에는 대입 수능을 공부하듯 토플을 공부하면서 잠시 자신감을 얻었습니다. 영어에 관한 지식이 눈덩이처럼 불어나는 듯 느껴졌고 공부를 많이 했다는 뿌듯함도 가득했습니다. 특히 처음 모의평가에서 200점도 안 되던 점수가 몇 달의 공부 후에 250점 이상의 수치로 정확히 표현되어 나오는 것을 보면서 공부한 보람을 눈으로 확인한 좋은 기회였습니다. 그러나 그 후로 다시 원어민 회화반을 다니면서 공부를 해보니 왠지 영어 공부가 수렁에 빠진 느낌이었습니다. 토플 시험 전후로 듣기와 말하기 실력에서는 차이가 별로 없었기 때문입니다. 토플 공부를 할 때는 토플 실력과 진짜 영어 실력이 상관관계가 매우 높다고 느꼈는데 몇 달 공부로 토플 점수가 오른 것과는 달리 실전 영어 실력은 큰 차이가 없었기 때문에 정말 토플은 무용지물인가 하는 회의가 다시 찾아왔습니다.

첫 영어 학원 레벨 테스트, 결과는?

제가 2000년도에 처음 영어 공부를 시작하던 시절이 생각납니다. 영어를 공부하려고 마음은 먹었는데 어떤 방법이 좋을지 몰랐습니다. 그런데 주위 사람들이 이구동성으로 하는 이야기는 원어민과 말을 많이 하면 영어는 늘게 되어 있다는 것이었습니다. 그래서 저도 일단 가장 빠른 방법은 학원에 나가면서 원어민과 이야기하는 것이라고 결론을 내렸습니다. 그래서 각종 영어 학원이 밀집한 서울 강남역 근처로 가서 한 학원을 골랐고 어느 날 학원에 등록하기 위해 시간을 내어 찾아갔습니다. 고등학교 때야 영어가 좋아하는 과목이라서 나름대로 공부를 좀 열심히 했지만 대학에 들어온 이후로는 전공에만 매달렸고 거의 영어 공부를 해보지 못했습니다. 하지만 영어로 된 원서를 읽으면서 의학을 공부했으니 그래도 기본은 좀 되어 있지 않겠느냐 생각하기도 했었습니다. 그래서 이미 학원에서 공부 중이던 다른 수강생들과의 격차도 금방 줄일 수 있으리라는 기대도 좀 있었습니다. 이런저런 공상을 하면서 학원에 첫날 등록하러 갔는데 약간 기분이 상하는 일이 있었습니다. 그것은 바로 레벨 테스트라는 것을 해서 수준에 따라 반을 배정한다는 사실을 알게 되었기 때문이었습니다. 실력에 따라 수강생을 묶어서 수업해야 하는 필요상 레벨 테스트를 해야 한다는 사실이 이해는 갔지만 제 자신이 이렇게 테스트 당한다는 마음의 준비가 없어서인지 기분이 과히 좋지는 않았습니다.

일단 조용한 곳에 설치된 컴퓨터 앞에 앉아 문제를 풀게 되었습니다. 주로 문법적인 것이 많았는데 하도 오랜만에 시험을 쳐서 그런지 어려운지 쉬운지도 모르고 풀었습니다. 그러고 나서 구두 테스트를 위해 한국인 영어 강사를 만나게 되었습니다. 제 시험지를 가지고 있었던 것 같았는데 점수는 알려주지 않았고 의례적인 인사인지 정말 그랬는지 시험은 괜찮게 보았다고 했습니다. 잠시 한국말로 이야기를 하다가 본색을 드러낸 선생님은 영어로 인사를 건네기 시작했습니다. 아마도 'How are you doing?' 정도 되는 인사였다고 기억이 됩니다. 영어 공부를 하겠다는 사람이 이 정도 대비는 되어 있어야 했는데 수줍음을 타서 그런지 영어로 말한다는 사실 자체가 대단히 쑥스러웠습니다.

선생님은 천천히 또박또박 영어를 전에 따로 공부한 적이 있는지, 학원에는 다녀보았는지, 직업은 무엇인지 등을 영어로 물었습니다. 역시 한국 사람과 영어로 말한다는 사실이 영 익숙지 않아서 주저주저하며 단답식의 대답을 했습니다. 이렇게 반 배정을 위한 짧은 인터뷰가 끝났습니다. 그러고 나서 초급반이 어떠냐는 권유를 듣게 되었습니다. 아주 기분이 씁쓸했습니다. 속으로 나는 훨씬 더 잘할 수 있는데 초급반이라니 좀 너무하다 싶은 생각도 들었고 그 정도밖에 영어를 못하는 저 자신이 원망스럽기도 했습니다.

배정이 된 후 알고 보니 초급반은 제가 원했던 외국인 회화반도 아니었습니다. 영어로만 수업이 진행되기는 했지만 한국인 선생님이 수업을 진행했습니다. 제 생각에 영어를 잘하려면 하루빨리 외국인과 이야기를 해야 할 텐데 이렇게 세월을 보내다가는 어쩐지 실력이 더디 늘 것 같아서 마음이 초조하기까지 했습니다. 지금은 영어 회화에서 가장 중요한 능력은 원어민의 발음에 익숙해지는 것보다는 영어의 문법적인 구조를 자연스럽게 깨닫는 것이기 때문에 한국인 선생님과 영어를 배워도 문제가 없다는 것을 알지만 당시에는 그저 외국인과 이야기해야만 영어가 느는 것으로 생각했습니다. 또한 강의를 듣기 전에는 초급반 정도라면 다른 수강생들은 다들 영어를 저보다 훨씬 못할 것이라는 자만심이 있었습니다.

그런데 이런 마음 자세가 바뀌는 데는 일주일도 걸리지 않았습니다. 아무리 영어를 잘하지 못할 것 같은 아줌마든 아저씨든 고등학생이든 대부분 저보다 최소한 말하기와 듣기 실력이 나았던 것입니다. 결국 저는 저 자신에게 가장 맞는 혹은 약간은 과분한 강의에 배정이 되었던 것입니다. 저의 헛된 자만심이 매우 부끄러워진 순간이었습니다.

그런데 가끔은 학원 사정으로 중급반과 섞여서 원어민 선생님을 앞에 두고 수업을 들을 때가 있었습니다. 이때 보니까 중급반 수강생들이 영어를 어찌나 잘하는지 그 정도의 실력이면 영어로 먹고살아도 충분하겠다는 생각마저 들었습니다. 시간이 지나 몇 달 후 저도 꿈에도 그리던 중급반으로 옮기게 되었지만 지금까지도 초급반의 기억이 생생합니다. 어쨌거나 한참 나중에 고급반으로 올라갔습니다. 가끔은 중급반과 섞여서 수업을 듣기도 했는데 고급반의 입장에서 바라보니 이제는 중급반의 영어 실력이 예전에 생각했던 만큼의 수준이 아님을 알 수 있었습니다. 결국 영어를 못하는 입장에서는 자신보다 조금만 더 잘하면 아주 잘하는 것처럼 느껴진다는 사실을 점차 깨닫게 되었습니다. 오해를 피하기 위해 말하자면 지금은 영어 공부 초보가 서둘러서 회화반을 다니는 게 별로 효율적인 공부는 아니라고 생각하고 남들에게도 그렇게 하지 말라고 권합니다만 당시에는 원어민 회화가 유일한 영어 공부 방법인 줄 알았기 때문에 제가 너무 서둘렀습니다. 결국 영어는 자존심을 버리고 실력에 맞게 하는 것이 최선이 아닌가 합니다.

토플과 실제 영어, 얼마나 차이가 있을까

토플 시험을 보고 난 후 학원에 다시 돌아가서 계속 영어 공부를 하다 보니 토플 점수가 영어 실력의 종착지가 아니라는 사실이 여러 가지 측면에서 점점 분명해졌습니다. 단어를 예로 들면, 때로는 제가 토플을 공부하면서 배운 단어를 써먹으면 학원의 강사들조차도 어려운 단어를 안다고 칭찬해줄 때도 있기는 했지만 반대로 수준이 그다지 높지 않은 미국의 일반 대중이 보는 신문, 잡지, 심지어는 영화나 드라마를 봐도 모르는 단어나 표현이 끊임없이 나왔습니다. 이러한 사실은 토플 250점을 맞았던 제 영어적 지식 정도로는 미국에서 자유롭게 의사소통을 하기가 한참 부족하겠구나 하는 생각이 들었습니다.

문법도 마찬가지였습니다. 토플 공부를 하면서 틀린 문장을 찾아내는 연습은 열심히 했기 때문에 문법은 좀 안다고 착각을 했지만 제 자신이 말할 때는 문법적으로 틀린 문장을 흔히 말하곤 했기 때문에 역시 아는 것과 실천하는 것이 다르다는 것을 느끼게 되었습니다. 그렇다고 문법적으로 아주 어려운 문장을 말하면서 실수를 하는 것이 아니었습니다. 그냥 she 뒤에 has를 쓰지 않고 have를 쓴다든지 과거형을 쓸 자리에 현재형 동사를 쓴다든지 하는 기본적인 표현부터 무수히 많은 실수를 했습니다. 토플 시험 후 다시 학원에 다니기 시작한 초반에는 제가 강사들과 영어로 말하면서 기본적인 문법에서 실수를 너무 많이 했기 때문에 이렇게 쉬운 것도 틀리면서 토플의 고급 문법(?)은 뭐하러 공부했나 하는 자괴감이 들 정도였습니다.

아시다시피 토플에서는 독해도 평가합니다. 꽤 어려운 문장을 읽고 뜻을 파악한 후에 본문의 내용과 일치하는 지문을 골라내는 식의 문제들이 주로 있습니다. 중학교 때부터 경험했던 영어 시험의 가장 익숙한 형태입니다. 읽고 문제 푸는 연습을 많이 하면 읽기는 늘 것 같다는 생각이 들었고 실제로도 이렇게 공부하면서 토플 시험에서 큰 어려움은 없었습니다. 주어진 시간 안에 문제를 풀 것을 요구한다는 측면에서 토플 공부 자체가 속독과 정독을 병행하는 연습이 되었으리라 생각합니다. 그러나 실제 미국 생활에서 요구되는 속도는 토플 시험의 독해 속도 이상으로 빠른 경우가 많고 이런 환경에 대비한다는 점에서 토플식 문제 풀기는 적지 않은 한계가 있습니다. 또한 문장을 읽는 동시에 해석을 해야 궁극적으로 영어로 생각하고 말하는 경지에 이르는데 토플 대비 공부 정도로는 해결될 문제가 아니었던 것입니다.

듣기는 또 어땠을까요? 토플의 듣기 평가는 제 수준에 결코 쉽지 않았습니다. 단문의 경우는 대개 알아들었지만 장문의 경우는 듣다가 놓쳐서 짐작으로 문제를 푸는 경우가 많았습니다. 나중에 소리 내어 책을 읽는다는 영어 고수들의 방법을 제 방법으로 받아들이고 나서야 뒤늦게 듣기 실력의 비약적인 발전을 거두었고 미국에 와서도 비교적 부드럽게 새로운 환경에 연착륙할 수 있었습니다만 토플 공부를 했던 시기까지 영어 공부의 첫 2, 3년간 시간을 낭비한 것이 두고두고 안타까웠습니다.

그나마 토플 영어와 진짜 영어의 격차가 덜 나는 것은 글쓰기였습니다. 토플을 앞두고 한 달간 영작문 첨삭 지도란 것도 받아보면서 토플의 평가란 것이 나름대로 체계가 있다는 생각을 했었습니다. 그나마 토플 실력이 현실 세계의 영어에 비교적 그대로 반영되는 분야가 작문 분야인 것 같습니다. 토플 시험은 전 세계 나라별로 평균 점수가 나오는데 나라간에 비교를 하면 한국 사람들만 유독 토플 작문 점수가 바닥이라고 합니다. 한국의 교육을 생각하면 논리적으로 자신의 생각을 표현하는 데 익숙하지 않은 한국의 수험생들이 작문에 약함을 탓할 수만은 없는 노릇입니다. 아무리 한글로 글을 잘 써도 영어로 잘 쓰려면 그냥 사지선다형 문제를 푸는 것보다 훨씬 넓고 깊은 영어의 기본 실력이 요구되는 것은 자명합니다.

토플은 한강, 진짜 영어는 태평양?

제가 직접 경험한 것이 토플이라서 주로 토플 이야기만 했는데 토익이나 텝스도 여기서 크게 벗어나지는 않으리라고 생각합니다. 비유를 하자면 영어를 진짜로 잘하는 고학력 원어민의 실력을 태평양이라고 한다면 토플 같은 시험의 고득점은 한강이라고 할 수 있을 것 같습니다. 실력의 깊이와 넓이가 다를 수밖에 없습니다.

현재 동네 실개천과 같은 영어 실력을 가진 사람이 이런 말을 들으면 도대체 내가 언제 태평양과 같은 영어 실력을 쌓을 것인가 하는 절망이 들 수도 있을 것 같아서 다시 말하지만 우리의 현실적인 목표는 한강과 태평양의 중간 정도면 충분합니다. 누군들 태평양만큼의 영어를 원하지 않겠습니까마는 제 개인적인 생각으로는 영어에 대한 천부적인 재능을 타고나, 아주 좋은 환경에서 최상의 영어 교육을 받고, 영어에만 매달려 공부한 아주 드문 경우가 아니면 한국말도 태평양만큼 구사하고(즉 한국말을 한국 사람 하듯이 잘하고) 영어도 태평양만큼 한다는 것은 지나친 욕심입니다.

한강과 태평양의 중간 정도 되는 영어 실력을 갖추기 위해서 필요한 노력의 양은 당연히 토플 고득점에 요구되는 노력을 훨씬 뛰어넘습니다. 하지만 토플은 시험이고 실용 영어는 실용 영어이므로 접근하는 방식이 다릅니다. 시험은 시험입니다. 아무리 공부를 열심히 해도 모든 사람이 사시에 합격할 수는 없으며 60만 대입 수험생이 아무리 수능 만점을 목표로 공부해도 수능 만점은 단 몇 명만 나오는 것처럼 시험은 집중력과 암기력이 뛰어난 소수에게 유리한 것입니다. 원어민을 데려다놓고 시험을 치게 해도 그보다 영어를 못하는 토플 고득점자보다 시험 점수가 낮은 경우도 생길 겁니다. 하지만 이상하게도 토플보다 공부할 것과 알아야 할 것이 더 많은 실용 영어는 보통 사람도 잘할 수 있습니다.

영어 공부 2년 반 만에 미국 구직 인터뷰에 도전하다

토플 시험 공부와 실용 영어를 구사하는 것의 차이에 대한 이해를 돕기 위해 저의 경험을 이야기해보겠습니다. 2002년 말 겨울, 저는 미국 병원에 레지던트로 들어가기 위해 미국 전역을 비행기로 돌아다니며 입사 면접을 봐야 했습니다. 그러다가 크리스마스를 며칠 앞두고 펜실베이니아 주 필라델피아의 T 대학병원에서 면접을 보게 되었습니다. 나이는 그리 많지 않아 보이나 머리는 죄다 하얗게 센 미국인 교수는 미국에 오려는 이유부터 시작해서 왜 이 병원에 지원하게 되었느냐는 등의 질문을 던졌습니다. 이때가 제가 미국에서의 인터뷰 여행을 앞두고 열심히 예행 연습을 한 노력이 빛을 발하는 순간이었습니다.

저는 상당히 공들여서 면접에 대비했었습니다. 일단 저는 예상 질문을 80개 정도 뽑았습니다. 인터넷에 보면 입사 면접 때 흔히 나오는 질문이 상당히 많이 있었고 그중에 레지던트 지원 면접에 관한 내용도 있어서 어렵지 않게 구할 수 있었습니다. 또한 몇 권의 책을 구입했는데 면접 시 흔히 질문되는 내용에 관해 쓰여 있는 책이었습니다. 이렇게 모은 질문은 예를 들면 이런 것이었습니다.

"왜 여기에 지원하게 되었나?"
"왜 미국에 오려고 하나?"
"자신의 강점과 약점은 무엇인가?"
"우리 병원에 대해 알고 있나?"
"당신이 살아온 이력에 대해 말해봐라."

질문을 모은 다음에는 일일이 작문해서 답을 달았습니다. 그리고 세 명의 외국인들에게 순서대로 교정을 맡겨서 내용을 최대한 자연스럽게 수정해갔으며 그들의 교정이 끝난 후에는 함께 모여서 제 의도가 표현 속에 잘 전달되었는지 확인하는 과정을 거쳤습니다. 제가 생각해도 상당히 주도면밀했던 것 같은데 그때는 나름대로 절박했기 때문에 조그만 실수도 없기를 바라는 마음에 약간 과하다 싶을 정도로 했었습니다. 이렇게 질문과 답변을 먼저 만들고 나서는 이 내용을 연극 대사 외우듯이 달달 외우기 시작했습니다. 읽고 또 읽으며 최대한 많은 내용을 기억하려고 노력했는데 전체 분량은 아마도 A4 용지로 20장이 훨씬 넘었던 것 같습니다.

그리고 충분히 외웠다고 자신이 생겼을 때 다시 원어민 개인교사를 고용했습니다. 이 친구와 일주일에 두 번을 만나 두 시간 정도씩 연습을 했습니다. 이렇게 두 달을 하고 나니 제법 잘 외울 수 있게 되었고 설사 약간 기억이 나지 않는 부분이 있더라도 자연스럽게 넘어갈 수 있는 여유를 갖게 되었습니다. 영어 공부를 제대로 시작한 지 2년 만에 진짜 미국 영어에 도전하는 순간이었습니다. 영어 실력은 부족했지만 이렇게 준비하고 미국행 비행기를 탔기 때문에 인터뷰 자체가 그다지 무섭지는 않았습니다. 실제로 인터뷰를 겪으면서 점차 자신감을 얻게 되었습니다. 그리고 현지에서 인터뷰의 대부분은 제가 준비한 것의 10%도 써보지 못하고 마무리가 되었기 때문에 처음에 가졌던 '혹시 준비 안 한 질문이 나오면 어쩌나' 하는 경계심도 점차 누그러지게 되었습니다.

그런데 이 필라델피아의 병원의 면접에서 약간 당황스러운 일이 일어났습니다. 이 교수는 처음에는 모범 답안에 있는 질문 몇 개를 물었고 청산유수로 나오는 저의 대답을 듣더니 나중에는 이런 이야기를 하였습니다.

"내가 한국에서 온 교수들을 여럿 만났죠. 한데 대부분 영어를 잘 못하더군요. 그래서 한국 사람은 당연히 영어를 못한다고 선입견을 가지고 있었는데 닥터 고를 보니 꼭 그런 것도 아니군요. 내가 요즘 환자 중에 히스패닉(스페인어를 모국어로 하는 중남미계의 미국인)들이 많아서 스페인어를 공부하려고 하는데 외국어를 잘 익히는 비결이 있으면 알려줄 수 있나요?"

이 질문을 받고는 정말 당황할 수밖에 없었습니다. 이것은 제가 준비한 80개의 예상 문답에 없는 질문일 뿐만 아니라 어떻게 영어를 공부했는지 창의적으로 말을 만들어야 하고, 또 영어를 잘한다는 오해를 불러일으켰으니 기대에 걸맞게 설명도 잘해야 하는, 정말 수습이 안 되는 순간이었습니다. 등골에 식은땀을 흘리면서 나름대로 열심히 여러 가지 이야기를 하면서 위기를 넘겼습니다. 오랜 시간이 지난 지금도 그 일을 생각하면 얼굴이 화끈하게 달아오르곤 합니다. 면접을 담당했던 그 교수가 청산유수로 대답을 잘하던 한국 의사가 왜 갑자기 영어 공부를 어떻게 했느냐는 질문에 그렇게 말을 더듬으면서 힘들게 답변을 했을까 하고 의문을 가졌으면 어쩌나 하는 생각 때문입니다. 하여간 당시에는 그 정도로 영어 실력이 부족했었습니다.

인터뷰 실력을 영어와 관련해서 비유해보자면 영어를 잘한다는 것은 어떤 질문을 받아도 자기 나름대로의 생각을 정리해서 대답할 정도는 되어야 하는 것이고, 토플 시험을 잘 본다는 것은 과거의 저처럼 연극 연습하듯이 대본을 열심히 외운 정도일 것입니다. 영어 실력이 아무리 좋아도 대본을 열심히 외우지 않은 사람은 대사를 잘 말하지 못하듯이 토플 공부를 안 해본 원어민도 시험에서 좋지 못한 점수를 얻을 수밖에 없습니다. 마찬가지로 저처럼 연극 대본 외우듯 예상 문답을 외운 사람은 예상 질문 내에서의 인터뷰는 이런 연습을 안 해본 원어민보다 오히려 더 잘할 수도 있지만 예상 질문을 벗어나면 아주 힘들어지는 게 당연한 결과입니다. 그래서 토플, 토익도 분명히 영어 공부지만 너무 깊이

들어가면 영어 실력을 기르기 위한 공부가 아니라 토플, 토익 자체를 위한 공부가 되어버립니다. 하지만 이런 시험 공부는 아무나 잘할 수 없습니다. 정해진 대사를 완벽하게 외우면서 연기하는 것은 잘하는 사람이 따로 있듯이 말이죠. 토플 등의 시험도 소수의 능력 있는 사람이 초고득점을 받는 것입니다. 시험에서 이런 능력이 없는 사람도 더 어려운 영어는 얼마든지 잘할 수 있습니다. 오랜 시간 동안 계속 연마하고 닦는 것은 재능이 없는 사람에게도 충분히 가능하기 때문입니다.

토플은 못해도 영어는 잘할 수 있는 비결

갑과 을이라는 두 사람이 있는데 갑은 3년 동안 토플 공부에만 전념하고 을은 같은 기간 동안 영어 토론 실력을 기르는 데 전념했다고 가정하겠습니다. 3년 후에 둘 다 토플 시험을 보았습니다. 누가 더 잘 보았을까요? 당연히 토플을 계속 공부해온 갑이 더 고득점을 받을 것입니다. 미국인과 자유 토론을 시켜본다면 아무래도 을이 더 잘할 것이지만요. 이제 갑과 을에게 석 달의 시간을 주고 공부 내용을 바꾸어서 갑은 영어의 토론 능력을 기르는 공부를, 을은 토플을 공부하도록 합니다. 그리고 석 달 후에 만나서 둘 다 다시 토플 시험을 치르고 토론을 시켜보는 겁니다. 3년 동안 영어의 기본기를 충분히 길러온 을의 경우는 단 석 달의 집중 학습으로도 갑을 뛰어넘지는 못하더라도 거의 근접한 토플 점수를 얻을 수 있으리라 기대됩니다.

하지만 갑은 3년 동안 토플을 집중적으로 공부했지만 석 달의 시간이 주어진다 해도 영어의 기본기에 있어서는 크게 발전하지 못했을 가능성이 높습니다. 영어를 잘하는 사람은 토플 공부를 조금만 해도 곧 따라잡지만 제아무리 토플 도사라도 토론이 가능한 정도로 금방 귀가 뚫리고 입이 열리지 않기 때문입니다. 비유가 조금 극단적인 측면은 있습니다만 똑같이 몇 년의 세월을 보냈어도 제대로 영어의 기본기를 기르면서 시간을 보낸 사람하고 시험 준비만 하던 사람하고 비교하면 궁극적으로는 영어 실력에 차이가 나게 됩니다. 그래서 똑같이 몇 년을 투자해서 공부를 하더라도 어떤 방향을 선택하느냐가 매우 중요해지는 것입니다.

독자 여러분의 토익 점수가 300점이든 800점이든 목표가 영어를 잘하는 것이라면 토익 공부가 아니라 진짜 영어 공부를 해야 합니다. 그래야 토익 만점은 못 맞아도 토익 만점자보다 영어를 더 잘할 수 있습니다. 진짜 영어 실력을 기르는 것이 여러분 대부분이 성취하고 싶은 목표라고 저는 짐작합니다. 하지만 우리나라에는 영어를 못하는 기업의 인사 담당자들 덕분에 시험 점수 자체를 목표로 해야 하는 사람이 너무 많습니다. 기업에서 필요한 것도 사실은 지원자들의 시험 점수가 아니라 진짜 영어 실력일 것입니다. 하지만 면접에서 진짜 영어 실력을 판별할 능력이 안 되니 시험 점수만 보게 되는 것이 아닌가 싶습니다. 그러니 지원자들도 점수에만 매달리는 악순환이 일어납니다. 시험 점수가 낮으면 영어를 잘한다고 증명하기가 어렵기 때문입니다. 영어를 진짜로 잘하게 되면 시험 공부를 조금만 해도 시험에서 양호한 성적을 거둘 수 있으니만큼 구직자들의 에너지가 시험 준비 자체보다도 영어의 기본을 기르는 공부에 들어가야만 할 것 같습니다만 실상은 시험 준비에 거의 모든 에너지가 소비되는 것이 대부분입니다. 첫째 이유는 위에서도 말했지만 시험 공부만 한 사람이 시험의 전문가가 되어 시험을 더 잘 보기 때문이고, 둘째는 영어의 기본기를 기르고 나중에 시험 공부를 할 여유가 없기 때문입니다. 4년의 짧은 대학 생활을 마치면 바로 취직해야 하는데 영어의 기본기를 기른다고 수년을 투자할 수 있는 사람이 많지 않습니다.

그러니 점수만 따려고 영어의 기본을 소홀히 하는 구직자를 나무랄 것이 아니고, 점수라는 허망한 기준으로 사람을 뽑는 기업이 (혹은 정부가) 비난받아야 마땅합니다.

그런데 이들 기업에서는 적반하장 격으로 신입사원들을 점수만 보고 뽑아놓고서 점수는 좋은데 영어는 왜 못하느냐고 불평한다니 뭔가 단단히 잘못된 것 같습니다. 만약 기업들이 영어를 잘하는 사원을 뽑고 싶으면 말 그대로 영어를 잘하는 사람을 뽑아야 합니다. 현실적으로 그리 어려운 것도 아닙니다. 면접 날에 사내 직원 중 영어를 잘하는 몇 사람을 구하고, 여의치 않으면 원어민 강사를 일당을 주고라도 고용하면 됩니다. 이들이 모여 앉아서 지원자와 20분만 영어로 토론해보면 실력이 판별되게 되어 있습니다. 한 사람은 어휘력과 표현력을 보고, 한 사람은 문장 구성력을 보고, 한 사람은 논리와 설득력을 보고, 한 사람은 문법적 적확성을 보고, 한 사람은 계속 대화를 이끌어가는 식으로 평가를 하면 아마 토익이든 텝스든 점수는 필요 없을 것입니다. 그럼 외국 기관에서 시행하는 시험에 돈을 낭비하지 않아도 되니 일석이조일 것입니다. 다행히도 요즘은 기업들이 영어 면접을 점차 도입하는 추세라고 합니다만 아예 점수로 영어 실력을 판별하는 문화 자체가 없어졌으면 좋겠습니다.

이제 처음의 질문으로 다시 돌아가야겠습니다. 토플, 토익 고득점자가 영어를 의외로 못하는 이유는 시험 준비하느라 제대로 영어 공부를 못했기 때문입니다. 이것은 또한 구직자들을 옥죄고 있는 기업들의 잘못된 신입사원 선발 관행 때문입니다. 이제 대한민국의 구직자들을 시험 점수라는 올가미에서 해방시켜야 합니다. 그것이 기업들이 영어를 진짜로 잘하는 신입사원을 더 많이 얻게 되는 지름길입니다. 똑같은 시간을 시험 준비에 투자할 수도, 진정한 영어 공부에 투자할 수도 있지만 궁극적으로 도달하게 되는 수준은 많이 다릅니다. 그래서 고득점을 목표로 열심히 노력해서 좋은 점수는 얻었지만 왜 영어는 여전히 어려운지 답을 찾지 못하고 고민하는 사람을 보면 참 안타깝습니다. 그래서 저 같은 평범한 사람이 목소리를 높일 수밖에 없었는지도 모르겠습니다.

4장
영어 듣기를 잘하는 비결

　　처음 영어를 공부하기로 결심하고 나서 하루빨리 영어를 잘했으면 좋겠다고 생각했는데 그중에서도 귀가 빨리 뚫렸으면 좋겠다는 마음이 정말 간절했습니다. 읽기는 그런대로 할 줄 알았고, 한국에 살았으니 말하기는 별로 써먹을 때가 없었고, 쓰기도 마찬가지였지만 듣기는 여러모로 유용할 것 같았습니다.

9·11 테러 당시의 껄끄러운 동시통역

　　제가 군대에서 군의관으로 복무하던 시절인 2001년 미국 뉴욕에서 9·11 테러가 발생했습니다. 하루 일과를 마치고 장교를 위한 독신자 숙소에 돌아와 쉬고 있었는데 옆방에서 텔레비전을 보고 있던 같은 부대의 수의장교가 갑자기 문을 두드렸습니다. 미국 뉴욕에서 경비행기가 무역센터에 부딪히는 사고가 났다고 알려주는 겁니다. 텔레비전에서는 긴급 뉴스로 사건을 전하고 있었습니다. 놀랍고 어이없는 사고였지만 그렇다고 우리나라 언론에서 CNN 방송 상황을 긴급 뉴스로 생중계해줄 필요까지는 없을 것 같았는데 어쩐지 기분이 이상했습니다. 그때 동생이 전화를 걸어와 미국에 별 이상한 사건이 터졌다며 제가 방금 뉴스로 본 경비행기의 충돌 사건을 알려주었고, 동생과 조금 통화하다가 저는 방에 돌아왔습니다. 그런데 잠시 후 다급하게 수의장교가 방문을 두드렸습니다. 큰일 났다며 빨리 텔레비전을 보라고 했습니다.

경비행기가 아니라 커다란 여객기가 세계 무역센터에 충돌하는 장면이 반복해서 보이고 있었고 길에서 보던 사람들의 생생한 비명이 다시 CNN을 통해서 한국의 방송에 중계되고 있었습니다. 이쯤 되니 단순한 사고가 아니라는 것은 분명한 일이고 사고 원인이 테러일 가능성이 높다는 이야기가 나왔습니다. 유감스럽게도 우리나라에 이 분야의 전문가가 없다 보니 한국의 방송사들도 현장 상황 보도뿐만 아니라 사건 분석 보도도 한결같이 CNN에만 의지할 수밖에 없었습니다. 제가 당시 자주 보던 〈세계는 지금〉 류의 뉴스나 다큐멘터리 프로그램은 시간을 두고 만들어 자막과 해석이 잘 정리되어 있었는데 이번 사건은 사안이 너무 긴급해서인지 급조해서 방송을 내보내는 티가 많이 났습니다. 그중에서도 아마도 외신기자들로 보이는 분들이 CNN 방송을 실시간으로 통역해서 내보내는 분량이 많았는데 이게 문제였습니다. 차마 듣기 어려울 정도로 통역이 껄끄러웠던 것입니다.

물론 제 자신도 영어를 듣고 바로 알아들을 실력이 되지 않았지만 그래도 우리나라에서 잘난 사람은 다 모여 있는 방송국에서 CNN을 부드럽게 동시통역할 사람이 없다니 약간은 놀랍고도 충격적인 경험이었습니다. 당시에는 9·11 테러 자체가 워낙 충격적이어서 이런 영어에 관련된 생각이 깊이 들지는 않았지만 CNN 동시통역 사건(?)이 영어를 잘 알아들었으면 좋겠다는 생각을 품게 된 계기 중의 하나가 되었습니다.

이런 경험을 통해 저에게 있어서는 영어 듣기가 가장 절실하고 중요한 문제였습니다. 미국 영화나 드라마를 자막을 보지 않고도 다 알아듣고, 라디오에서 AFKN 채널도 듣고, 팝송을 들어도 멜로디와 함께 가사도 듣는다면 얼마나 좋을까 하는 생각이 머리를 떠나지 않았습니다. 일단 듣기를 잘할 수 있다면 원어민들의 영어를 알아듣고 그들의 표현을 배울 수 있을 테고, 반복해서 표현을 듣고 배우면 저절로 외워질 수도 있을 것이고, 그러면 말하면서 써먹을 수도 있을 것이니 저절로 영어에 통달할 수 있겠다 싶기도 했습니다.

영어 귀가 뚫린다는 말은 과연 무엇?

그래서 귀를 뚫어준다는 비결이 있으면 무엇이든지 배우고 싶었고 각종 책과 시청각 학습 장비들에 꽤 돈을 투자하기도 했습니다. 아마 지금 이 순간에도 귀를 뚫어주는 비결이 있다고 외치는 양치기 소년과 같은 사람들이 많이 있을 것입니다. 제 글을 다 읽고 다시 한번 생각해보시기 바랍니다. 영어 귀가 뚫리는 비결이 과연 있을까요?

질문이 조금 막연하니까 논리적으로 생각해보겠습니다. 표현이 '귀가 뚫린다' 이지 실제 막혔던 귀가 뚫린다는 이야기는 아니라는 건 다들 알 수 있는 문제고 결국은 영어를 들으면 일단 소리가 다 들린다, 즉 발음이 식별된다는 이야기이고 여기에 더해서 뭔가 들은 내용이 이해가 된다는 것이 '귀가 뚫린다'는 뜻이 되겠습니다. 사람들이 지금 어떤 미국 영화를 보고 있다고 상상해보시기 바랍니다. 영화에서 주인공이 무슨 대사를 혼자서 말하고 있는데 어떤 사람은 알아들었지만 다른 어떤 사람은 못 알아들었습니다. 대사를 못 알아들은 사람이 알아들은 사람에게 물어보면 당연히 지금 주인공이 무슨 말을 했는지 대사를 그대로(혹은 엇비슷하게) 다시 반복해서 전달해줄 수 있고 그 의미도 알 것입니다. 못 알아들었던 사람은 방금 주인공이 한 말을 그대로 해보라고 해도 그 소리조차도 흉내내지 못할 것입니다. 이게 못 알아들었다, 혹은 귀가 뚫리지 않았다는 것과 비슷한 상황이 아니겠는가 생각합니다.

a. 영어 단어를 알아야 들린다

다시 말해서 말을 알아들으려면 그 말의 음성을 식별해낼 수 있어야 하고—다르게 표현하자면 그대로 흉내 내서 소리 낼 수 있다거나 받아쓸 수 있어야 한다는 것—그 단어의 뜻도 파악을 해야 합니다. 제가 〈배트맨 리턴즈 Batman Returns〉라는 영화의 대본을 읽다가 만난 문장을 하나 예로 들어보겠습니다. 이런 표현이 있었습니다. "He poignantly imitated the reactions of other people." 이 말을 알아들으려면 당연히 각 단어의 뜻을 알아야 하는데 poignantly는 우리말로 '통렬하게'라는 뜻입니다. 이 문장의 해석은 '그는 다른 사람들의 반응을 통렬하게 흉내 냈다' 정도가 되겠습니다. 간단한 문장인데도 해석을 해놓고 보아도 의미가 쉽게 와 닿지 않습니다. 이런 문장을 듣고 이해하기는 당연히 더 어려울 것입니다.

우리말에 '가멸다'라는 표현이 있습니다. 이 표현이 무슨 뜻인지 모르는 한국 사람이 '저 집안이 참 가멸다더라'라는 말을 들으면 어떤 반응을 보일까요. 사람은 자신이 알고 있는 한정된 지식으로 정보를 분석하려는 성향이 있기 때문에 아마도 '가엽다', '가난하다', '가늘다' 등으로 착각해서 잘못 이해할 확률도 높고 받아쓰기를 해도 자신이 애초에 생각한 의도대로 쓸 가능성이 높습니다. '가멸다'의 의미는 '부유하다'라는 뜻입니다. 순수한 우리말이지만 지금은 거의 사용되지 않는 말이지요. 문제는 하물며 우리말을 들어도 모르는 단어가 나오면 잘못 알아듣기 십상인데 영어에서 모르는 단어를 들었을 때 제대로 해석이 되겠느냐는 것입니다.

위에서 예를 든 문장에 나오는 poignantly를 다시 예로 들어보겠습니다. 이 단어를 모르는 분은 아마 '포이그난틀리'로 잘못 발음할 것 같은데 발음을 한글로 표기해보자면 'g'가 묵음인지라 '포인연틀리' 정도가 되겠습니다. 만약 이 단어를 모른다면 아무리 제대로 된 원어민의 발음을 들어도 그 뜻을 알 수도 없고 받아쓸 수도 없을 것입니다. 만약 지어내서 받아쓴다면 'poinantly' 같은 엉터리 단어가 나올 수밖에 없습니다.

crane이라는 단어가 있습니다. 무거운 것을 들어올리는 기중기를 뜻하는 크레인이 맞습니다. 하지만 목이 긴 학, 왜가리, 두루미 같은 새도 crane입니다. 이러한 사실을 모르는 사람은 두루미 crane을 염두에 두고 쓴 문장을 들으면 도대체 기중기에 무슨 날

개가 달렸으며 기중기가 어떻게 날아다닌다는 말인지 이해하기가 어렵습니다. 미국 초등학생도 아는 toucan이라는 단어가 있습니다. 단어는 쉽게 생겼는데 모르는 사람은 뜻을 도저히 알 수가 없습니다. 주로 중남미의 정글에 사는 부리가 크고 화려한 투캔이라는 새입니다. 사전에는 그냥 큰부리새라고 나오는데 사진을 보면 금방 알아볼 만한 어디선가 가끔 보았음직한 새입니다.

여러 가지 예를 들었습니다만 단어를 모르거나, 이미 아는 단어라도 내가 모르는 다른 뜻이 있다면 보아도 모르고 소리를 들어도 못 알아듣습니다. (물론 문맥에 따라서 어느 정도 짐작은 가능합니다만 짐작한다는 것과 알아듣는 것이 같을 수는 없습니다.) 이러한 사실을 고려해볼 때 진정으로 귀가 뚫리려면 단어를 될 수 있는 한 많이 알아야 한다는 것은 자명합니다.

b. 영어 숙어도 알아야 들린다

개개의 단어를 알아도 그 단어가 포함된 숙어의 의미를 따로 알지 못하면 들리지 않습니다. 예전에 로버트 레드포드 주연의 〈코드네임 콘돌Three days of the condor〉이라는 1970년대의 스파이 영화를 본 적이 있습니다. 영화를 보면 정보기관에서 정보 분석 업무를 맡고 있는 로버트 레드포드가 암살 위협을 피해 어떤 여성 사진작가의 집에 피신해 들어가는 장면이 나오는데 대사 중에 "the night is young"이라는 표현이 나왔었습니다. 저는 물론 night라는 단어와 young이라는 단어를 둘 다 알았지만 뜻을 정확히 알 수가 없었습니다. 속으로 '밤이 젊다니 무슨 말인가' 하고 의아해했는데 곰곰이 생각해보니 '밤이 아직 이르다' 라는 표현으로 짐작이 되었습니다. 나중에 확인을 해보니 제 짐작이 맞더군요. 그래도 이렇게 처음 들어보는 표현을 만나도 뜻을 유추할 수 있는 경우는 다행이지만 도저히 짐작조차 안 되는 경우도 있습니다.

영국에서 주로 쓰이는 표현인 'at sixes and sevens'라든가 'to set the world at six and seven'과 같은 숙어는 six나 seven의 뜻을 알아도 도저히 뜻을 유추할 수가 없습니다. 첫 번째 표현은 '혼란스러운 상태에' 라는 말이고, 두 번째는 '세계를 위험에 빠뜨리기 위해' 라는 의미로 쓰입니다. 이런 표현을 모르면 개개의 단어를 안다 한들 영어 듣기에 큰 도움이 안 될 수도 있습니다.

C. 이미 아는 단어라도 발음과 음운 법칙을 제대로 알아야 들린다

그럼 단어와 숙어를 잘 알면 영어를 다 알아들을 수 있을까요? 제가 한때 영어 정복의 꿈에 불타올라 단어가 몇만 개나 들어 있는 책을 사서 공부를 막 시작했던 기억이 납니다. 당시에 저는 단어 공부뿐만 아니라 영어 공부 잡지를 정기 구독하면서 함께 공부하고 있었습니다. 이 잡지는 테이프가 함께 들어 있어 듣기와 말하기를 공부하기에 참 좋았습니다. 그런데 테이프를 들으며 공부할 때는 아무리 들어도 절대로 들리지 않는 내용이 실제로 책을 보면 전혀 어렵지 않은 단어로 구성되어 있는 것을 자주 보게 되었습니다. 뉴스나 다큐멘터리보다는 미국 드라마나 영화를 공부할 때 이런 현상이 심했는데 모르는 단어나 표현이 의외로 많은 것은 그렇다고 치고 이미 아는 단어나 표현인데도 불구하고 눈으로 보면 아는 것을 소리로 들어서는 모른다는 사실에 참 좌절하게 되더군요. 제가 파악한 이런 현상이 생긴 일차적인 원인은 발음에 익숙하지 않았기 때문이었습니다.

'international'이 제가 알고 있던 대로 '인터내셔널'이라고 발음이 되지 않고 '이너내셔널'로 발음이 되는 것은 그나마 약과였고, 'should have been'이라는 긴 단어들이 '슈드 해브 빈'이라고 소리가 나지 않고 '슈러빈'으로 소리 나는 현상을 보면서 음운 현상에 대한 이해가 높지 않았던 저로서는 이런 발음의 축약이나 연음 현상들이 극복하기 매우 어렵게 느껴졌습니다. 그 후로 공부를 꾸준히 하다 보니 이런 현상을 정리해서 공부하는 데에는 의외로 그다지 긴 시간이 걸리지 않는다는 사실을 알게 되었습니다. 여러분도 저 같은 어려움을 겪고 계시다면 지금 당장 서점에 가서 영어 발음에 대한 책을 사서 공부해보시기 바랍니다. 아마 하루면 다 읽고 테이프(혹은 CD)까지 다 들으실 수 있을 것입니다. 발음 법칙을 한 번 눈으로 보고 머릿속으로 이해하는 것과 정말 마음에 새겨 익숙하게 받아들임으로써 영어를 들을 때 자연스럽게 이해하는 것은 물론 다른 이야기입니다. 결국은 상당히 오랫동안 익숙해지는 기간이 필요합니다. 하지만 이런 현상의 원리를 모르고서 그때 그때 새로운 현상에 부딪힐 때마다 왜 이럴까 고민하고 스스로 이해하려고 노력하는 것은 불필요한 스트레스를 더하는 일이라고 생각됩니다.

학교에서 영어를 처음 배울 때 알파벳을 배우고 나면 발음 기호와 발음하는 법을 배우게 됩니다. 하지만 우리는 그다지 개개인에 집중된 발음 교육을 제대로 받아보지 못했고 그랬었다 하더라도 시간이 지나면서 희미하게 발음하는 법에 대한 기억만 남아 있지 영어 발음을 정확하게 하는 법을 다 기억하지 못하는 경우가 대부분입니다. 영어를 꾸준히 공부하다 보면 언젠가는 음운 현상에 대해 저절로 다 깨닫게 되긴 합니다. 하지만 지금이라도 당장 관련된 책을 한 권 사서 읽어보면 이런 이해의 시간을 단축시킬 수 있습니다. 이렇게 음운 현상을 다 이해하고 나면 그 후부터 듣는 영어 단어와 문장에 대해 배운 내용이 어떻게 적용되는지 관찰할 수 있습니다. 그래서 저는 누구든 발음과 음운 법칙에 대해 일단 알고 나서 영어 공부를 본격적으로 해야 한다고 생각합니다. 아는 만큼 들리기 때문에 많이 알면 알수록 좋습니다.

영어를 우리말로 옮겨 쓰기와 정확한 발음의 중요성

이야기하기 부끄럽습니다만 영어를 처음 시작했을 때 읽었던 책에 대한 기억을 하나 말씀드릴까 합니다. 저는 fire라는 단어의 발음을 그때까지 '화이어' 정도로 발음하는 것이 맞다고 생각하고 있었습니다. 가끔 여기저기서 글을 읽다가 '파이어'로 쓴 것을 보긴 했는데 제 직감으로 fire의 실제 발음이 '파이어'가 아니라는 것 정도는 알고 있었습니다. 그런데 제가 읽은 책의 내용 중에 이런 이야기가 있었습니다. fire의 발음이 '파이어'도 아니고 '화이어'도 아니라는 것이었습니다. 저는 예전이나 지금이나 영어 단어의 발음을 곧잘 한국말로 쓰곤 합니다. 영어 발음을 한국어로 적는 것이 상당히 불완전하고 때로는 오류를 가져올 가능성이 높다는 것을 잘 알고 있지만 그 편리성 때문에 그렇게 하곤 합니다. 다행히 한글이라는 훌륭한 문자는 영어 발음을 실제 발음과 비교적 유사하게 적을 수 있게 해줍니다. 잘 아시듯이 McDonald를 일본에서 '마구도나르도'라는 식으로 발음하는 것과 비교하면 '맥도널드'라고 적을 수 있고, 원어민의 발음과 최대한 비슷하게 발음할 수 있다는 것은 세종대왕이 주신 커다란 혜택이라고 생각합니다.

어쨌거나 제가 읽었던 그 책에서 '파이어'가 틀렸다고 하는 정도에 그쳤다면 이해했을 것 같은데 '화이어'마저도 틀렸다고 했기 때문에 저에게는 한글로는 아예 영어를 표기하면 안 된다는 극단적인 주장처럼 들려서 이 '발음 원리주의'에 대해 마음속에서 반발심이 생기게 되었습니다. 그런데 나중에 F를 제대로 발음하는 법을 알고 나니 이런 주장이 타당성이 있다고 생각할 수밖에 없었습니다. 이 말은 당시까지도 제가 fire조차도 제대로 발음할 줄 몰랐었다는 문제와도 직결됩니다.

결국 우리에게 익숙하고 잘 알고 있는 영어 단어조차도 발음을 제대로 알고 있지 못하다면 이런 단어를 들어도 우리가 알고 있는 바로 그 단어인지 모른 채 알아듣지 못함은 당연할 것입니다. 이런 현상에 저도 상당히 오래 고생했습니다. 예전에 코미디 프로그램에서 흔히들 보았던 것인데 코미디언이 외국인을 흉내낼 때 적당히 혀를 꼬아서 발음하곤 했습니다. 이런 것들이 바로 우리가 가지고 있는 영어 발음에 대한 오해를 대표하는 것 같습니다. 저도 마찬가지로 한때는 혀를 꼬아서 발음해야 잘하는 것으로 착각하기도 했습니다만 영어는 아주 정확한 발성 법칙에 따라 그대로 발음해야 하는 것이지 두루뭉술하게 혀를 대충 굴려서는 안 됩니다.

하지만 초등학교 혹은 중학교 이래로 성인이 될 때까지 영어를 쭉 배워오면서 한 번도 정확한 법칙에 따라 발음하려고 노력해본 적이 없이 그냥 편하게 발음하면서 살아온 저에게 미국인의 표준 발음으로 녹음된 교재의 테이프를 알아듣기가 마냥 편하지는 않았습니다. 영어를 처음 배우는 단계에 충분한 시간을 가지고 정확한 발음을 익히고 또 익힌 경험이 없는 저 같은 사람이 제대로 발음된 영어 테이프를 듣거나 방송을 들을 때 상당한 이질감을 느끼는 것은 당연합니다. 그리고 이런 과정은 결국 부단한 발음 연습으로 극복이 되어야 합니다.

d. 문법적인 실력이 있어야 잘 듣는다

단어와 숙어, 발음을 다 알아도 원어민의 말을 다 알아들을 수 없습니다. 어쩌면 위에서 말씀드린 숙어를 익혀야 한다는 말과 비슷한 개념일 수도 있는데 문법적인 실력이 없으면 말이 들리지 않는다는 사실을 설명하고자 합니다. 이런 개념을 뒷받침하는 아주 간단명료한 예가 있습니다. 여러분이 영자 신문을 읽다 보면 아무리 사전을 뒤적거려 단어(숙어)의 뜻을 다 찾아놓아도 해석이 안 되는 문장을 만나실 것입니다. 이렇게 단어는 알아도 문장이 해석이 안 되는 것이 바로 문법 실력의 문제라고 보시면 됩니다. 상식적으로 글로 써놓은 것을 보고도 해석이 안 되는데 같은 내용을 말로 들으면 이해가 될 리가 있겠습니까? 저는 예전에 공부를 위해서 해석이 안 되는 문장을 약간의 수수료를 받고 해석해주는 웹사이트에 가입하여 이용한 적도 있습니다. 처음에는 이해가 안 되는 문장도 오래 들여다보면 결국 해석이 되는 경우도 있습니다만 영영 해석을 못하는 경우도 있으므로 이런 경우에 영어를 잘하는 사람의 도움을 받아서 해석을 하게 되면 궁금증이 다 풀리게 됩니다. 그러니 이런 웹사이트가 존재한다는 사실은 그만큼 영어가 해석이 안 되어 고생을 하는 사람이 저 말고도 많이 있다는 말로도 이해할 수 있을 것 같습니다.

잠깐 시간을 내어 아래 문장을 읽어보도록 하겠습니다. 저 같은 의사들이 읽는 학술 잡지에서 따온 문장입니다.

> It should be emphasized that the intrinsic subjective nature of pain and recognized difficulties in pain evaluation and measurement do not render the pain experience any less physically and psycho-emotionally significant and disabling.

> emphasize 강조하다, intrinsic 내재적인, subjective 주관적인, pain 통증, evaluation 평가, measurement 측정, render (어떤 상태가) 되게 하다, experience 경험, psycho-emotionally 심리적-감정적으로, significant 중요한, disabling 불구가 되게 하는

저도 이런 식으로 문법적 용어를 써가면서 문장을 분석하는 것이 싫지만 이 문장의 해석에 문법적 기초가 필요하다는 의미로 문법적인 설명을 좀 해보겠습니다. It은 가주어, that 이하가 진주어입니다. That절 속의 주어는 the intrinsic에서 measurement에 이르는 긴 내용입니다. 물론 do not render 부분이 이 명사절을 받는 동사 부분이고 the pain experience가 목적어, 그리고 any부터 끝까지가 목적보어입니다. That 이하 문장이 다시 전체적인 큰 문장의 주어가 되면서 전체의 동사가 should be emphasized가 되겠습니다. 직역은 아래와 같습니다.

> 통증의 내재적이고 주관적이라는 특성과 알려진 통증의 평가와 측정에서의 어려움이 통증의 경험을 신체적 그리고 정신-감정적으로 덜 중요하고 덜 불구가 되게 하는 것은 아니라는 것이 강조되어야 한다.

한국말로 해도 도저히 읽을 만한 문장이 아닙니다. 아주 쉽게 말해서 제3자(여기서는 의사)가 통증을 가진 사람(환자)의 통증을 직접 느끼고 통증의 정도를 과학적으로 분석할 수 없다고 해서 통증을 과소평가하면 안 된다 정도의 의미가 되겠습니다. 영어를 잘하

는 사람도 이런 문장은 몇 번을 반복해서 읽어야 뜻이 제대로 들어옵니다. 하물며 들어서 이해한다는 것은 더 어려운 일임이 다시 한번 분명해집니다.

e. 이해의 속도가 빨라야 다 들린다

이제 듣기에서 가장 중요한 요소가 남아 있습니다. 그것은 바로 이해의 속도가 빨라야 한다는 것입니다. 영어의 단어와 숙어를 알고, 발음과 연음도 정확하게 알고 있고, 문법적으로 이해 가능한 문장이 텔레비전 CNN 뉴스에서 나온다고 해도 이해 속도가 따라가지 못하면 처음 몇 단어만 알아듣고는 놓쳐버립니다. 영어로 말하는 방송 뉴스를 듣는 경우에 이런 현상이 아주 뚜렷하게 나타납니다. 미국 드라마나 영화를 보는 경우는 오히려 이런 점을 잘 깨닫지 못할 수도 있습니다. 대개 대사가 짧기 때문입니다. 하지만 뉴스나 다큐멘터리 같은 것을 보다 보면 귀를 쫑긋 세우고 들어도 처음의 몇 단어는 들리는데 잠시만 방심하면 빠른 속도로 말이 계속 쏟아져 나오면서 듣기를 포기하게 만듭니다.

이런 문제의 원인은 두뇌에서 귀로 들어오는 정보를 다 소화하지 못하기 때문입니다. 만약에 아주 천천히 누군가가 그대로 읽어준다면 이해할 수 있을지도 모르지만 두뇌에서 처리 속도가 느리면 실시간으로 정보가 들어오는 속도를 따라갈 수가 없게 됩니다. 반대로 영어를 열심히 공부해서 정보 처리 속도가 빨라지면 어떤 일이 일어날까요? 이젠 종전에 즐겨 듣던 테이프든 방송이든 상대적으로 느리게 느껴집니다. 그리고 성우나 아나운서가 말하는 소리가 귓속에 쏙쏙 들어오고도 여유가 남아서 말을 좀 빨리 했으면 하고 생각할 정도가 될 수도 있습니다.

 제가 중학교에 들어가자 공부를 열심히 하라며 어머니께서 영어 교과서 내용이 담긴 카세트와 해설교재 세트를 사주셨습니다. 처음에 'How are you?', 'I am fine, thank you, and you?'가 나올 때는 그다지 빠르다고 생각하지 않았습니다. 그런데 몇 과가 지나가니까 이제 설명문체의 문장을 접하게 되었습니다. 주인공 학생이 자신의 가족에 대해 외국인에게 설명하는 내용으로 기억이 되는데 교과서 테이프의 녹음 내용이 어찌나 빠른지 제 이해 속도로는 도저히 따라갈 수가 없었습니다. 아마 개인적으로는 거기서부터 영어에 대해 좌절을 겪었던 것 같습니다. 그러고는 속도가 중요하지 않은 독해나 문법으로 관심이 돌아섰습니다. 그때부터 듣기나 말하기에도 신경을 많이 썼다면 제가 서른 살이 넘어서 영어로 고생을 하지 않아도 되지 않았을까 하는 생각이 들곤 합니다.

 세월이 흘러 지금의 아내가 된 여자친구를 사귈 때 일입니다. 함께 미국에 가기로 계획하고 있었기에 혼자만 영어 공부를 할 수는 없고 해서 여자친구에게도 공부를 시작할 것을 권했습니다. 여자친구도 저만큼이나 영어와 담을 쌓고 살았던 터라 어디부터 시작해야 할지 아주 막막했습니다. 그래서 택했던 것이 중학교 교과서와 교과서 테이프였습니다. 테이프를 들으면서 함께 공부하기도 했는데 그때 다시 들어보니 중학교 교과서 테이프가 실생활의 대화에 비해서 상당히 느리게 녹음되어 있다는 것을 발견했습니다. 아무래도 처음 영어를 배우는 학생을 위한 것이었으니 속도를 조절하여 적당한 템포로 녹음을 했겠지요. 어쨌거나 중학교 때는 도저히 알아들을 수 없이 빨라서 좌절을 주었던 테이프가 나중에 영어를 좀 공부한 후에 들어보니 그다지 빠르지 않다는 것을 깨달은 것입니다.

이런 현상은 예전에 제가 공부하던 교재에 딸린 테이프를 들어봐도 마찬가지입니다. 독자 여러분도 아마 똑같은 경험을 할 수 있을 것입니다. 이런 현상은 영어 실력이 현저하게 상승하고 나서 한참 전에 공부하던 시청각 교재를 들을 때만 나타나는 것은 아닙니다. 예를 들어 CNN 뉴스의 한 꼭지를 교재 삼아 열심히 읽고 해석도 하면서 공부를 하여 그 한 꼭지만이라도 완전히 이해가 되고, 해석이 되고, 많이 읽은 결과로 그 내용이 다 들린다면 그 다음날이라도 그 뉴스만큼은 방송 내용이 너무 느리게 느껴지기도 합니다. 이미 뒤에 나올 내용을 알고 있기 때문입니다.

공부를 아주 많이 해서 영어 실력이 어느 경지에 오르면 이런 식으로 쌓인 영어 문장에 대한 감이 있기 때문에 이미 들으면서 지나간 문장은 완전히 머릿속에 담고 있으면서도 앞으로 나올 내용을 예측하면서 여유 있게 들을 수도 있습니다. 이미 많은 표현과 문장을 접해서 흔한 문장의 패턴을 감으로 알고 있기 때문이기도 하고, 이해의 속도가 말하는 속도보다 오히려 빠르기 때문에 생겨나는 현상입니다.

이해의 속도를 측정하는 법

그럼 우리의 이해 속도가 얼마나 빠른지 어떻게 알 수 있을까요? 가장 좋은 방법은 원어민에게 교재를 다양한 속도로 읽게 하고 어느 정도의 속도를 내가 감당할 수 있는지 알아보는 것입니다. 하지만 이런 방법은 대부분의 경우 가능하지 않습니다. 다른 방법으로는 원어민이 다양한 속도로 책을 읽은 내용이 녹음된 시청각 교재를 들으면서 자신에게 맞는 속도를 찾는 것인데 이것 역시 이렇게 다양한 속도로 녹음된 교재를 구하기가 어려우므로(저도 존재하는지 아닌지도 모르겠습니다) 실용적인 방법은 아닌 것 같습니다. 그래서 많은 전문가들이 독해하는 속도를 측정하여 청취된 영어를 받아들이는 처리 속도에 대한 지표로 삼을 것을 권장합니다.

저도 영어 공부할 때 심심할 때마다 많이 써본 방법입니다. 일단 임의로 영어책을 준비해서 한두 페이지를 읽고 걸리는 시간을 측정합니다. 그리고 귀찮긴 하지만 자신이 읽은 페이지의 단어 수를 세어야 합니다. 만약 500단어의 글을 10분에 걸쳐서 읽었다면 500/10으로 계산해서 독해 속도는 분당 50단어가 됩니다. 만약 2분에 다 읽었다면 500/2로 독해 속도가 분당 250단어로 나오게 됩니다. 읽은 단어를 셀 때는 a, the와 같은 관사와 숫자, 사람 이름까지 다 포함해야 합니다. 이렇게 분당 읽은 단어 수를 wpm이라는 단위로 나타내는데 짐작할 수 있듯이 words per minute의 약자입니다. 이것은 미국에서도 이미 독해 속도를 판정하는 지표로 많이 씁니다.

하지만 빨리 읽어도 내용을 파악하지 못하고 읽으면 읽지 않은 것과 별 차이가 없습니다. 그래서 간혹 ewpm이라는 단위를 쓰기도 합니다. 일정한 길이의 문단을 제시하고 읽게 한 다음에 얼마나 많이 내용을 파악했는지 즉석에서 테스트를 합니다. 이렇게 나온 이해도는 100% 만점으로 몇 퍼센트인지 표시를 하고 단위 분당 읽은 단어 수를 이렇게 계산된 이해도와 곱해서 ewpm을 구하게 됩니다. 만약 500단어짜리 문단을 4분 만에 읽었고 이 문단의 내용에 대해 10가지 질문을 했는데 7개에 대해 제대로 답을 했다면 500/4=125wpm이 되고 125wpmX70%=87.5ewpm이 됩니다. 여기서 ewpm은 efficient words per minute의 약자입니다.

한국에서도 한때 속독법의 바람이 불었던 때가 있었는데 미국도 1950년대 말부터 이블린 우드 여사의 속독법이 열풍이었었습니다. 심지어는 케네디, 포드, 카터 대통령의 백악관 보좌진들까지도 우드 여사의 속독법 코스를 들을 정도였습니다. 이때 속독법을 가르치는 사람들은 얼마나 빨리 읽었고 얼마나 정확하게 내용을 이해했느냐 하는 것을 객관적으로 보여주기 위해서 wpm이나 ewpm을 지표로 많이 사용했습니다. 이 속독법 자체에 대해서는 찬반이 있을 수 있지만 우리가 영어를 얼마나 빨리, 그리고 정확하게 읽는지를 따지기 위해 이 단위들을 사용하는 것은 상당히 정확한 피드백을 준다는 측면에서 가치가 있는 일인 것 같습니다.

개인적으로 읽고 속도를 재는 것은 wpm은 산출이 가능하지만 더 중요한 ewpm은 산출할 수 없다는 단점이 있습니다. 하지만 개인적으로 읽는 성향은 잘 변하지 않는다는 것을 생각하면 몇 달에 걸쳐 영어 공부를 하고서 wpm을 재고 다시 공부한 후에 wpm을 재봄으로써 실력의 신장을 측정하는 것은 상당한 기쁨과 보람을 주기 때문에 저도 많은 사람들에게 권유하는 실력 측정 방법입니다.

읽어서 이해하는 속도가 빠르면 같은 사고 과정을 통하는 듣고 이해하는 과정도 당연히 빨라집니다. 빨리 읽으면서 이해하기와 다른 사람이 빨리 말하는 내용을 듣고 이해하기도 어느 정도 비례해서 향상됩니다. 읽기 연습만으로 듣기 실력이 향상된다거나 듣기만으로 읽기 실력이 향상된다는 것은 둘 다 약간 어폐가 있지만 전반적인 영어 실력의 향상은 대개 듣기와 독해 속도 향상의 두 가지를 모두 가능하게 해주므로 읽기로 듣기 속도를 측정하는 것은 나름대로 유용합니다.

우리의 문제는 대부분 읽고 이해하는 속도가 그리 빠르지 못하다는 것입니다. 중·고등학교에서 내내 해온 영어 공부가 결국 독해 공부라고 해도 과언이 아닌데 한국인이 독해력이 달린다는 것은 정말 믿기 힘든 일일 수도 있습니다. 이는 불행히도 사실이고 한국인의 듣기 능력이 달리는 것은 이 독해 속도가 주범이라고 지적되고 있습니다. 그렇다면 얼마나 빨리 읽고 이해하면 될까요? 미국인이 말하는 속도를 생각해보면 되는데 대개 뉴스가 조금 느린 편이고 영화가 조금 빠른 편입니다. 보통 뉴스에서 아나운서는 150wpm의 속도로 말을 하고 영화에서는 상황에 따라 다르지만 200wpm의 속도로 말합니다. 그래서 단어와 발음, 문법 구조를 다 안다고 전제하고 듣는 사람의 이해 속도가 200wpm은 되어야 뉴스가 그래도 편안하게 들리며 영화까지도 편안하게 들으려면 200wpm보다 이해 속도가 더 빨라야 합니다.

　한국인들의 이해 속도가 어느 정도인지 자료가 많지는 않지만 고등학생은 70wpm, 대학생은 90wpm 정도로 생각이 됩니다. 물론 영어를 잘하는 외국어 고등학교 학생이나 영문과 대학생, 통역대학원생은 이런 평균적인 통계 수치와 차이가 클 것입니다. 미국 사람들이 읽는 속도는 평균적으로는 200wpm 정도지만 대학원 학력 이상의 지적 능력이 높은 사람은 400wpm이 나온다고 하고 속독법을 배운 사람이거나 읽기 능력이 뛰어난 아주 일부의 사람(약 1% 이내로 추정)은 1,000wpm의 속도로 읽기가 가능하다고 합니다.

　개인적인 경험과 주변에서 보고 들은 바를 종합하면 90wpm인 보통 사람도 영어를 3개월에서 6개월 정도 아주 열심히 하면 100wpm에서 130wpm 정도까지 향상이 가능합니다. 이 정도면 영어 뉴스 듣기에 도전할 수 있는데 이해 속도가 아직 아나운서의 말하는 속도와 거의 비슷하기 때문에 뉴스를 숨가쁘게 따라가는 정도이지 여유 있게 들을 수 있는 수준은 되지 않습니다. 개인적인 노력의 차가 크므로 단정적으로 말씀드리기는 어려우나 100wpm 초반에서 150wpm을 넘어서 200wpm으로 가기까지는 시간이 상당히 오래 걸리는 과정입니다.

　즉 뉴스를 편하게 듣는 것도 이렇게 오래 걸리는데 통상 더 어려운 영화를 듣고 이해하는 것은 얼마나 오래 걸리는 과정인지 짐작할 수 있습니다. 그런데도 시중에는 이 책에 나오는 표현만 익히면 영어 귀가 뚫린다는 식으로 광고하는 책이 많은데 얼마나 어이없는 주장인지 알 수 있습니다.

f. 악센트에 익숙해져야 아는 표현을 다 들을 수 있다

　영어 알아듣기의 최후의 복병이 바로 악센트입니다. 여기서 악센트란 우리가 흔히 생각하는 강세가 아니라 각 민족, 혹은 각 나라 사람이 다른 나라 언어를 발음하는 공통된 방식을 말한다고 보시면 됩니다. 우리나라 사람이 영어를 해도 고유의 악센트가 나오고, 중국 사람이나 일본 사람이 말해도 마찬가지입니다. 전 세계 사람들이 다 모인 미국에 살다 보니 세계인들의 영어를 듣게 되는데 다 말하는 악센트가 다릅니다. 미국에 와서 자영업으로 생계를 유지하는 많은 재미교포들과 이야기하다 보면 외국인들의 악센트가 알아듣기 힘들다고 호소하는 경우가 종종 있습니다. 저도 처음 미국 병원에 들어갔을 때 다양한 국적의 사람들을 보았는데, 특히 의외로 많은 인도, 파키스탄 출신의 외국 의사들을 보고서 놀랐고 이들의 영어가 들리지 않는다는 사실에 좌절했습니다. 지금은 많이 적응이 되어서 인도 악센트가 그렇게 알아듣기 힘들다는 생각은 하지 않습니다.

  미국은 인건비가 비싼 관계로 아웃소싱이 활발합니다. 예를 들면 미국산 제품을 구입했는데 문제가 생겨서 그 제조회사에 문의 전화를 한다고 가정하면 이 전화가 미국 본토 어딘가에 있는 콜센터가 아니라 인도에 있는 콜센터로 연결되기도 합니다. 그럼 인도 현지에서 고용된 값싼 인력들이 전화를 받고 소비자들과 상담을 해줍니다. 전화만 받는 것은 인도에 있든 미국에 있든 상관이 없으니까요.

  그런데 미국 회사도 좀 규모가 큰 곳은 이렇게 현지 인력을 고용하더라도 미국식 악센트 교육을 따로 시킨다고 합니다. 그냥 말이 통할 것으로 생각하고 콜센터를 인도에 지어놓으니까 미국의 소비자들이 도무지 인도식 악센트를 알아들을 수 없다고 불평을 했기 때문입니다. 하지만 일부 회사들은 이런 불평이 계속되자 결국 포기하고 본토로 다시 콜센터를 옮기고 있다는 뉴스도 들립니다. 어쨌거나 영어를 모국어로 하는 사람조차 외국의 악센트는 알아듣기가 힘든 모양입니다. 저도 가끔 악센트 문제로 고민하는 분들의 연락을 받습니다. 미국에서 공부해서 자신의 영어가 어느 정도 수준이 된다고 자부하는데 영국의 영어가 알아듣기가 힘들다고 하시는 분들도 있고 반대로 영국에서 공부하면서 자신이 습득한 영국 악센트가 미국에 와서 잘 통할 것인지 걱정도 하시더군요.

이 악센트 문제도 영어를 잘하면 잘할수록 쉽게 극복됩니다. 영어 초급자는 낯선 악센트를 들으면 완전히 새로운 언어를 듣는 것처럼 생소하게 느껴져 영 적응을 잘 못하지만 중급자 이상은 금방 적응할 수 있습니다. 그래서 악센트가 있는 영어를 정복하는 관건은 그 악센트에 직접 부딪쳐서 익숙해지는 것이고, 또 하나는 기본 영어 실력을 튼튼히 하는 것입니다. 그리고 영국이나 호주 영어와 같이 미국 사람들이 이미 익숙한 악센트는 걱정할 필요가 전혀 없습니다. 미국 사람들이 이미 잘 알아듣습니다. 인도 영어도 미국에 인도계 이민자들과 자주 접촉하는 사람은 악센트에 대해 전혀 불평하지 않습니다. 이미 익숙해져서 듣기가 불편하지 않기 때문입니다.

제가 처음 미국 중서부 지방에 이민을 갔을 때 가장 제 영어를 못 알아들었던 사람은 외국인의 영어를 많이 못 들어본 노인이거나 시골 사람, 저학력층 들이었습니다. 그러다가 나중에 뉴욕으로 옮겨오니까 여러 국적의 악센트가 섞여 있는 곳이라서 그런지 뉴욕 사람들의 악센트에 대한 이해의 폭이 비교도 안 되게 넓어서 영어로 말하면서 살기가 미국 중서부보다 몇 배는 편하다는 생각도 했던 기억이 납니다. 악센트를 포함해서 발음에 관한 내용은 다음 장에서 다시 자세히 다루겠습니다.

이 책에서 영어 실력을 어떻게 분류하고 있나

누가 초급자이고 중급자인지 분류가 모호하기 때문에 이 책에서 언급한 용어의 기준을 잠깐 정리해보겠습니다. 이 분류의 핵심적인 기준은 영어로 말을 하고 알아듣는 능력이 얼마나 있느냐에 따른 것인데 거의 회화 능력이 없으면 초급이고, 문장이 불완전하더라도 약간의 대화가 가능하면 중급이라고 봅니다. 하지만 이런 능력을 일정한 테스트 없이 정하기가 어려우니 당장 쉬운 학교 영어, 회화 능력, 토익 점수 세 가지를 기준으로 분류해보겠습니다.

초급자의 기준

- 알파벳부터 시작해야 하는 사람부터 중학교 3학년 이하의 수준까지.
- 영어 학원의 레벨 테스트에서 원어민 회화반에 들어갈 수준이 되지 못한다고 나온 경우.
- 토익 500점 이하.
- 학원의 레벨 테스트에서 초급반으로 나온 경우.

중급자의 기준

- 고등학교 3학년 상위권 수준의 영어 구사자.
- 원어민과 회화가 어느 정도 가능하지만 자유롭게 할 말을 하지 못해서 답답함을 많이 느끼는 분.
- 토익의 경우 500점에서 800점 이하인 경우.
- 학원의 레벨 테스트에서 중급반으로 나온 경우.

이 기준의 약점은 같은 초급 내에서도 알파벳부터 배우는 사람의 수준과 토익 500점의 실력이 같을 리가 없다는 것입니다. 같은 중급이라도 위에 제시한 기준에 한 가지만 해당이 되고 나머지는 해당이 안 되는 사람도 있을 수 있고, 위에 제시한 중급의 기준에 모두 해당이 되지만 사실은 초급이나 고급에 분류되어야 마땅한 경우도 있을 것입니다. 다시 강조하건대 대략적인 분류이고 이 책을 읽을 때만 통하는 기준입니다만 여러분의 이해를 돕기 위해 넣었습니다. 대졸 성인이라도 영어에 관심을 가지고 공부를 해보지 못한 사람은 거의 다 초급자의 범주에 들어갈 것이고, 중·고교생이라도 영어를 아주 열심히 하는 경우는 중급자 이상의 실력이 될 것입니다. 영어에 약간의 관심은 있으되 열심히 하지 않았던 분들은 대개 초급자와 중급자의 사이에 해당될 것입니다. 영어를 좀 하신다는 분들은 아마 중급자와 고급자 사이에 들어갈 확률이 높을 것입니다. 고급자는 학원 영어 강사 정도의 수준으로 하겠습니다. 따라서 제 분류 기준에 너무 얽매이지 마시고 자유롭게 생각하시되 약간은 보수적으로 자신의 실력을 판단하는 것이 좋겠습니다.

영어 귀가 뚫린다는 것을 다시 정리하자면

영어를 잘 알아들으려면 무엇을 알아야 하는지 다시 정리를 해볼까요? 단어와 숙어를 잘 알아야 하고, 개개의 단어의 발음과 연음 법칙을 잘 알아야 하고, 문법적으로 문장을 해석하는 능력이 있어야 하며, 문장의 이해 속도가 말하는 사람의 속도보다 빨라야 하고, 악센트에도 익숙해야 합니다. 이런 실력은 수년에 걸쳐 공부를 하면서 축적이 되는 것이지 무슨 비결을 써서 어느 순간에 귀가 뻥 뚫리며 소리가 와락 들리는 것이 아닙니다.

제가 전에 정찬용 씨가 쓴 《영어 공부 절대로 하지 마라》를 보면서 나름대로 감동을 받고 그대로 실천했던 기억이 납니다. 결국은 성공하지 못하고 포기를 했는데 그 중요한 이유 중의 하나가 그 책에 나오는 '귀가 뚫리는 비결'이라는 것을 실천했지만 결국은 귀가 뚫리지 않았기 때문입니다. 그 책에서 소개하고 있는 귀가 뚫리는 방법이란 영어 테이프를 하나 정해서 무념무상의 고요한 심정으로 수십 번을 들으라는 것이었습니다. 그러다 보면 소리가 들리는 때가 온다는 겁니다. 물론 테이프 하나로 모든 영어가 다 들릴 것이라고 한 것은 아니었지만 적어도 소리만이라도 구별할 수 있기를 바라고 그대로 실천했습니다. 그리고 그 책에서 권하는 대로 받아쓰기를 했는데, 결국은 허무맹랑하게 제가 들은 대로 적은 엉터리 글들만 나오게 되었습니다.

지금까지 제 글을 읽으셨으니 확실히 아시겠지만 영어는 한국말이나 독일 말과는 달리 철자와 발음이 일치하지 않는 경우도 많거니와 연음들로 인해서 들리는 대로 받아 적으면 절대로 원문과 같은 글을 그대로 적어낼 수가 없습니다. 원문을 그대로 받아 적을 수 있다는 이야기는 이미 그 단어와 발음을 다 알고 있다는 이야기가 되는 것이지요. 그리고 그 단어와 발음은 이전에 미리 익히지 않았으면 알 수가 없는 것입니다. 《영어 공부 절대로 하지 마라》를 꼭 집어 거명해서 죄송합니다만 시중에 나와 있는 영어책들의 상당수는 이런 식입니다. 그 책에서 말하는 비법대로 따라 하면 곧 귀가 뚫릴 것처럼 말합니다. 모르는 단어는 천 번을 들어도 스펠링을 확실히 알 수도 없고, 뜻을 알 수도 없습니다. 물론 짐작은 하겠지만 짐작이 알아듣는 것과 같은 것은 아닙니다.

그러면 이렇게 한도 끝도 없이 많은 단어와 표현들을 도대체 어떻게 공부해야 하는지, 그럼 과연 귀가 뚫리는 것은 가능한 일인지 다른 장에서 계속 이어서 이야기해보려 합니다. 이 장에서의 교훈은 귀가 뚫리는 방법에 솔깃해서 속아 넘어가지 마시라는 것입니다. 귀가 뚫리는 유일한 방법은 영어 실력을 전반적으로 골고루 다 늘리는 것뿐입니다. 귀가 뚫리려면 위에서 말씀드렸듯이 단어, 숙어, 문법, 독해, 발음 실력이 다 좋아야 하기 때문입니다.

Koara0630님의 질문: 나이는 30대 중반이며 아이 둘을 둔 엄마이자 직장인입니다. 제 공부의 목표는 일상생활에서 영어가 가능한 수준이 되는 것입니다. 현재 제 영어 수준과 상황을 설명드리자면 저는 전문대 졸업 이후 직장 경력이 14년 정도 되었습니다. 요즘에야 취업 준비 덕에 영어 공부 안 하는 사람이 없지만 제가 입사할 때는 영어가 필요한 업무는 한정적이었고, 또 영어가 평가 기준에 들어가 있지도 않은 경우도 많았습니다. 저는 그렇게 회사에 입사했고 영어와 무관한 부서에서 10여 년간 업무를 하다 보니 정말 영어와는 담을 쌓고 살았다고 해도 과언이 아닙니다. (영어 공부를 안 한 핑계네요.) 하지만 최근 다른 업무를 시작하면서 영어가 너무 필요한 상황이 눈앞에 닥쳤습니다. 몇 번 공부를 시도하려고 했지만 급하면 할 줄 아는 다른 사람이 업무를 처리했고, 또 무엇보다 주부라는 또 하나의 책임이 공부 시간을 할애하기에 참 힘든 상황을 만들었습니다. (계속 핑계라는 느낌이⋯⋯) 여하튼 무조건 영어 공부를 시작하고 싶습니다. 말씀하신 대로 발음 → 단어 350개 정도의 책 한 권부터 반복해서 따라 읽기(출퇴근 시 교육방송 초급회화 라디오 강의 청취 병행), 이런 순서로 진행하면 될까요? 어떻게 공부하면 좋을까요?

답: 제가 주장하는 공부 방법이 정말 왕초보에게도 통할 것이냐는 말씀인 것 같습니다. 왕초보라면 아는 단어도 몇 개 없고 문법적인 지식도 없는데 그냥 무작정 테이프를 듣고 소리 내어 책을 읽는 것만으로 저절로 듣기, 읽기, 말하기, 쓰기 등의 종합적인 영어 실력이 늘 수 있는가 하는 의심이 들 수 있다고 충분히 이해가 됩니다. 하지만 제 방법

은 koara0630님과 같은 초보와 중급자를 위한 것입니다. 단어도 많이 알고 문법도 잘 아는 사람은 제가 뭐라고 하지 않아도 자기 자신에게 가장 잘 맞는 공부 방법이 무엇인지 알고 있을 확률이 높습니다. '제 방법'이라는 단어를 자꾸 쓰다 보니 제가 창안했다거나 제가 일가견을 가진 방법인 것 같지만 이 방법은 제 방법이 아닙니다. 이미 외국어를 공부해본 선배들이 경험을 통해서 저절로 터득한 방법이고 저도 뒤늦게 깨우쳤을 뿐입니다.

외국어를 공부하는 다른 방법들도 그것이 궁극적으로 효과가 있는 것이라면 본질적으로는 이 방법과 통할 것입니다. 만약 일대일로 학습자와 붙어서 매일 몇 시간씩 몇 년간 영어를 가르쳐줄 수 있는 원어민이 있지 않다면 책이 그 역할을 해줄 수 있습니다. 이 방법이 가장 기본적이고 진실된 방법이라고 확신합니다. 걱정 말고 따라 하셨으면 합니다. 스스로 계획하신 내용이 충분히 좋습니다. 라디오 들으시고, 강의 교재를 구해서 소리 내어 읽으시고, 시간이 남으면 다른 시청각 교재가 딸린 영어책을 구해 반복해서 듣고 소리 내어 읽고, 가능하면 매일 영어 일기도 써보시기 바랍니다. 그러다 자신이 생기면 학원에 가서 원어민과 대화하며 배운 것을 복습해보십시오. 이제 뭔가 이루었다는 것을 분명히 느끼실 것입니다.

영어는 아주 천천히 늘어서 때로는 공부한 것이 정말 다 쌓여 있는지 회의가 들기도 합니다. 매일 10원씩 혹은 몇백 원씩 돼지 저금통에 저축하는 것 같아서 매일 무게를 확인해봐도 똑같은 것 같지만 세월이 흐르고 보면 분명한 차이가 생깁니다. 그래서 꾸준함이 매우 중요합니다. 꾸준히 제대로 하면 반드시 됩니다.

5장
네이티브와 통(通)하는 영어 발음 만드는 법

　　　　　　　영어로 의사소통을 하는 데 있어서 본질적인 문제 중의 하나가 외국에 나가면 의사소통이 안 되는 경우가 많다는 것입니다. 우선은 전체적인 영어의 기초 실력이 부족한 것이 가장 중요한 이유가 되겠지만 그나마 아는 표현마저도 발음이 틀려서 남을 이해시키기 힘든 경우가 많다는 것도 또 하나의 복병입니다.

　예를 들어 나는 분명히 'friend'라는 말을 했는데 'F' 발음이 정확하지 않아서 'priend'로 잘못 발음했을 수가 있습니다. 이렇게 들은 외국인은 도대체 이게 무슨 소리인가 고민에 빠질지도 모릅니다. 물론 한국 내에서 한국 사람들의 발음을 많이 접해본 외국인(한국의 원어민 강사 등)은 비록 'priend'로 들린다 해도 재빠르게 머릿속에서 'friend'로 바꾸어 알아듣는 연습이 이미 되어 있습니다. 하지만 이런 연습이 되어 있지 않은 사람은 몇 번을 되물어야 무슨 말을 하는지 겨우 이해하게 될 것입니다.

부정확한 발음이 통하는 예외적인 경우

저도 처음 미국 중서부에 와서 제가 말을 하면 쉬운 발음조차도 알아듣지 못하는 그곳의 시골 사람들 때문에 답답해 죽을 지경이었습니다. 나중에는 이해를 할 수밖에 없었지요. 그들은 다양한 영어를 접해보지 않아서 이해의 대역폭이 넓지 않다는 것을 알게 되었기 때문입니다. 만약 여러분이 고속버스 터미널에서 버스를 기다리고 있는데 외국인이 '뷰샌(예전에는 퓨샌) 가는 버스를 어디서 탈 수 있어요?' 하고 묻는다면 어떻게 생각할까요? 일단은 '뷰샌'이라는 도시는 한국에 없는 것 같지만 센스가 있는 사람은 가장 가까운 발음의 도시가 '부산(Busan, 예전에는 Pusan)'이라는 것을 생각해내어 부산행 버스를 타는 곳을 안내해줄 수 있을지도 모릅니다. 하지만 '부산'이라는 정확한 발음에만 집착한다면 '뷰샌'이 뭔지 도저히 짐작을 못하는 것이 당연합니다.

마찬가지로 미국인들도 외국인을 많이 접해보지 못한 사람들은 낯선 발음을 들었을 때 조금 머리를 굴려서 그와 유사한 발음의 다른 단어는 어떤 것이 있을까 하고 생각하는, 즉 발음의 스펙트럼을 확장시켜서 해석하는 능력이 부족한 경우가 많이 있습니다.

1999년 김대중 전 대통령이 미국 필라델피아에서 자유메달을 수상하고 한국과 미국의 저명인사들 앞에서 영어로 연설을 하신 적이 있었습니다. 김대중 전 대통령이야말로 오랜 수감 생활을 하시는 동안 독학으로 영어를 익히면서 책으로만 영어를 공부하셨다니까 발음이 어떨지는 충분히 짐작이 갑니다. 이분이 연설을 하는 동안 당연히 외국인으로서는 발음을 알아듣기가 녹록하지 않앉을 게 뻔한 노릇입니다. 하지만 다들 어떻게든 알아듣고, 박수 칠 때 박수도 치고 잘 지나갔다고 합니다.

또 정치평론가로 유명한 어떤 대학교수님이 영어 공부에 대해 쓰신 글을 읽은 적이 있습니다. 언젠가 이분이 미국에 교환교수로 가서 학생들에게 강의를 했다고 합니다. 그런데 수업 말미에 어떤 미국 대학생이 손을 들더니 발음 때문에 강의를 못 알아듣겠다고 불평을 하는 것이었습니다. 보통 사람이면 이런 경우 부끄러워서 쥐구멍이라도 찾고 싶은 심정일 텐데 이 교수님은 오히려 못 알아듣는 것은 너의 사정이니 재주껏 알아듣든지, 못 알아듣고 낙제하든지 알아서 하라고 하고 그냥 강의를 했다고 합니다.

이 교수님의 당당함에 박수를 보내면서도 이 학생은 도대체 무슨 생각으로 그렇게 말했을까 궁금해졌습니다. 이 대학생이 잘 알지 못하는 작은 나라에서 온 교수를 조금은 비하하는 의도로 이렇게 말한 것이 아니었다면 아마도 시골 출신이어서 외국인의 영어를 별로 들어보지 못했던 건 아닐까 하고 나름대로 짐작을 해볼 따름입니다.

두 가지 예에서 볼 수 있듯이 낯선 악센트의 영어에 대한 이해도는 개인차가 크기는 하지만 자신이 아쉬운 입장이 되면 귀를 쫑긋 세우고서 알아들으려고 혼신의 노력을 기울입니다. 하지만 이런 예를 우리와 같은 보통 사람에게 적용시킬 수는 없습니다. 우리 대부분은 우리가 하는 말을 듣고 배우기를 원하는 원어민의 앞에 서는 입장이 아니기 때문입니다. 반대로 사업 때문이든 학업 때문이든 원어민에게서 정보를 얻어야 하는 상황이 많을 것입니다. 꼭 그렇지 않다고 하더라도 영어를 배우는 입장에서는 우리 자신의 입장을 미국인 혹은 세계인에게 좀 더 정확하고 쉽게 전달하도록 노력해야 할 것입니다.

발음을 얼마나 원어민에 가깝게 해야 하나?

상대방에게 정확하게 의사를 전달하기 위해서 우리가 익혀야 할 표준의 영어 발음은 어떤 것일까요? 표준 발음은 바로 사전에 있는 대로 발음하는 것입니다. 대부분의 사전은 영국식과 미국식의 발음이 다 표기되어 있으니 아무 방식이나 편한 대로 선택하면 되지만 대개 미국식으로 배웠을 테니 미국식으로 발음하는 것이 편할 것입니다. 그런데 안타깝게도 한국 사람이 설령 사전의 발음 기호대로 영어를 익혀도 미국 사람과 똑같은 소리가 나지는 않습니다. 그럼 얼마나 똑같은 소리를 내기 위해 노력해야 하는가 궁금해지는데 일단은 어느 정도의 편차가 있을 수밖에 없다는 것을 인정해야 하겠습니다. 원어민의 발음과 똑같은 발음을 100%라고 보았을 때 원어민의 발음에 90% 비슷하다면 그걸로 충분합니다. 따라서 원어민과 더 똑같은 99%짜리 발음을 만들기 위해서 시간을 투자하기보다는 정확한 문법과 세련된 표현을 익히는 데 같은 시간을 투자하면 실력을 더 인정받게 될 것입니다.

제가 자동차에 관심이 많으니 이런 비유를 해보겠습니다. 자동차를 가지고 있는 사람이 자동차 관리를 잘하고 싶다면 외관에 대해서는 자주 세차를 해주고 가끔 왁스를 발라서 광을 내주는 것으로 충분합니다. 하지만 가끔은 수십만 원짜리 외부 코팅에 욕심을 낼 때도 있을 겁니다. 코팅을 하는 것 자체를 나무랄 수는 없지만 현재 자동차가 엔진오일도 갈아야 하고 타이밍벨트도 교환하는 등 각종 정비를 해야 할 상태인 데다 예산은 제한적인 상황이라면 문제가 달라집니다. 외관에 대해서는 세차 정도로 만족하고 코팅에 들여야 할 돈을 내부 정비를 하는 데 사용하는 게 나을 것입니다. 아무리 차의 외관이 번쩍거려도 엔진이 설 정도로 정비가 되지 않았다면 돈을 쓰는 우선순위가 잘못된 것이겠지요.

의외로 많은 영어 학습자들이 영어 표현을 풍부하게 하는 것보다는 원어민과 완벽하게 같은 발음에 집착해서 지나친 시간과 돈을 낭비하는 경우를 많이 보았기 때문에 든 생각입니다.

그렇다고 발음이 중요하지 않다고 알아들으시면 절대 안 됩니다. 완벽한 발음은 만들지 못해도 정확한 발음을 위해 노력해야 한다는 사실은 너무나 중요합니다. 그리고 정확하게 발음하는 법을 익히는 작업은 영어 공부를 처음 시작하는 초보 단계에서부터 이루어져야 합니다. 잘못된 발음이 한 번 굳어지면 다시 되돌리는 게 정말 힘듭니다. 그래서 영어로 책을 읽을 때 한 단어, 한 단어(혹은 한 음절, 한 음절) 발음 법칙대로 정확히 발음하도록 노력해야 합니다.

한 가지 덧붙이고 싶은 이야기가 있습니다. 여러분이 최대한 성의 있게 제대로 발음했음에도 불구하고 원어민들이 이를 몰라주고 계속 되물을 때가 많을 것입니다. 이런 경우 우리는 자신감을 잃고 점점 목소리가 기어 들어가게 됩니다. 그러면 의사소통은 더 어려워집니다. 차라리 약간 틀린 발음이라도 자신 있게 큰 목소리로 말해야 그들이 알아들으려고 더 노력하게 되고 실제로 알아듣는 경우도 생깁니다. 우리 모두가 모국어도 아닌 영어가 완벽할 수 없다는 것을 잘 알면서도 완벽하지 않은 영어에 대해 부끄러워하는 경우가 종종 있는데 이런 결벽증과 수줍음은 다른 외국인보다 한국인이 조금 더 많은 것 같습니다. 정확한 발음과 자신감 둘 다 제대로 된 의사소통의 전제 조건입니다.

미국인끼리도 발음을 못 알아들어서 실수를 할까?

구체적으로 한국인의 발음이 문제가 되는 대표적인 경우가 B/V와 P/F입니다. big, victory, proof, fence와 같은 단어를 빅, 빅토리, 프루프, 펜스로 표기하는 것에서 보듯이 우리말로는 두 발음의 차이를 크게 두지 않습니다. 미국 사람들은 우리에게는 엇비슷하게 들리는 B와 V, F와 P와 같은 발음을 완전히 다른 것으로 인식하기 때문에 우리가 어설프게 발음하면 야속하리만큼 못 알아듣는 경우가 있습니다. 저도 한국 사람들에게는 비슷해 보이는 발음들이 미국인의 관점에서는 많이 다르다는 것을 알게 되면서 미국인이 애매한 한국 사람의 발음을 잘 구별하지 못하는 것도 무리가 아니겠다는 생각이 들었습니다.

그런데 미국에서 더 살다 보니 이런 생각이 다시 바뀌게 되었습니다. V와 B, P와 F 등이 우리 한국 사람들 귀에만 비슷하게 들리는 것이 아니라는 사실을 알게 된 것입니다. 즉 미국 사람들끼리도 영어 발음을 잘 구별하지 못하는 경우가 생기기도 합니다. 특히 전화할 때 이런 일들이 생기는데, 예를 들어 이름의 철자를 불러주어야 할 상황이 되면 발음이 비슷해서 잘못 받아쓰는 경우를 방지하기 위해 특정 단어를 예시하면서 불러줍니다. 아래 대화를 보시죠.

A: May I have your name?
B: Of course, my name is Henry Cejudo.

A: Would you spell your last name?
B: Yes, C as in Charlie, e as in echo, j as in John, u as in union, d as in David, o as in ocean.
A: Thank you.

즉, 각 스펠링에 해당하는 단어를 불러주어서 혼선을 피하려고 노력하는 것입니다. 한국에도 이런 경우가 있습니다. 아래와 같이 예를 들어보겠습니다.

A: 성함이 어떻게 되세요?
B: 김검모입니다.
A: 아, 김건모 씨요?
B: 아니요. 김검모요. 검정색 할 때 '검'이오.
A: 아 예, 김검모 씨요. 알겠습니다.

위의 영어 대화는 제가 약간 과장하여 구성한 면이 있습니다. 왜냐하면 대부분의 경우 모음은 거의 헷갈리는 경우가 없어서 그냥 철자를 불러주어도 됩니다. 자음 중에서도 B와 V, C와 S, D와 B, F와 P, M과 N이 자주 혼동되는 발음이어서 이런 경우에 주로 위와 같은 '~as in something'의 표현을 쓰게 됩니다. 생각해보면 미국 사람들이 알파벳의 다른 소리들을(P와 F, B와 V 등도 포함해서) 완벽하게 다른 발음으로 인식한다면 이렇게 구별해서 불러줄 필요도 없을 겁니다. 그냥 c, e, j, u, d, o 하고 불러주어도 전혀 혼동이 안 되지 않겠습니까? 하지만 실제 세계에서 혼동이 잘 일어난다는 이야기는 이런 발음들이 우리 귀에만 비슷하게 들리는 것이 아님을 짐작하게 합니다. 물론 위와 같은 'as in'을 가장 많이 쓰는 경우는 익숙하지 않은 사람 이름이나 지명을 전화로 불러줄 때입니다. 그래서 저도 이런 소리를 잘 구별해서 발음하지 못하는 것에 대해 지나치게 미안해하거나 위축될 필요가 없음을 느끼게 되었습니다.

누구에게나 설명 가능한 발음 내는 법

제가 말하는 '정확한 발음을 내는 법'이란 것이 무슨 말인지 모른다면 다음의 질문에 스스로 답을 해보시기 바랍니다.

'Bat', 'bet'의 발음을 구별해서 소리 낼 수 있는지요? 관건은 'a'와 'e'의 발음인데 'a'를 발음할 때는 우리말의 '애'와 비슷하지만 입을 더 크게 벌리고 소리를 내셔야 합니다. 'e'의 경우는 그냥 '에'와 비슷하다고 생각할 수 있겠습니다. 이 점을 염두에 두고 소리를 내보시기 바랍니다. 분명히 다른 소리가 날 것입니다.

'The'의 발음을 제대로 할 수 있습니까? 한국말로 '더'라고 발음하시지는 않습니까? 제대로 발음하는 기본 요건은 혀가 윗니와 아랫니 사이로 나와서 혀를 살짝 무는 것 같은 모양이 되어야 합니다. 그리고 혀가 입안으로 재빨리 들어가면서 '더' 소리를 내는 것입니다. 그러니 치아 뒤쪽에서만 혀가 머무르면서 소리를 내는 우리나라의 '더' 발음과는 확실히 다릅니다. 그럼 문장을 읽다 보면(혹은 영어로 말을 하다 보면) 'the'를 포함한 수많은 'th' 발음이 나오는데 매번 혀를 치아 사이로 내었다가 들여야 할까요? 그렇습니다. 귀찮지만 그렇게 해야 합니다. 간혹 원어민들도 완전히 혀를 빼물지 않고 'the'를 쉽게 발음하기도 합니다만 워낙 연습이 잘 되어 있어서 그들의 소리는 그렇게 해도 제대로 나옵니다. 원어민이 간혹 그렇게 하더라도 배우는 사람은 원칙대로 해야 합니다.

'R'과 'L'의 발음은 어떻게 차이가 나는지 아시는지요? 'royal'과 'loyal'을 발음해보시기 바랍니다. 저는 오래전에 텔레비전에서 영어 공부법을 강의하셨던 영어 저술가이자 목사님인 헨리 홍 님의 강의를 듣고 처음 알게 되었습니다만 'R'을 발음할 때 가장 쉬운 방법은 우리말 '우'를 단어 앞에 붙이고서 단어를 시작하는 것입니다. 'royal'은 그래서 '(우)로열'이 됩니다. 'loyal'은 '을'을 붙여서 '(을)로열' 하고 읽으면 그나마 진짜 발음에 비슷해집니다. 물론 이 '우' 자와 '을' 자는 소리가 날 듯 말 듯 해야 합니다. 이렇게 소리를 내다 보면 'R'을 발음할 때는 정면에서 보았을 때 입안에서 혀가 'U'자 형으로 약간 동그랗게 말리면서 소리가 나게 되고, 'L'은 혀의 앞부분이 윗니의 바로 뒤쪽 입천장에 붙었다 떨어지면서 소리가 나야 합니다.

'frank'와 'prank'의 발음 차이를 확실히 설명할 수 있으신지요? 물론 'F'와 'P'의 차이에 관한 이야기인데 'F'를 발음할 때는 윗니로 확실하게 아랫입술을 물었다가 앞으로 아랫입술을 바람과 함께 뱉어내야 합니다. 영화를 보다가 속칭 'f-word'라는 영어 욕을 종종 들어보셨을 겁니다. 이때 영화 속 등장인물의 입술을 유심히 보신 적이 있는지 모르겠습니다. 입술이 확실하게 물리고 뱉어집니다. 그래서 때로는 단어가 나오기도 전에 입술이 윗니에 붙는 것만 보고도 욕이 나오겠구나 짐작하기도 합니다. 'P'는 우리말로 '파' 하는 발음을 할 때처럼 두 입술을 다물었다가 열면서 소리를 내면 되니까 상대적으로 쉽습니다.

'van'과 'ban'은 어떻습니까. 혀 위치와 입술 모양은 'F', 'P'와 같습니다만 성대를 울려서 나오는 소리라는 차이만 있으니 소리를 내실 수 있을 겁니다.

이런 복잡한 사정을 염두에 두고 단어를 발음해보시기 바랍니다. 위에서 예를 들었던 'friend'라는 단어를 발음한다고 해보겠습니다. 'F'는 아랫입술이 윗니에 붙었다가 떨어져야 하고, 'r'은 혀와 입술이 동그랗게 말려야 하고, 'e'는 우리말의 '에'와 비슷하다고 했으니 그나마 쉽고, 'd'는 위에서 설명은 안 했는데 혀 끝이 윗니와 입천장 사이에 재빨리 붙었다 떨어지면서 '드' 하고 소리가 나야 합니다. 우리말의 '드'는 굳이 혀가 멀리 윗니 뒷면까지 가지 않아도 되니까 완전히 같은 발음은 아니라는 걸 아실 겁니다. 그럼 'friend'를 다시 발음해보시죠.

절대로 쉽지 않습니다. 적어도 저는 발음하면서 생각해야 할 것이 너무 많아 매번 이렇게 발음을 어떻게 하나 고민할 정도였습니다. 그냥 우리말로 '프렌드'는 너무 쉽지요. 그럼 제가 좋아하는 잭 웰치의 《Straight from the gut(잭 웰치 · 끝없는 도전과 용기, 2001년, 청림출판)》에서 가져온 아래 문장을 한번 읽어볼까요.

> I survived the experience only by doing what I thought was right.

제가 언급한 몇 가지만 신경 쓰려고 해도 몇 가지나 됩니다. 'survive'의 'r'에 이어지는 두 개나 되는 'v' 발음을 정확하게 해야 하고 'the'도 쉽지 않겠습니다. 'experience'에서도 'r' 발음을 잘해야 하고 only에서도 'n'과 'l' 발음을 구별해서 잘해야 하고, 'thought'에도 'th'가 또 나오고, 'right'의 'r' 발음도 신경 써야 합니다. 다시 한번 이 모든 것을 신경 쓰면서 읽어보시죠. 그냥 무신경하게 '아이 서바이브드 디 익스피리언스 온리 바이 두잉 홧 아이 워스 라잇', 이런 식으로 게으르게 대충 발음하는 것과 엄청난 차이가 있습니다. 윗문장이 포함된 이렇게 긴 문장은 어떻습니까.

> There is probably nothing worse in business than to work for a boss who doesn't want you to win. This can happen anywhere, at any level-and probable occurs more often than we think. Until I came to work for Dance, I had never had it happen to me. I survived the experience only by doing what I thought was right.

아주 짧은 단락입니다만 위 단락 하나만 신경 써서 읽으려고 해도 앞서 제시한 한 문장에 비해서 이젠 신경 쓸 것이 정말 수십 배가 늘어나게 됩니다. 사정이 이러하기 때문에 연습이 안 된 사람이 하루에 몇 페이지를 수십 수백 번씩 소리 내어 책을 읽는 것은 정말 힘든 일입니다. 하지만 이렇게 제대로 발음하면서 읽으려고 노력하는 과정을 거친 사람은 언뜻 듣기에는 그냥 무신경하게 소리 내고 싶은 대로 발음해서 책을 읽은 사람과 비슷할 수도 있지만 궁극적으로는 하늘과 땅만큼의 차이를 갖게 됩니다. 이런 노력을 거친 사람이 말하는데 못 알아듣는 원어민이 있다면 그것은 못 알아들은 그 사람이 견문이 좁은 것이니 그 사람이 노력해야 합니다.

정확한 발음은 노력으로 성취하는 것

다음 장에서 바로 설명이 되겠지만 영어 실력 향상의 꽃인 영어책 읽기도 이렇게 제대로 발음을 하면서 진행해야 합니다. 물론 노력을 해도 미국 사람과 100% 똑같은 소리가 나오지 않는 것은 별수 없는 일입니다. 하지만 '정확한' 발음과 '게으른' 발음은 우리가 듣기에는 비슷해도 미국 사람이 듣기에는 다른 소리입니다. 왜냐하면 입술과 혀의 위치가 그 소리를 만들기 때문입니다. 그래서 '완벽한' 발음을 미국 사람과 똑같은 발음이라고 정의한다면, '정확한' 발음은 입술 모양과 혀의 위치를 사전의 발음 기호대로 하고서 내는 발음이라고 저는 정의합니다. 한국인에게 미국인과 똑같은 소위 '완벽한' 발음은 불가능할지 몰라도 사전의 발음 기호와 발음 법칙에 충실한 '정확한' 발음은 누구나 가능합니다. 단지 한국인의 악센트가 들어가 있을 뿐입니다.

이런 정확한 발음으로 단 한 시간이라도 영어책을 읽어보신 분이 얼마나 있을지 모르겠습니다만 읽어보신 분은 아실 겁니다. 조금만 읽어도 목이 타고, 입이 마르고, 목이 쉬게 됩니다. 영어책을 소리 내어 읽다 보면 마치 미친 사람처럼 보이기도 합니다. 하지만 처음에는 쉽지 않으나 책을 읽다 보면 점점 쉬워집니다.

점점 쉬워지는 이유는 이런 발음이 처음에는 어색하고 혀도 잘 돌아가지 않지만 단어를 수십, 수백 번 발음해보면 어느 순간 노력하지 않아도 입이 자연적으로 정확한 발음으로 작동하여 소리 내는 법을 깨우치게 되기 때문입니다. 즉 두뇌의 작용과 소리를 내는 기관이 유기적으로 협조해서 그냥 무의식적으로 쉽게 발음해도 정확한 발음이 나오게 되는 것입니다. 그리고 단어마다 문장의 위치 속에서 연음의 관계로 소리가 조금씩 다르게 날 수도 있는데 이런 관계도 읽다 보면 자연히 깨우치게 됩니다.

예전에 영어의 발음 기호를 쓰지 말고 한글로 영어 발음을 적자고 주장하신 분도 있었습니다. 이분 말씀이 일리가 있기도 한 것이 그냥 한글로 적은 발음 기호대로 발음해도 미국인들이 잘 알아듣는 경우가 많기 때문입니다. (특히 한국 내의 원어민 강사들처럼 한국인 특유의 발음에 익숙해진 사람들은 '파이팅'이라고 해도 'fighting'이라고 제대로 알아들을 가능성이 많습니다.) 그만큼 우리말 발음의 스펙트럼이 영어 발음의 스펙트럼과 겹치는 부분이 꽤 있다는 것입니다. 하지만 영어를 제대로 공부하고자 하는 사람은 한국말로 적은 영어 발음의 수준을 넘어서야 합니다. 자신이 발음을 정확하게 할수록 남이 하는 소리도 더 잘 들리고, 잘 들리면 들은 내용이 기억에 남아 써먹게 되기도 합니다. 이게 바로 언어 학습의 선순환입니다.

다시 정리하면 가급적 정확하게 발음하는 것이 영어 실력 향상에 훨씬 유리합니다. 그러니 발음을 익힌 다음 정확한 발음을 내도록 노력하면서 공부하는 것이 좋습니다. 하지만 미국 사람과 100% 똑같은 발음을 만들기 위해 애쓰기보다는 사전의 발음 기호대로 정확하게 발음하는 데 더 많은 에너지를 기울이시기 바랍니다.

라이너스 님의 질문: 저는 영화와 드라마로 단련&훈련을 해서, 웬만한 것들은 100% 이해는 못하더라도 80~90%는 알아듣거든요. 그런데 이런 저에게 고민이 있습니다. 바로 영국식 영어의 이해도가 현저히 떨어진다는 겁니다. 미국 영화에서 영국 출신 배우들이 대사를 할 때의 이해도도 떨어지지만, 그보다 영국 영화나 드라마의 경우 이해도가 확연히 떨어지는 게 느껴집니다. 예를 들어 영화 〈클로저Closer〉에서 네 명의 주연 배우들 중 남자 둘이 영국 출신인데, 그런 경우에는 그나마 미국 배우들의 대사가 명확히 들리기 때문에 머리에서 알아서 남자 배우들의 대사를 처리하는 건지는 몰라도 어쨌든 이해할 만하거든요. 그런데 얼마 전 영국 드라마 〈스킨스 Skins〉가 재미있다기에 찾아서 봤는데, 이런……. 정말, 너~무 못 알아듣겠는 겁니다. 그래서 충격을 받고 내 리스닝이 이상해졌나 하고 다른 미국 프로를 찾아서 보니 평소대로 알아듣겠더라고요. 제가 영국 억양에 약한 건 익히 알고 있었지만, 〈스킨스〉는 너무 큰 충격이었달까요. 이 문제에 대한 선생님의 견해가 어떠실지 궁금합니다.

답: 미국식 영어는 잘 들리는데 영국식 영어는 안 들리는 이유가 무엇일까요? 첫째는 영국식 악센트에 익숙하지 않아서이고, 둘째는 악센트의 차이를 가볍게 극복할 만큼 영어 실력이 여유가 없기 때문입니다. 세계 각국에서 온 사람들은 제각각 고유의 악센트가 있고 영어 학습자의 입장에서는 특수한 경우가 아니면 구태여 특이한 그들의 악센트를 다 배울 필요는 없습니다. 하지만 영어의 발음에 대한 이해의 폭이 넓어지고(즉, 그 발음에 익숙해지고) 영어의 기본 실력이 늘어난다면 중국인의 영어이건, 독일 사람의 영어이건, 러시아 사람의 영어이건 간에 더 잘 들리고 더 잘 이해할 수 있게 됩니다. 다시 말하자면 익숙하지 않은 다른 나라 사람의 영어를 잘 알아듣기 위해서는 그 악센트를 많이 들어봐서 경험이 어느 정도 쌓여야 한다는 것과 자기 자신의 영어 수준이 다른 사람들의 어려운 발음을 여유롭게 감안하고 알아들을 수 있도록 충분히 높아야 한다는 것, 이 두 가지 측면이 모두 만족되어야

합니다. 반대의 경우로 외국인 입장에서도 마찬가지입니다. 미국인도 한국인을 접해본 사람이 한국인의 말을 잘 알아듣고 교육 수준이 높고 국제적인 감각이 있는 사람이 외국인과 의사소통을 더 잘합니다. 따라서 영국식 영어를 더 많이 듣는 기회를 늘리고 동시에 영어 공부를 꾸준히 진행한다면 충분히 극복이 가능한 문제입니다.

Alexander님의 질문: 저 역시 공부 방법을 익히기 위해 시중에 나와 있는 여러 영어 공부법 책들을 살펴보고, 이것저것 조금씩 뒤섞어서 가장 좋다고 생각한 방법을 만들어 몇 개월간 공부를 했습니다. 그러다 보니 결국 고수민님과 비슷한 방법을 선택했고, 열심히 공부했습니다. 얼마 전에 처음 본 토익점수는 600점대가 나왔지만 말하기와 듣기에 치중한 공부 덕인지, 어느 정도 간단한 의사 표현은 쉽게 할 수 있습니다. 높은 점수가 나오는 주변 친구들도 제 발음이 좋다고 하고 그들보다 말하기에 약간 강합니다. 영절하(영어 공부 절대로 하지 마라) 및 어린이 동화 등을 듣고 스크립트를 확인하고 따라 읽는 것에 많은 시간을 할애했는데, 최근 문제가 생겼습니다. 바로 'th' 발음을 그동안 제가 잘못하고 있었음을 깨달은 것입니다. 'th' 발음이 thank, think 등을 할 때는 제대로 하고 있지만 the, this, that 등을 할 때는 잘못하고 있다는 것을 알았지요. 얼마 전 발음 공부에 대한 동영상을 우연히 구해서 보게 됐는데, 'th'가 the, this 등의 발음일 때도 think의 발음처럼 혀를 살짝 물었다 집어넣으며 내라고 하더군요. 그래서 그동안 제가 읽어왔고, 꽤 잘 읽고 있었다고 생각했던 것들을 다시 발음해보니, 전 d와 거의 비슷한 방법으로 소리를 내고 있었던 겁니다. (ㅠㅠ) the, this, that, they, there 등 한 페이지에도 무수히 많은 이 발음을 다 제대로 하자니 영어 공부를 처음 시작할 때의 속도로 돌아와 버렸습니다. 그렇다고 의식하지 않고 읽으면 다시 d처럼 발음하게 되고…… 안 좋은 습관이 입에 밴 셈이지요.

두 가지 질문을 드리겠습니다. this, the 등의 'th' 발음을 d와 같은 방법으로 하되 소리는 실제 소리에 가깝도록 한다면 문제가 없지 않을까요? (발음하는 방법의 차이는 알겠지만, 제 수준이 모자란 탓인지 제 귀엔 비슷하게 들립니다.) 그렇지 않다면, 다시 고수민 님 제안대로 느리더라도 정확하게 발음하는 방법으로 돌아가야 하나요?

답: 뒤늦게 'th'를 'd' 발음하듯이 잘못 발음한다는 사실을 발견하셨는데 저는 매우 다행이라고 말하고 싶습니다. 제 대답은 지금이라도 발음을 다시 고치는 게 좋다는 것입니다. 잘못된 'th' 발음이 몇 단어에 한정된 경우라면 의사소통이 힘들어지는 정도까지 문제를 일으키지는 않습니다. 단어는 문맥 속에서 파악되기 때문에 발음이 좀 잘못되어도 듣는 사람이 알아서 잘 알아들을 것입니다. 하지만 한번 잘못된 발음은 평생을 가기 때문에 평생 'th'를 잘못 발음하는 사람으로 남을 것인가, 아니면 한국인의 악센트가 있긴 하지만 정확하고 깨끗한 발음으로 영어를 구사하는 사람으로 지낼 것인가의 선택의 문제가 남는데 누구나 다 후자를 원하리라고 봅니다. 그래서 지금은 힘들어도 발음을 다 뜯어고쳐서 제대로 입 모양을 만들어야 합니다. 나중에 영어를 지금보다 훨씬 잘하게 되면 굳이 혀가 치아 사이로 나왔다가 들어가는 복잡한 과정을 의식하지 않아도 the나 this를 부드럽게 잘 발음할 날이 올 것입니다. 하지만 검도를 배울 때 목검과 죽도로 연습하는 과정이 없이 바로 진검을 고집하면 반드시 탈이 납니다.

Ultrajh84님의 질문: 저는 현재 뉴욕에서 어학 연수 중인 학생입니다. 선생님의 블로그를 매일같이 탐방하던 중 고민이 생겨서 메일을 드리게 되었습니다. 제가 다니는 학원에는 스패니시들과 이탈리안이 꽤나 많습니다. 한국인보다 많을 정도이니깐요. 그런데 얘네들이 발음을 다 자기 나라 식으로 하니 알아듣기가 너무나도 힘이 듭니다. People을 피오플레라고 하고 The boss를 데보싸라고 하는 등 너무 짜증이 나서 학원을 다니기 싫을 정도입니다. 정작 계산해보면 원어민 교사와 회화할 수 있는 시간은 3시간 중 15분입니다(평균적으로). 우리 또한 우리 식의 발음이 섞여 있지만 그래도 우리는 노력이라도 하지 않습니까? 그 정도로 심한 것도 아니고. 그래서 지금 이런 친구들이 없는

쪽으로 학원을 옮길지 개인 교습으로 전향할지 고민입니다. 제가 문의드리고 싶은 점은 제가 이러한 다양한 발음과 악센트를 이해하기 위해 노력해야 하느냐 마느냐입니다. 물론 영어 공부의 목적이 커뮤니케이션에 있기에 영국식, 미국식 등 다양한 발음에 익숙해지기 위해 노력하지만 도대체 그 범위가 어디까지인가 헷갈립니다.

답: 영어를 공부하면서 다양한 악센트를 이해하기 위해 얼마나 노력을 해야 할까요. 영어 실력이 늘어나면 다양한 악센트에 대한 포용력이 저절로 많이 생기게 됩니다. 하지만 사업상의 이유 등으로 특정 악센트에 익숙해져야 한다면 그런 악센트를 쓰는 사람들과 더 많이 대화하고 이야기를 듣는 것이 어려움을 극복하는 방법입니다. 이런 이유가 특별히 없는 독자님의 경우라면 일단은 제대로 된 영어 발음을 익히도록 노력하는 것이 낫습니다. 이런 악센트의 극복은 나중 문제입니다.

6장
돈 안 드는 최고의 영어 공부, 책 읽기

인생에서 무언가를 성취하고자 한다면 그것을 이미 성취한 사람의 성공 비결을 찾아보고 그 방법을 모방하는 것이 가장 좋을 것입니다. 성공한 사람이라 할지라도 많은 시행착오가 있었을 테고 목표를 단기간에 이루려다가 오히려 후퇴도 하면서 결국은 그들이 목표한 바에 도달했을 겁니다. 많은 사람들이 인생의 목표로 삼기도 하는 돈을 많이 버는 것과 영어를 잘하는 것, 이 두 가지를 놓고 비교해보면 큰 차이점은 부자가 되는 것은 노력에 더해서 상당한 운이 따라야 하지만 영어 실력을 쌓는 것은 노력만으로 성취될 수 있다는 것입니다. 타고난 재능이나 행운과 기회가 필수 조건이 아닙니다. 필요한 건 오직 적절한 공부 방법으로 꾸준히 노력하는 것입니다.

성공한 사람들의 비결을 따라 하자

저는 영어 공부를 본격적으로 시작하기 전에 상당히 정성을 들여 영어 잘하는 사람들의 공부 방법의 공통분모를 찾기 위해 노력을 했었습니다. 그리고 그 공통분모를 찾았으며 그대로 공부를 했습니다. 따라서 여기서의 제 이야기는 제가 어떻게 공부를 했는가 하는 것이기도 하고 우리의 선배들이 어떻게 공부했는지에 대한 이야기도 됩니다. 앞장에서 이미 언급한 영어 듣기에 관해 잠시 생각해봅니다. 영어가 안 들리는 이유는 바로 발음을 몰라서, 단어를 몰라서, 숙어를 몰라서, 문법이나 독해 속도가 느리고 또한 악센트에 익숙하지 못하기 때문이라고 했습니다. 이것을 어떻게 해결할 수 있을까요? 고시 공부 하듯이 산속의 절에 들어가서 손에 굳은살 박이도록 써가면서 깜지를 산더미처럼 만들고 하루 종일 영어 단어 외우고 자는 시간까지 테이프를 듣고 하산하면 귀가 다 뚫려 있고 영어의 달인이 되어 있을까요?

영어 공부가 이렇게 암기하고 분석하는 것이 전부라면 위에서 말한 대로 깊은 산속 절에 가서 고시 공부 하듯 공부하는 것도 나쁘진 않겠지만 실제로는 이런 방법으로는 절대로 성공하지 못합니다. 영어는 의사소통입니다. 의사소통을 하려면 입에서 말이 나와야 합니다. 단어를 쓰고 눈으로 읽고, 혹은 단어를 반복해서 읽으면서 외우고, 테이프를 듣기만 하는 것은 공부를 열심히 한다는 측면에서는 높이 살 만합니다만 의사소통이 궁극적인 목적인 영어 학습의 측면에서는 절름발이 학습법일 뿐입니다. 이렇게 입을 배제하고 머릿속으로만 공부한 사람은 미국에 와서 햄버거 하나도 주문하기가 힘듭니다.

전에 리양의 '크레이지 잉글리시'라는 것이 중국에서 시작되어 한국에서까지 유행이 된 적이 있었습니다. 리양을 마치 무슨 종교

광신도처럼 둘러싼 중국인 군중이 큰 소리로 영어를 따라 하는 모습을 텔레비전에서 본 적이 있는데 공산국가에서 적국의 언어인 영어를 저렇게 열심히 공부한다는 사실이 신기하기도 했고 공부 방법도 너무 우스꽝스러워 별 희한한 것을 다 본다는 느낌을 가졌었습니다. 제가 알고 있는 영어 공부라면 학원 가서 원어민과 프리토킹하고, 토익 학원 가서 문제 풀이하고, 학교에서는 문법책으로 영어를 분석하면서 '공부' 하는 것뿐이었기 때문에 그랬나 봅니다. 지금 생각하면 리양의 방법은 보기에 우스꽝스럽기는 해도 영어 공부의 핵심을 잘 포착했으니 칭찬하지 않을 수가 없습니다.

소리 내어 읽으면 성공한다

제가 강조하는 가장 중요한 영어 공부 비법은 바로 영어책을 소리 내어 읽자는 것입니다. 이런 학습법은 전혀 새로운 것도 아니고 제가 만든 것도 아닙니다. 통계 조사가 없어서 아쉽습니다만 영어 도사들의 수기를 통해서 볼 때 중국의 리양뿐만이 아니라 한국인 중에서 영어를 유창하게 하는 사람은 거의 모두가 이런 방법을 택했으리라 추정됩니다. 이 방법은 언어와 문화에 상관없이 외국어를 익히고자 하는 사람들에게 거의 모든 경우 적용이 가능한 방법입니다. 제가 미국에서 만나본 세계 각지에서 온 사람들이 영어를 익히는 데 사용한 방법이기도 합니다. 트로이를 발굴했던 고고학자 하인리히 슐리만도 자서전에서 외국어를 익히는 비결에 대해 책을 반복해서 읽는 거라고 밝히고 있을 정도입니다.

제 병원 동료 중에 스페인어가 모국어인 남미의 콜롬비아에서 온 친구가 있었는데 영어를 어떻게 배우냐고 물어보니 학교에서도 배우고 따로 사설 학원도 있지만 기본적으로는 선생님과 함께 책을 큰 소리로 읽는 것이 영어 수업이라고 합니다. 여기에 영어로 대화하는 연습을 하고 글쓰기 연습과 단어 외우기도 병행했다고 합니다. 어떻게 보면 우리가 공부하는 것과 별 차이를 발견할 수 없다고도 할 수 있지만 우리의 영어 공부의 취약점은 책을 소리내어 읽는 것에 대한 비중이 거의 없다는 것입니다. 블로그를 운영하면서 영어에 대한 고민을 상담한 사람들도 영어 공부를 열심히 했다고는 했지만 신기하게도 영어책을 소리 내어 읽어본 경험이 있는 사람은 단 한 명도 없었습니다.

이와 관련해서 저의 학창 시절 경험을 떠올려보면 좀 의아한 부분이 있습니다. 왜냐하면 제가 중학교 1, 2학년 때까지는 수업 시간에 분명히 선생님이 책을 읽어주시고 학생들도 큰소리로 따라 읽었던 기억이 나기 때문입니다. 이것이 저만의 개인적인 경험인지 다른 학교에서도 있었던 수업 형태인지는 알 수 없지만, 이런 공부는 저의 경우 학년이 올라가면서 사라져 최소한 고등학교 1학년 이후로는 이런 식으로 공부해본 기억이 나지 않습니다. 생각을 해보건대 중학교 1, 2학년만 지나도 학생들이 스스로 책을 읽을 줄 아니까 영어 선생님들도 구태여 책을 읽어주지 않았던 게 아닌가 생각합니다. 학생들이라도 알아서 집에 가서 책을 읽는 연습을 했더라면 참 좋았을 것이라는 생각이 들지만 그 누구도 이런 공부의 중요성을 알려준 사람이 없었다는 사실이 참 아쉽습니다.

한때는 문법 공부가 영어 공부의 전부였고, 최근에 와서는 원어민과 회화하는 것이 최고의 공부로 받아들여지고 있기 때문에 '책 읽기'와 같은 주장이 별로 힘이 없어 보입니다만 시중에 나와 있는 책을 보면 그래도 적지 않은 영어 교육자들이 이 방법이 옳다고 호응해주고 있습니다. 사람에 따라 구문을 놓고 읽으면서 외웠다거나, 생활영어 책을 외웠다거나, 영화 대사를 외웠다거나, 외국 방송을 듣고 따라서 외웠다는 식의 활용적인 측면에서 작은 차이는 있을지언정 기본은 모두 큰 소리로 영어로 쓰인 인쇄물을 읽었다는 것입니다.

소리 내어 읽어야 하는 이유

영어 공부 초기에 듣기보다는 말하기에(혹은 읽기) 중점이 두어져야 한다는 제 설명을 듣고 의문을 가지실지도 모르겠습니다. 신생아는 부모에 의해 양육되면서 모국어를 습득하는 과정에서 듣기가 말하기보다 훨씬 먼저 이루어진다는데 신생아의 모국어 습득과 성인의 외국어 습득이 왜 다른 과정을 거치는 것인가 하고 말입니다. 하지만 모국어 습득과 외국어 습득은 중대한 생물학적 차이가 있습니다. 모국어 습득은 제한된 시기에(12세 이전) 완성이 되어 특정 두뇌 영역에 저장되어 전담이 되고 그 후로 배우는 외국어는 다른 일반적인 학습의 기억과 같이 취급되게 됩니다. 수많은 사람들이 각기 다른 이론을 가지고 외국어를 가르치고 있고, 아직도 모국어를 배우듯이 듣기를 먼저 익히는 식으로 외국어를 배울 수 있다고 주장하는 사람들이 많다는 것을 알고 있습니다.

하지만 이 방식이 통하려면 아이에게 모국어를 가르쳐준 부모의 역할을 해줄 사람이 외국어를 공부하는 학습자에게도 있어야 합니다. 원어민이 영어 학습자를 몇 년간 데리고 살면서 말을 가르쳐준다면 긴 듣기의 시간 후에 말이 터지는 시기가 올 수 있으리라는 것을 확신합니다. 하지만 이렇게 3차원적인 학습 기회를 제공하는 부모의 역할을 해주는 사람이 없이 테이프나 CD, DVD를 듣기만 해서 귀가 열린다는 것은 믿기가 힘든 주장이고 만에 하나 가능하다 하더라도 극단적으로 긴 시간이 필요하다는 생각입니다.

그래서 듣기를 비롯한 영어 실력을 향상시키기 위해서는 알아듣지도 못하는 말을 계속 듣기만 할 것이 아니라 말도 많이 해보아야 하는데 초보자는 말을 만들 능력이 없습니다. 아무리 말을 많이 하는 것이 좋다고 해서 어법에 맞지 않는 아무 소리나 낼 수는 없는 것입니다. 그래서 책이 필요한 것이고 책을 읽음으로써 머리를 훈련시키고 동시에 발성기관을 훈련시켜야 하는 것입니다. 몸으로 수영을 배우고, 자전거를 배우고, 스케이트를 배우는 것은 기본적으로 언어를 익히는 것과 비슷합니다. 이런 스포츠의 기술을 배운다는 것은 결국 두뇌가 익히고 동시에 몸이 익히는 것입니다. 처음에야 평소에 쓰지 않던 근육을 쓰게 되니까 몸에 통증이 생기기도 하겠지만 일단 두뇌와 몸이 특정 운동에 익숙해지면 비약적으로 기술이 늘게 됩니다. 영어책을 읽는 것도 하지 않던 말을 해보는 것이므로 소리도 뒤엉키고 혀가 말을 잘 듣지 않을 수도 있습니다. 하지만 수십, 수백 차례 반복해서 읽음으로써 머리를 단련시키고 발성 기관을 익숙하게 만들어서 부드럽게 자기 자신의 말처럼 나오게 만들 수 있습니다.

언젠가 인터넷 게시판에서 글을 읽는데 이런 내용이 있더군요. 어떤 사람이 LA에 출장을 가서 한인타운에 있는 한 한식당에서 식사를 하다가 뒷자리에 앉은 일단의 교포 아주머니들로 보이는 일행의 대화를 우연히 들었다고 합니다. 그런데 아주머니들의 이야기가 도대체 한국말인지 영어인지 알 수 없었다며 들었던 내용을 예로 들었는데 제가 정확히 기억은 하지 못하지만 대충 이런 식이었습니다.

> "내가 yesterday에 airport에 친구 pick up을 갔는데 비행기가 delay된 것도 모르고 가서 한참을 wait했지 뭐니."
>
> "우리 애 teacher는 사람은 smart한 것 같은데 애들에 대해서는 I don't care하나 봐. 그 반 애들만 GPA가 바닥이래."

굳이 국어 사용을 적극 옹호하지 않는 사람들이라도 이런 식의 대화를 듣는 게 많이 거슬리실 것입니다. 이렇게 말을 하는 분들이 영어를 특별히 잘하는 것도 아닙니다. 영어 단어를 많이 섞어서 대화를 하는 사람도 실상 제대로 된 문장을 만들어서 이야기해 보라고 하면 어려움을 많이 겪습니다. 하지만 미국에 사는 교포들이 이런 식으로 이야기하는 것에 대해 잘난 척한다고 비난을 받는 것은 조금 억울한 면이 있습니다. 대개의 경우 아이들이 학교에 들어가기 시작하면서 아이들은 집에서조차 영어로만 대화하는 것을 선호하고 일하느라 특별히 영어를 익힐 기회가 없었던 부모님과 대화가 단절되기 시작하는데 자녀들과 말을 하다 보면 이렇게

라도 해야 대화가 되는 경우가 많다고 합니다. 밖에 나가 돈을 벌면서 조금이라도 영어를 쓰는 아버지보다는 어머니가 이런 어려움을 더 많이 겪기 마련입니다. 저는 말이 이런 식으로 변해가는 것이 바람직하지는 않지만 비난보다는 안타까움의 대상으로 봐야 한다는 생각입니다.

  이런 예를 든 이유는 영어책 소리 내어 읽기는 영어라는 집을 건축하는 데 있어서 골조를 세우는 과정이지 벽돌을 쌓는 것이 아니라는 것을 설명하기 위함입니다. 골조 없이 벽돌만 쌓아 올릴 경우 겉보기에는 번듯한 집인데 조금만 바람이 불면 집이 무너집니다. (즉 외국인과 대화를 시켜보면 대화 진행이 안 됩니다.) 아무리 단어를 모아놓아도 문장 구성에 대한 체감적 이해가 없으면 영어를 잘할 수 없습니다. 하지만 골조를 튼튼히 세우면 나중에 벽돌로 벽을 채우는 것은 한결 쉬운 일이고 이렇게 지은 집은 폭풍우에도 끄떡없습니다. 이것이 바로 책을 반복해서 읽으며 감을 익혀야 하는 이유입니다.

외우려고 노력하지 않아도 된다

  이 공부법이 편한 점 한 가지는 외우려고 의도적으로 노력하지 않아도 된다는 것입니다. '외우기'와 '외우지 않고 그냥 읽기'를 비교한다면 아무래도 외우기가 더 열심히 공부해야 이룰 수 있는 수준이니만큼 마치 영어를 잘하려면 공부를 열심히 하지 말라는 말처럼 이상하게 들릴지도 모르겠습니다. 영어 공부는 당연히 최선을 다해 열심히 해야 하고 실제 영어 공부의 단기적인 효과는 외울 때 더 높습니다. 하지만 영어 공부는 몇 달이나 몇 년 만에 시험 점수로 결판을 내야 하는 무슨 고시 공부를 하는 것이 아닙니다. 긴 호흡으로 몇 년을 투자해서 점진적으로 실력을 끌어올려야 하는 장기전이므로 지치지 않는 것이 무엇보다도 중요합니다. 영어 공부를 열심히 하던 사람들도 몇 달이나 몇 년 만에 지쳐서 공부를 포기하는 경우가 매우 흔합니다. 이렇게 포기하는 이유는 역설적이게도 너무 공부를 열심히 했기 때문입니다. 그리고 어지간히 공부해서는 영어뿐만 아니라 모든 언어가 그렇듯이 금방 원하는 수준에 도달할 수 없기 때문에 실력이 올랐다는 표가 별로 나지 않는 것이 당연합니다.

행동과학에서 나오는 학습 이론이라는 것이 있는데 학습을 시키는 (여기서 학습은 학교 공부와 같은 제한된 의미가 아니고 뭔가 새로운 것을 배우는 모든 행위를 말하는 넓은 개념입니다) 효율적인 방법 중의 하나가 바로 '보상' 입니다. 예를 들어 공부를 싫어하는 초등학생에게 공부를 시키기 위해 아버지가 시험을 잘 보면 장난감을 하나 사주겠다고 제안하는 그런 것을 말합니다. 당연히 자극을 받은 아이는 상을 받기 위해 공부를 열심히 할 것입니다. 초등학생뿐만이 아니라 어른도 보상이 필요합니다. 그리고 영어 학습자들에게 최고의 보상은 영어 실력이 올라가는 것을 경험하는 것입니다. 몇 달 전만 해도 하나도 들리지 않던 CNN 뉴스가 영어 공부를 몇 달 열심히 하고 나니 잘 들리더라는 것만 한 보상이 어디 있겠습니까. 하지만 너무나 안타깝게도 이런 일이 잘 일어나지 않습니다.

누차 강조했듯이 영어와 한국어는 너무나 다르기 때문에 공부해야 할 양이 너무 많아서 어지간한 공부로는 눈에 띄는 차이를 보기가 어렵기 때문입니다. 이 점이 많은 영어 학습자들을 지치게 하는 중요한 원인입니다.

결국 영어를 먼 미래에라도 잘하기를 원한다면 일정한 양의 학습을 몇 년간 꾸준히 하는 수밖에는 없는데 사람들이 모두 조급하게 결과를 기다리다가 가시적인 성과를 보지 못하고 결국 나는 안 되나 보다 자포자기를 한 채 물러나게 됩니다. 물론 영어 학습자들에게 이런 조급증을 심어준 것은 몇 달만 하면 영어가 터진다거나 이 책만 끝내면 영어가 보인다는 등의 과대광고를 하는 사람들이기도 하고 우리 자체가 천성적으로 조급한 측면도 조금은 있는 것 같습니다. 하지만 아예 처음부터 '영어는 몇 년간 씨름해야 하는 것이니 마음 조급하게 먹지 말고 그냥 눈 딱 감고 꾸준히 하세요'라고 터놓고 알려주는 사람이 있었다면 학습자들의 마음가짐도 처음부터 달랐을 것입니다. 어쨌거나 지쳐서 포기하면 안 된다는 것은 정말 핵심적인 영어 공부법의 요소입니다. 그리고 이것이 외우지 않는 첫 번째 이유입니다.

두 번째 이유로는 반복해서 읽은 내용이 따로 외우지도 않았는데 말할 수 있는 문장으로 바뀌기 때문입니다. 이는 읽기만 해도 어느 정도의 암기 과정이 두뇌 내에서 이루어지기 때문에 가능한 일입니다. 외우려고 특별히 의도하지 않아도 수십, 수백 번 읽는 과정에서 점차 감이 오게 됩니다. 문장은 수많은 단어들의 조합으로 만들어지므로 거의 무한대에 가까운 다른 문장들이 만들어질 수 있습니다만 문장의 기본 골격은 크게 나누어 몇 가지

되지 않습니다. 책을 읽음으로써 이런 문장의 패턴들에 익숙해지면 나도 모르게 문장을 더 잘 기억하게 됩니다. 그리고 그 기억된 패턴들에 단어만 바꾸어 집어넣음으로써 나 자신이 하고 싶은 말을 할 수도 있게 됩니다. 영어 문장을 입이 닳도록 읽되 외우지 않는 이 희한한 공부의 목적은 영어 문장을 외워서 그대로 말하는 데 있는 것이 아니고 이 영어 구문의 패턴에 대한 감을 익히는 것입니다.

이렇게 영어식 문장 구조에 대한 감이 익혀지면 영어를 구구단 외우듯이 만들 수 있습니다. 구구단은 거의 습관처럼 입에 배었기 때문에 '이일은' 하면 '이'가 나오고, '이이는' 하면 '사', '이삼은 육', 이런 식으로 말이 저절로 나오게 됩니다. 영어도 이렇게 입에 익히면 주어, 동사, 목적어를 생각하면서 일일이 문장을 만들지 않아도 깊은 고민 없이 필요할 때 적절한 표현이 나오게 할 수 있습니다. 또한 자전거 타기를 한번 배우면 평생 잊지 않는 이유도 마찬가지로 여기서 응용할 수 있습니다. 자전거 타기로 말하자면 이 기술은 자전거 위에서 중심을 잡는 각종 몸의 균형감각이 조화를 이루는 과정입니다. 바로 갖춰지기는 어렵되 일단 갖춰지면 몸이 기억하므로(궁극적으로는 뇌가 기억하는 것이긴 하지만) 어렸을 때 한번 배우면 평생 가곤 합니다. 영어 단어가 문장 안에서 조합되는 순서를 감각적으로 파악하면 이후로는 무궁무진한 문장을 응용해서 만들 수 있는 것과 비교될 수 있습니다.

문장을 계속 읽다 보면 문장의 패턴이 점차 파악되고 이 패턴의 기억이 단기 기억을 담당하는 해마회(hippocampus)에서 두뇌의 전반적인 장기 기억을 담당하는 장소로 옮겨지게 되고, 전두엽(특히 언어 표현의 중추인 Broca's area)과 두정엽(언어 이해의 중추이면서 행동의 패턴을 기억하는 부위)의 공고한 연결망이 구축되게 됩니다. 이 과정은 마치 넥타이를 매는 법을 배우는 과정에도 비유할 수 있습니다. 처음에는 힘들게 순서를 익히면서 배우지만 일단 익숙해지면 여기를 이렇게 꼬고 여기를 잡아 올려야지 하고 생각하는 사람은 아무도 없습니다. 그냥 매야겠다는 생각이 들면 손의 행동이 저절로 일어납니다. 인간의 두뇌는 이런 일련의 행동의 패턴을 기억하는 장치가 있습니다. 이런 현상은 언어를 구사하는 데도 마찬가지입니다. apple이라는 단어를 발음한다고 생각해봅시다. 아무도 매번 발음할 때마다 a의 발음은 어떻고, p의 발음은 어떻고 하면서 외운 내용을 상기시켜 가며 발음을 하지 않습니다. 그냥 반사적으로 한 단어가 통째로 입에서 나옵니다. 저절로 되는 것입니다.

이런 과정은 단순한 것 같으면서도 단순하지만은 않습니다. 일단 두뇌에서 apple을 말하려고 준비를 해야 합니다. 뇌가 말을 꺼내려고 준비를 하면 전두엽에서 말하기로 결심한 내용이 복잡한 신경전도계를 따라 구강과 인후부의 근육에 전달이 됩니다. 그리고 나서야 성대와 혀 등의 복합 작용에 의해 소리가 만들어지게 됩니다. 신비로운 것은 이렇게 발성이 일어날 때 혀와 호흡과 성대의 열리고 닫힘 등이 더하지도 덜하지도 않게 매끄럽게 조화가 되면서 순서대로 일어난다는 것입니다. 여러분이 굳이 알 필요가 없을지도 모르는 이야기를 길게 하는 이유는 영어를 잘하는 데 필요한 이 조화로운 발성기관의 협력 작용은 두뇌와 발성기관의 협동 훈련이 되어 있어야 가능하며 책 읽기는 그 연습이라는 것을 설명하고자 함입니다.

읽기는 두뇌와 입이 익숙해지는 과정

아무리 쉬운 'I am a boy'라는 말이 있어도 생전 처음 들어본 사람에게 들려주고서 그대로 따라 하라고 하면 절대로 매끄럽게 말할 수가 없습니다. 왜냐하면 이런 종류의 소리를 들어보지 못했으니 두뇌에서 발성기관에게 이런 소리를 내라고 명령해본 적도 없고 그래서 발음해본 적도 당연히 없기 때문에 흉내를 잘 내려고 해봐야 잘 낼 수가 없습니다. 최선의 경우 엇비슷한 소리를 낼 수 있을 뿐입니다. 여담입니다만 제가 근무하는 대학병원의 이름이 Montefiore medical center입니다. 의과대학은 Albert Einstein college of medicine인데 병원 이름은 의대 이름과 다릅니다. 서울대학교 의과대학의 병원이 서울대학병원인 것처럼 대학병원과 의과대학의 이름이 같을 수도 있지만 성균관대학교 의과대학의 병원이 삼성서울병원인 것처럼 대학과 병원 이름이 다를 수 있다는 점이 이해가 되실 겁니다.

그런데 한국 사람들이 저에게 어디에서 근무하느냐고 물어보면 저는 처음에는 그냥 곧이곧대로 Montefiore medical center라고 알려주곤 했습니다. 독자 여러분도 처음 보는 단어라서 Montefiore를 어떻게 발음해야 할지 난감하실 것입니다만 그냥 발음 기호대로 읽어서 '몬테피오레'라고 해도 괜찮을 것 같습니다. 대부분의 미국인은 '만티피어' 하는 식으로 발음합니다. 어쨌거나 이렇게 제 근무처를 알려주면 뒷부분의 medical center는 누구나 잘 알아듣습니다. 하지만 이 '몬테피오레'가 문제입니다. 처음에는 몇 번을 되묻다가 결국 사람들은 '몬테소리 메디컬 센터'냐고 반응합니다. 병원을 세운 Montefiore는 미국 역사 초기에 뉴욕 지방의 영주였다고 합니다. 그러니 유아 교육법을 창안한 이탈리아의 Montessori 여사와는 한참 다른 사람입니다만 몬테소리라는 단어는 들어보았으되 몬테피오레라는 말을 들어보지 못한 한국 사람들이 몬테피오레를 들었을 때 자신이 아는 가장 가까운 단어로 받아들이는 것은 당연한 일입니다. 그래서 저는 몇 번의 실패를 경험한 끝에 제 근무처를 묻는 질문에 이젠 'Albert Einstein' 대학병원이라고 합니다. 이 경우는 물리학자 알버트 아인슈타인을 모르는 사람은 거의 없으므로 그렇구나 하고 잘 넘어갑니다.

절대로 그렇다고만은 볼 수 없을지라도 '영어는 말할 수 있는 만큼만 들을 수 있다'라는 명제가 대부분 옳습니다. 즉 대부분의 사람들은 듣기가 되면 말하기도 잘할 수 있을 것으로 생각하지만 이런 경우는 거의 없고 반대로 말하기가 되어야 듣기가 잘되는 경우는 아주 많습니다. 이 두 가지의 발달은 실제로는 거의 동시에 이루어지기 때문에 어느 한 가지가 독보적으로 먼저 앞서 나가기가 어렵습니다만 적어도 초중급자는 말하기를 듣기보다 먼저 통달해야겠다는 마음가짐으로 공부하는 것이 훨씬 효율적이고 마음도 편합니다. 말하는 것은 내가 하는 것이므로 실력이 뛰어나지 않아도 어떻게든 할 수 있는 능력 안에서 말을 하게 되지만, 일상생활에서 듣는 영어를 잘하는 상대방이 하는 말을 듣는 것이기 때문에(영화, 뉴스, 다큐멘터리, 토크쇼 등을 알아들으려고 해도 그렇고 사업상 외국인을 만나도 마찬가지입니다. 하다못해 학원에 가도 마찬가지입니다) 듣기가 잘되는 단계는 영어 실력이 많이 향상된 다음에 일어나게 됩니다.

실상은 공부하는 내내 영어책 읽기와 듣기를 항상 병행해야 하지만 일단 말을 먼저 통달시킨다는 각오로 공부를 하다 보면 듣기 실력도 저절로 늘게 되고 중급의 실력을 넘어서는 시점에서는 저절로 듣기를 말하기보다 훨씬 잘하는 단계가 오게 됩니다. 이 단계는 원어민들이 말하는 것은 대부분 이해할 수 있지만 아직 언어 구사의 유창성과 다양성은 원어민을 못 따라가는 단계를 말합니다. 그리고 이 단계는 상당히 오랫동안 지속됩니다. 직업적으로 영어를 공부하는 사람이 아니라 영어를 외국어로 학습하는 사람은 아마도 평생 이 단계에 머무를 가능성이 높습니다. 상식적으로도 영어를 모국어로 쓰는 사람보다 외국어로 쓰는 사람이 영어를 더 유창하게 구사하기가 쉽지 않을 것임을 이해하기란 어렵지 않을 것입니다. 하지만 미세하게 떨어지는 유창성을 말 속에 담긴 내용과 말하는 사람의 실력으로 보완하면 어디서나 인정받는 사람이 될 수 있으니 걱정할 것은 없습니다.

교재를 선정하는 요령

읽을 책을 선정함에 있어서 꼭 고려해야 하는 것은 자신의 수준에 맞는 책을 골라야 한다는 사실입니다. 자신의 실력보다 너무 쉬운 책으로만 영어 공부를 한다면 어떤 일이 일어날까요? 쉽게 읽을 수 있겠지만 새로 배우는 것이 별로 없을 것입니다. 이미 다 아는 이야기이니까요. 그럼 실력에 비해서 많이 어려우면 더 많이 배울 수 있을까요? 물론 배울 내용은 많겠지만 비례해서 이해하는 데 더 많은 시간을 쏟게 되고 너무 어려워서 흥미를 잃거나 쉽게 좌절해버릴 수도 있을 것입니다. 결국은 자신의 수준보다 약간 높은 교재를 선택함으로써 새로운 단어도 배우고, 문장의 구성도 배우는 것이 가장 적절하리라고 생각합니다. 제가 블로그에 수준에 맞는 책을 구입하여 반복해서 읽는 것이 좋다고 했더니 많은 분들이 도대체 내 수준에 맞는 책이 어떤 것인지 어떻게 아느냐는 질문을 많이 해오셨습니다. 이 질문에 대한 답과 함께 어떤 교재가 가장 좋을 것인지 조금 구체적으로 이야기해보려고 합니다. 영어 교재는 다음과 같은 몇 가지 조건이 충족되어야 한다고 봅니다.

1. 어휘나 표현적인 측면: 한 페이지에 모르는 단어가 평균적으로 5개 미만(페이지에 따라서 최대 10개 이하)로 나올 것.
2. 문법, 문장 구조적인 측면: 단어를 찾아본 상태에서 두세 번 정도 읽어서 대부분의 문장이 해석 가능할 것. 한두 문장 정도는 해석이 안 되어도 무방.
3. 양적인 측면: 책이 너무 두꺼워서 한 권 독파하는 데 3~5개월 이상이 걸리지 않을 것.
4. 내용적인 면: 학습자가 흥미를 가지고 대할 수 있는 내용일 것. 자신의 취미, 전공이나 직업과 관련 있으면 더 좋음. 매우 중요.
5. 청취적인 측면: 반드시 테이프나 CD 등의 시청각 교재가 딸려 나온 것을 선택할 것.
6. 학습적인 측면: 가능하면 한글 해석, 단어와 구문 해설 등의

도움말이 있는 교재를 선택할 것.

　교재의 범위는 잡지, 방송, 영화, 드라마, 신문, 소설, 각종 학습서 등 어느 것이라도 될 수 있습니다만 시청각 교재가 딸린 것과 해설이 있는 교재를 찾다 보면 신문, 소설이나 영어 잡지보다는 아무래도 교육방송 교재, 영화·드라마 영어 교재, 영한대역 〈리더스 다이제스트〉라든가 영한대역 소설, 기타 영어 학습 교재로 범위가 좁혀질 것입니다. 전에 외국에서 출판된 테이프가 딸린 《해리 포터》 소설을 가지고 공부한다는 분의 상담을 받은 적이 있는데 이런 교재는 한글 해설도 없고 숙어 설명도 없기 때문에 읽으면서 석연치 않은 부분이 있어도 전적으로 사전과 자신의 판단에 의지해야 하므로 좋은 교재가 아닙니다. 저에게 상담을 요청하신 분은 상당히 고급 수준의 학습자로 생각이 되어서 그나마 다행이었습니다만 해설이 없는 교재는 초·중급자에게 좋지 않으므로 저는 권하지 않습니다.

　교재가 학습자의 수준에 맞아야 한다는 것은 상식적으로 누구나 생각할 수 있는 것이지만 영어 공부 교재 선정은 개인적인 결정이므로 제 주장을 100% 따라야 한다고 고집하지 않겠습니다. 자신이 충분히 소화할 수 있으면 그것으로 족할 것입니다. 위에서 제가 권고하는 조건들은 시간 대비 산출 측면에서 가장 효율적이라고 생각하는 것을 적은 것입니다.

유명인도 실수하는 영어 번역

10여 년 전만 해도 대안언론으로 크게 각광을 받았던 인터넷 언론 〈딴지일보〉를 아시는지 모르겠습니다. 지금도 기억에 남는 〈딴지일보〉의 보도 한 가지는 1997년 대선 직후 김대중 당선자에 대해 당시 가장 영향력 있는 언론인으로 꼽히던 C일보 K 주필이 〈월스트리트 저널〉이라는 미국 유수의 신문을 인용해서 쓴 사설에 대한 것이었습니다. K 주필은 이 글에서 외국인 투자가들이 김대중 당선자에 대해 불안감을 감추지 못하고 있다고 주장하였는데, 김대중 당선자에 대해 '인기에 영합하고', '예측이 어려운' 정치인이며 '근거가 없는' 경제 정책을 펴고 있다고 비판했다는 것이었습니다. (관련 기사는 1997년 12월 22일자 〈월스트리트 저널〉의 A18면에서 볼 수 있습니다.)

이 사설을 두고 〈딴지일보〉에서는 원문과 하나하나 대조해가면서 잘못된 해석을 소개한 바가 있는데 한 가지 예를 들면 원문에는 'talking less like a populist and more like a statesman'(populist로서의 의사표현은 적게 하면서 (책임 있는) 정치가로서 더 많이 말하고 있다)라고 나와 있는 내용을 김대중 전 대통령이 인기영합주의자라고 외신이 평가했다는 식으로 해석을 했다는 겁니다. 이것은 거의 정반대의 해석이나 마찬가지인 것 같습니다. 원래 신문의 사설이라는 것이 정치적인 의견을 가질 수도 있는 것이지만 해석을 잘못하여 잘못된 보도가 신문에 나온다는 것은 상당히 뼈아픈 일이 아닐 수 없습니다.

또 하나 여기서 알 수 있는 것은 영어를 어지간히 할 것으로 생각되는 위치에 있는 사람도 'populist'를 인기영합주의자로 해석하는 실수를 한 것입니다. 아마도 이렇게 인기에 영합하는 사람으로 해석을 하고 글을 읽기 시작하면서 전체적인 논조를 반대로 짚어낸 것 같습니다. 이 단어의 정확한 해석은 '인민주의자'로서, 쉽게 말해서 소수의 엘리트에 상대되는 개념의 민중을 위한 정책을 펴는 사람을 말하며 고전적으로는 귀족정치(aristocracy)에 상대되는 개념으로 쓰이다가 남미와 유럽의 일부 정치인들을 묘사하면서 개념이 확장된 단어입니다. 그런데 그저 인기에 영합해서 정치를 하는 사람의 의미로 한정해버리는 것은 이 단어가 함축하는 의미를 제대로 표현하는 것이 아니라고 볼 수 있습니다.

원서로만 공부하는 사람에게 이런 실수는 누군가 고쳐주지 않으면 계속 되풀이해서 일어날 가능성이 큽니다. 그래서 먼저 공부하여 길을 닦아놓은 사람의 도움을 얻는 것이 좋지 않나 하는 생각입니다. 아직도 많은 분들이 가능한 한 영어가 많이 쓰여 있고 한글은 적거나 아예 없는 교재를 좋아합니다. 영어가 많으면 많을수록 영어가 잘 늘 것 같은 생각이 들 수도 있겠지만 꼭 그렇지 않은 경우도 많습니다. 위와 같은 결정적인 실수를 하게 되는 경우 외에도 영어도 표현에 따라 각각의 뉘앙스가 미묘하게 다른 경우가 있어서 누군가 한국말로 설명을 자세히 해주면 이해가 아주 잘되는 경우가 많습니다. 게다가 이런 것이 기억에도 더 잘 남습니다. 그런데 영어로만 받아들이려고 하면 그 문화에서 평생을 살아오지 않은 우리는 미묘한 차이를 이해하지 못하고 자칫 오해를 할 소지가 높아지는 경우가 있습니다. 그래서 저는 한국인을 위해 만들어진 교재가 초·중급자에게 가장 좋다는 생각을 가지고 있습니다.

위에서 언급한 교재의 조건 중에서 어휘와 문법적인 측면은 수준을 맞춘 공부를 하라는 측면에서 이해가 쉽지만 왜 양(量)적인 측면도 언급이 되었는지 잠깐 살펴보겠습니다. 공부의 본질적인 문제는 아니지만 한 가지 책을 너무 오래 잡고 있으면 안 된다는 것도 실천에 있어서는 꽤 중요한 포인트입니다. 이렇게 하다 보면 너무 지루해서 학습의 의욕을 떨어뜨리는 것이 문제이기도 하고, 한 가지 책에서는 한 가지 문체만 나오기 때문에 다양한 문제를 접하지 못한다는 측면도 있기 때문입니다.

한 가지 책으로 오래 공부를 해보지 못한 분들은 책 하나로 공부할 것이 얼마나 많기에 3~5개월씩이나 하는지 궁금해하실지도 모르겠습니다. 물론 책 나름이지만 제대로 하려면 책 한 권에 몇 년이 걸릴 수도 있습니다. 저는 한 권당 한두 달 만에 끝내기를 추천합니다. 읽기 공부를 실제로 시작해보면 시간이 상당히 오래 걸릴 수밖에 없다는 사실이 이해가 가실 겁니다.

가급적 처음부터 얇은 책을 선택하시든지, 두꺼운 책이라면 굳이 전체를 다 할 욕심을 버리고 그냥 일부만 하고서 다른 책으로 넘어가도 된다는 것을 기억하시는 것이 좋습니다.

네 번째 조건으로 언급한 내용적인 면을 부연 설명하자면 자신이 흥미를 느끼는 거라면 아무것이나 택해도 좋습니다만 너무 주제가 한쪽으로 한정이 되면 단어나 숙어의 편식이 심해지므로 가능하면 다양한 주제를 고르는 것이 좋습니다. 예를 들어 두 달 정도는 CNN 토크쇼 교재를 하다가 다음은 AFKN 뉴스 교재로 하고 다음은 《해리 포터》 같은 소설로 옮겨가는 식입니다. 아니면 아예 라디오 방송 교재처럼 다양한 주제의 다양한 글이 담긴 학습 교재를 구독하면서 그것을 주교재 삼아 열심히 읽는 것도 좋은 방법입니다.

다섯 번째, 시청각 교재가 딸려 있어야 한다는 조건에 대한 설명을 해야겠습니다. 제가 항상 강조하는 공부법이 말하기, 듣기, 쓰기, 읽기를 동시에 하자는 것입니다. 원래 말하기는 자신이 말을 만들어서 대화하는 것을 말합니다만 책을 읽는 것도 소리 내면서 읽는다면 발성기관을 움직여서 누군가의 뜻을 표현하는 것으로, 자신의 뜻을 표현하는 것은 아니지만 일종의 말하기 연습으로 볼 수 있을 것이고, 독해는 읽는 행위 자체가 독해를 하는 것이라서 책 읽기로 연습이 됩니다. 하지만 쓰기와 듣기는 책 읽기만으로 해결되는 부분이 아닙니다. 엄밀히 따져보면 책을 읽는 자기 목소리를 듣는 것도 조금은 듣기 공부에 도움이 되긴 합니다만 우리는 우리만의 소리를 만들어내는 것이 아니라 원어민의 목소리와 발음과 억양을 흉내 내는 것에 목표를 두어야 합니다.

그래서 테이프든 CD든 DVD든 뭐든 간에 소리를 들을 수 있는 부교재가 딸려 있어야 합니다. 그리고 매일 책 읽기 전에 읽을 부분을 최소 10번 이상 (익숙해지면 다섯 번 정도로 줄여도 됩니다) 반복하여 들으면서 자신이 읽을 때도 최대한 원어민과 같은 억양과 발음으로 그대로 흉내 낼 수 있어야 합니다. 10번은 절대적인 기준이 아닙니다. 자신이 듣고 익숙해질 때까지 들어야 하므로 20번 이상 많이 들어도 좋습니다. 공부를 하다 보면 발음과 억양을 이제 다 깨달았다는 생각에 자꾸 듣기를 적게 하고 싶은 유혹이 듭니다만 정확한 발음을 들어서 익히는 과정이 매우 중요하다는 사실을 잊지 말아야 하겠습니다. 간혹 듣고 나중에 따라서 읽는 것보다 테이프를 틀어놓고 테이프와 같은 속도로 동시에 읽는 것을 선호하시는 분도 있는데 굳이 문제 되지 않습니다. 하지만 이런 경우에도 미리 테이프를 충분히 들어 감이 온 상태에서 테이프와 함께 읽어야 합니다. 가능하면 테이프보다 반 템포 빨리 읽으면서 자신의 목소리를 테이프가 쫓아오도록 읽는 것이 효과가 더 좋다고 하는 사람도 많습니다만 그것은 개인적인 기호에 맡기겠습니다.

참고로 제가 공부한 책을 공개하자면 처음 몇 달간은 영화로 공부하기에 도전했다가 실력에 맞지 않아 실패하고, 수준을 낮춰서 아리랑 TV 방송을 기초로 한 영어 공부 월간지로 1년 정도 공부했습니다. 그러다가 AFKN 방송을 기초로 한 영어 공부 월간지로 옮겨서 1년 정도 공부했고(둘 다 테이프가 딸려 있었습니다) 그 후에는 3개월 정도 다락원에서 나온 《리스닝 초보자의 도전! 래리 킹 라이브》라는 책을 읽었습니다. 그런 다음 3, 4년 정도는 40편 정도의 다양한 영화를 가지고 공부했는데 이때 라디오 영어 월간지인 〈굿모닝 팝스〉나 EBS FM의 〈라디오 중급 영어회화〉도 병행했었습니다. 나중에는 범문사에서 나온 〈Oxford Bookworm〉 시리즈로 된 영한대역 문고를 읽었는데 테이프가 딸려 있었고 수준별로 다양한 종류가 있었습니다. 《Great Expectations(위대한 유산)》, 《Wuthering Heights(폭풍의 언덕)》, 《Oliver Twist(올리버 트위스트)》 등 8권을 읽었습니다. 한 권당 90페이지 내외의 압축된 분량이었지만 한 권으로 석 달은 공부했던 것 같습니다. 그리고 미국에 오기 전 1년 반 정도는 〈리더스 다이제스트〉 영한대역본을 CD와 함께 구입하여 읽기를 했습니다. 지금도 가지고 있는데 세어보니 총 6권을 했었습니다. 그 외에도 수많은 단행본을 보았으나 오랜 시간을 투자할 가치는 없는 것 같아서 통독은 했으되 몇 달간 읽기를 반복하면서 공부하지는 않았습니다.

   이런 공부의 시기는 서로 중첩이 되는데 제가 본격적으로 영어 공부를 시작한 시점부터 미국에 건너온 시기까지 한국에서 공부한 기간은 5년 반 정도가 됩니다. 이 기간의 절반 이상은 영어 학원의 원어민 수업도 함께 들었습니다.

실전 글 읽기를 당장 시작해보자

이제 교재도 선정이 되었으니 오늘 당장 책을 읽어보겠습니다. 읽기는 항상 듣기와 동반이 되어야 하므로 원어민에 의해 녹음된 교재를 먼저 충분히 들으시고 발음과 억양, 끊어 읽기 등에 감이 생기면 큰 소리로 읽으시면 됩니다. 하지만 읽다 보면 의외로 어렵다는 걸 느끼게 될 것입니다. 일단 소리 내어 읽다 보면 입이 마릅니다. 말을 해도 그렇게 끊임없이 말을 해본 적이 없는 분이 대다수일 것입니다. 그러니 물 한 잔은 옆에 갖다 놓고 시작해야 합니다. 목을 축여가면서 큰 소리로 읽고 또 읽습니다. 제 생각에 한 페이지당 최소 20, 30번은 읽어야 하는데 저는 100번 이상 읽었습니다.

읽다 보면 하도 많이 읽은 나머지 거의 외워져서 다음에 무슨 문장이 나오는지 대충 예상이 될 정도의 경지에 이르게 됩니다. 초반 몇 달은 문장 구조에 대한 진정한 이해가 되지 않은 상태이기 때문에 이 경지가 금방 오지 않습니다. 공부를 많이 해서 점점 잘하게 될수록 빨리 도달하게 됩니다. 이 경지가 최고조에 달하면 한 번 듣고도 긴 문장을 그대로 말할 수 있습니다. 마치 우리가 모국어로 된 문장을 한 번 들으면 기억할 수 있는 것과 마찬가지입니다. 이 말은 영어를 잘하는 사람일수록 읽는 횟수를 적게 잡아도 된다는 이야기입니다. 반대로 영어 초보자는 더 많이 읽어야 할 것입니다. 초보라 해도 영어에 재능이 있는 사람이라면 적게 읽어도 이런 단계가 빨리 오겠지만 대다수의 저 같은 평범한 사람들은 아주 많이 읽어야 할 것입니다. 억지로 외우려고 노력하지 말라고 했습니다만 저절로 외워지는 것을 방해할 필요도 물론 없습니다.

    외우는 이야기가 나왔으니 말인데 저도 작정하고 외우려고 하면 영어 한 페이지를 하루가 걸려도 다 못 외울 것 같습니다. 기억은 두뇌가 하는 것이지만 읽으면서 입 근육과 혀 근육에 새긴다고 생각하세요. 그냥 저절로 술술 나오도록 만들기 바랍니다. 읽다 보면 분명히 목이 쉬게 마련인데 목소리가 직업상 매우 중요한 분에게는 치명적인 문제입니다. 이런 경우 목소리를 작게 하는 대신 억양을 아주 과장되게, 마치 연극배우가 대사를 말하듯이 읽으면서 기억에 더 남게 노력하는 것도 한 가지 방법입니다. 어쨌거나 첫날부터 목이 쉰다는 것은 예상해야 합니다. 여기서는 하루 세 페이지를 50번씩 읽는다고 가정하고 읽는 과정을 한번 정리해보겠습니다.

1. 그 날 읽을 세 페이지 전체 분량을 책을 보지 않고 전체적으로 세 번 정도 테이프(혹은 CD)를 듣습니다. (소리에만 집중하는 단계)
2. 읽을 한 페이지를 둘로 나누어 반 페이지 분량을 책을 보지 않고서 테이프만 세 번 정도 다시 듣습니다. (얼마나 들어서 아는지 파악하는 단계)
3. 책을 보고 들었던 내용을 확인하고 모르는 단어를 찾아 문장을 해석합니다. 문장의 뜻이 완전히 이해가 되도록 충분히 공부합니다. (지문을 눈으로 보고 의미를 깨우치는 단계)

4. 방금 공부한 반 페이지 부분을 이제 뜻을 다 아는 상태에서 10번 정도 또다시 테이프를 듣습니다. (뭐가 안 들렸는지 복습하는 단계, 발음을 정확히 파악하는 단계)

5. 공부한 반 페이지를 25번 읽습니다. (읽으면서 소리를 머리와 입, 귀에 새기는 단계)

6. 테이프를 한두 번 듣고 다시 발음과 강세 등을 확인합니다. (제대로 소리를 아는지 복습)

7. 교정된 발음과 강세로 다시 반 페이지를 25번 읽습니다. (다시 소리를 되새김)

8. 이제 첫 페이지의 전반부는 끝났고 후반부 반 페이지로 이동해서 1번에서 7번까지의 과정을 반복하여 공부를 합니다. 이런 식으로 목표로 한 전체 세 페이지까지 끝냅니다.

9. 다음날은 전날 읽었던 첫 번째 페이지의 후반부 반절부터 다시 시작합니다. 이런 과정을 통하면 초반의 일부를 제외하고 이 책은 전체적으로 200번을 읽고 테이프는 70번 이상 듣게 되는 셈입니다.

깡이 님의 질문: 고수민 님의 말씀대로 소리 내어 읽기를 하고 있습니다. 처음에 짧은 인터넷 뉴스 기사를 소리 내어 읽다가 발음이 부정확한 것이 너무 많아서 스스로의 발음을 녹음하고 다시 듣는 식으로 공부를 하고 있습니다. 얼마나 많은 발음을 대충 했는지 깨닫게 되었고 제대로 발음하려니까 입에서 경련이 날 지경입니다만 점차 발음이 훨씬 좋아지는 것을 느낄 수 있었습니다. 이렇게 녹음해서 자신의 목소리를 들어보는 것도 도움이 될 것 같아서 다른 분들에게 알려드리려고요.

답: 귀한 말씀 감사합니다. 저도 제 목소리를 녹음해서 들어보면서 공부한 시기가 있었습니다. 처음 들었을 때 의외로 어색하고 발음이 나빠서 놀랐습니다. 그리고 테이프와 목소리를 비교하면서 최대한 정확한 발음을 내려고 노력을 했습니다. 약 3개월 정도 이렇게 책을 읽은 내용을 녹음하면서 공부했는데 저도 발음 교정에 매우 좋은 효과가 있었습니다. 어차피 원어민과 같은 발음을 내지는 못하더라도 발음 기호대로 정확히 발음하는 것은 매우 중요합니다. 저도 독자 여러분께 최소 한 달만이라도 자신의 목소리를 녹음해가면서 공부하시기를 강력히 권합니다.

Irwin Shaw님의 질문: 제가 궁금한 것은 '하루에 책을 얼마나 읽어야 하는가' 하는 것입니다. 한 페이지면 적당한가요, 아니면 여러 페이지를 읽어야 하나요? 읽고 나면 자동적으로 다 잊어버리게 되는데 그래도 괜찮은 것인가요? 공부할 시간이 많지 않다 보니 적게 공부해도 효과가 있을지 걱정이 됩니다.

답: 일단 공부를 적게 해도 학습의 효과는 있습니다만 언어 학습의 경우 반복에 의한 기억 효과를 거두기 위해 많이 하면 할수록 효과가 좋은 것이 사실입니다. 하루에 한 시간을 공부하는 것보다 두 시간을 하는 것은 산술적으로 계산해서 두 배의 효과가 있는 것이 아니라 그 이상의 효과가 있다고 생각됩니다.

예를 들어 오늘 책을 읽으며 공부하다가 '간청하다', '구하다'라는 뜻의 'invoke'라는 단어를 문장 속에서 배웠습니다. 이 단어가 ask나 beg과 같이 흔하게 쓰이는 단어는 아니지만 그렇게 드물게 쓰이는 단어도 아닙니다. 하지만 하루의 공부량이 적은 사람은 이 단어가 몇 달 후 다시 반복이 될 때까지 한참 동안 이 단어를 들어보지도 쓰지도 못하게 됩니다. 만약 한 달 후에 이 단어를 만난다면 기억이 매우 희미해서 본 기억은 있지만 뜻을 몰라 사전을 한 번 더 뒤적이게 될지도 모릅니다. 하지만 공부량이 앞에서 예를 든 사람의 두 배라면 처음 공부하고 약 2주쯤 지나 다시 이 단어를 만날 것이고 그럼 머릿속에 기억하고 있을 가능성이 높습니다. 이 시점에서 이 단어를 만나면 기억이 더 잘 나게 되고, 그 후로도 이 단어가 반복되는 주기가 훨씬 짧아질 것이니 쉽게 외워질 가능성이 높습니다. 따라서 공부를 많이 하는 사람이 절대적으로 유리합니다.

하지만 이런 원리에도 불구하고 '티끌 모아 태산'이라는 말이 있지요. 공부를 적게라도 하는 것이 아예 안 하는 것보다는 당연히 좋습니다. 공부를 하지 않으면 0%의 기억이 남지만 공부를 하면 조금이나마 남고 드물게 반복되더라도 계속 쌓일 수 있으니까요. 책을 소리 내어 읽는 공부 방법은 빈도순으로 많이 쓰이는 표현과 단어를 우선적으로 익힐 수 있는 좋은 공부법입니다. 책을 읽어가면서 당연히 그 책에서 많이 쓰이고 반복된 표현이 먼저 외워질 것이니까요.

만약 하루 한 시간 공부가 가능하면 읽기와 듣기에 45분, 영어 일기 쓰기에 15분을 투자하는 것이 좋습니다. 읽기와 듣기에 쓸 45분 중 15분은 듣기에, 그리고 읽기에 30분을 투자하면 적당할 듯합니다. 물론 30분 동안에 많은 분량을 읽지는 못할 것입니다. 책 한 페이지에 쓰여 있는 글자수에 따라 다르지만 아마 책 한 페이지를 10번에서 40번 정도 읽으면 다 지나갈 시간인데, 그 페이지를 능숙하게 읽고 테이프(혹은 CD)를 듣고 완전히 알아듣기에는 시간이 충분하지 못할 수도 있습니다. 그럼 다음날도 같은 페이지를 한 번 더 공부해야 하겠죠. 혹시 그래도 익숙해지지 않으면 사흘이고 나흘이고 간에 그 페이지가 거의 외워진 것 같은 느낌이 들도록 읽고서 다음 페이지로 넘어가야 합니다.

만약 공부할 시간이 두 시간 정도 된다면 이야기가 좀 달라집니다. 어차피 영어 일기 쓰기에 지나치게 많이 투자할 필요는 없으므로 한 시간에서 두 시간으로 늘어난 시간의 대부분은 듣기와 소리 내어 읽기에 투자가 가능합니다. 그럼 여러 페이지를 읽어도 됩니다. 그리고 매일 읽는 페이지가 적당히 겹쳐지게 하면서 진도를 나가는 것도 가능합니다.

이수민 님의 질문: 안녕하세요. 저는 한국에서 대학에 다니는 평범한 학생입니다. 고수민 님이 알려주신 '말하며 책 읽기'를 실천 중인데요. 이걸 꾸준히 하면 혹시 영어 문장에 리듬감이랄까, 그런 감 같은 게 생기나요? 이걸 하면서 생긴 증상인데 '한국말을 영작해주세요'라는 부탁을 받았을 때 예전에는 한글을 읽고 그냥 앞에서 뒤로 쓰는 경우가 많았는데 요즘은 한글 문장을 읽고 나면 영어로 완벽히 떠오르는 건 아니지만 뭉텅뭉텅 리듬감 같은 그런 게 느껴진다고 해야 할까요, 떠오른다고 해야 할까요. 예전엔 느끼지 못한 것이어서, 혹시 책 읽기에서 온 게 아닐까 하는 마음에 이렇게 글 남기네요.^^;

답: 아주 좋은 현상을 겪고 계십니다. 영작이라는 것이 사실은 한글로 된 문장에서 각각의 한국말 단어를 영어 단어로 치환하고 어순을 바꾸는 것이 아니라 한글 문장을 적합한 영어 표현으로 구성된 문장으로, 즉 문장 대 문장으로 바꾸는 것이기 때문입니다.

예를 들어 '그녀는 색깔에 대한 안목이 있다'라는 문장을 영어로 번역하면 'She has an eye about color'가 아니라 'she has an eye for color'가 정확한 표현입니다. 그 이유는 영어에서는 무엇인가에 안목이 있다는 표현을 'has an eye for something'이라는 관용어구로 쓰기 때문입니다. 그래서 왜 '~에 대한'의 영어 표현이 'about'이 아니고 'for'인가 고민하는 것은 큰 의미가 없습니다. 굳이 따져보자면 for도 우리가 아는 '위하여'라는 뜻 이상의 여러 가지 의미가 함축되어 있어 설명이 가능합니다만 공부를 할 때는 일단 외우고 보는 것이 가장 빠릅니다. 그나마 이런 것은 한국말이나 영어나 eye라는 단어를 '보는 안목이 있다'라는 표현에 사용한다는 공통점이 있어서 틀린 표현이나마 대강 뜻이 통하니 다행이지만 전혀 다른 단어를 쓰는 경우는 문제가 되기도 합니다.

예를 하나 더 들어서 '그것은 너에게 달려 있다'는 'It's up to you'라고 하는 것이 가장 정확합니다. 만약 '달려 있다'를 번역해서 'It hangs to you'라는 해괴한 표현을 쓰게 되면 의사소통이 안 될 것입니다. 이런 현상을 방지하기 위해서 영작은 뜻이 통하는 문장 대 문장으로 하는 것이 가장 좋습니다.

영작 공부에 가장 좋은 방법은 영어로 된 책을 소리 내어 읽으면서 영어 표현의 감을 익히는 것입니다. 이렇게 공부를 하다 보면 말하고 싶은 문장에 대한 감이 생기면서 한글을 영어로 옮겨도 직역이 아닌 적합한 표현이 뭉텅 떠오르는 것입니다. 축하합니다. 영어 공부의 중요한 관문을 넘어서신 것으로 보입니다.

7장
영화로 영어 공부 제대로 하는 법

　　　　　예전에 어디선가 읽은 글이 희미하게 기억에 남아 있습니다. 어떤 한국 젊은이가 유럽으로 배낭여행을 갔다고 합니다. 기차를 타고 다니며 각국에서 온 배낭족들과 어울려 지내는 동안 외국인들이 하는 말은 좀 알아듣겠는데 여러 사람이 떠들고 놀 때 분위기를 깨지 않고 자연스럽게 끼어들어 대화를 이어가기가 너무 어려웠다고 하더군요.

　저도 비슷한 느낌을 가졌던 때가 있습니다. 영어가 아주 익숙하지 않은 사람에게는 원어민들이 모여서 수다를 떨고 있을 때 한마디 거들면서 끼어드는 것이 마치 한참 돌아가고 있는 회전목마에 잽싸게 올라타는 것처럼 쉽지 않은 일인 것 같습니다.

말은 해도 정서적 교감을 나누지 못하는 고통

　제가 미국에 오기 전 진짜 미국 생활은 어떨까 관심을 가지고 있을 때 인터넷 한겨레신문, 조선일보, 포털 다음 등에서 제공하는 재외국민을 위한 게시판에 꾸준히 드나들었습니다. 아무래도 피상적이고 관념적인 미국 이야기보다는 현지에 살면서 갖은 고생도 하고 여유도 즐기며 사는 보통 사람들의 모습을 보면서 미래의 저의 모습을 그려보고 싶었기 때문이었습니다. 각종 게시판을 읽는 동안 적어도 미국에 사는 한인들에게는 영어라는 것이 단지 말하는 도구가 아니라 삶을 얽매기도 하고 윤택하게도 하는 삶의 질과 영역을 규정하는 도구라는 점을 느끼게 되었습니다. 그리고 더욱 흥미로웠던 것은 영어 실력이 나름대로 진화해서 어느 정도 자유로운 대화가 가능함에도 불구하고 외국인과 정서적 교감이 이루어지지 않아서 자유로이 교제하며 살기가 어렵다는 사람이 꽤 많았다는 것입니다.

   말이 통해도 감정이 통하지 않는 위의 경우와는 반대로 말은 통하지 않는데 감정이 통하는 경우도 있나 봅니다. 미국에 건너오기 전이니까 최소한 5년은 된 것 같습니다. 제가 한국에 있을 때 한 텔레비전 프로그램을 보았는데 미국 할머니들이 한국의 시골을 방문하여 한국의 할머니들에게서 식사 대접을 받고 행복하게 지내는 장면이 나온 적이 있었습니다. 그리고 한국의 할머니들도 미국의 할머니들에게 초대받아서 미국에 건너가 초대한 할머니들의 평범한 가정집에서 함께 식사를 하며 정겨운 교감을 나누는 모습을 후속 방송에서 볼 수 있었습니다. 참으로 감동적이었던 것은 한국 할머니는 한국말로, 미국 할머니는 영어로 이야기하는데도 정겹게 우정을 나누는 것이 가능했다는 사실이었습니다. 물론 촬영하는 과정에서 방송국 관계자들이 보이지 않게 어느 정도 의사소통을 도와주었으리라 생각합니다만 적어도 방송 내에서는 말이 통하지 않는 것은 마음을 나누는 데 커다란 장벽이 아니었습니다. 지금 생각해보니 동서양 할머니들의 마음이 이렇게 쉽게 열리고 통했던 것은 아무래도 공통의 할머니 정서가 있었기에 가능하지 않았나 합니다. 의사소통이란 언어 자체도 중요하지만 결국 정서와 문화가 공유되어야 가능한 것이 아닌가 하는 생각도 하게 됩니다.

  현실적으로 외국 사람과 교감을 나누기 어려운 이유는 언어 구사력의 부족과 문화적인 차이 둘 다에서 기인합니다. 간혹 한국 학생들이 한국에서는 원어민 강사와 대화하면서 하고 싶은 이야기를 다 해도 불편을 못 느꼈는데 미국에 오니까 대화가 잘 되지 않는다고 하소연한 경우를 보았습니다. 원어민이 한국에 오게 되면 한국 사람의 눈높이에 맞춰 쉬운 단어를 정확하고 느린 발음으로 말해주는 경우도 많거니와 대화의 주제 자체도 대부분 한국인이 잘 아는 한국의 음식, 문화, 전통, 경제 등이 되는 경우가 많기 때문에 대화를 쉽게 했을 가능성이 높습니다. 주제를 잘 알고 있으면 영어 실력이 부족해도 듣기와 말하기가 훨씬 편해지기 때문입니다. 이런 이익을 뒤로하고 한국인이 미국에 오게 되면 이젠 미국인과 미국의 문화, 경제, 스포츠를 이야기해야 하는데 외국인에게 익숙하지 않은 그들에게 대화의 발음이나 속도에서 배려를 기대하기도 어렵고, 대화 내용에 대해서도 익숙하지 않으니 할 말도 없고 들어도 들리지가 않는 것입니다. 이렇게 지내다 보면 영어권 국가에 가서 초반에 외톨이가 되는 사람이 생길 수밖에 없습니다. 그런데 다행히도 이런 언어적, 문화적인 장벽을 극복하는 좋은 영어 공부 방법이 있습니다. 그것은 바로 영화로 영어 공부를 하는 것입니다.

영화로 하는 영어 공부의 장점

제가 미국에 와야 한다는 절박감에 공부를 시작하고 나서 다양한 방법을 시도하였지만 가장 오랜 시간을 투자한 것이 영어책 읽기와 더불어 영화로 공부하기였습니다. 앞장에서도 밝혔듯이 저는 단지 책 읽기만으로 영어 공부를 완성할 수 있다고 주장하는 사람이 아닙니다. 영어로 된 책을 읽되 반드시 테이프나 CD 등을 통해 원어민 음성으로 제대로 된 소리를 확인하면서 공부해야 한다고 했는데 이렇게 시청각 교재를 통한 듣기가 읽기와 결합될 때 놀라운 힘을 발휘할 수 있기 때문입니다. 이런 맥락에서 영화를 이용한 공부는 제가 주장하는 영어책 읽기와 크게 다르지 않으며 어쩌면 책 읽기의 연장이라고 봐주셨으면 좋겠습니다. 그리고 여기서 영화란 드라마도 포함이 되는데 꼭 미국산이 아니라도 영어권 국가의 영화나 드라마라면 다 똑같이 교재로 쓰일 수 있지 않을까 합니다. 어쨌거나 영화로 영어 공부하기에는 보통의 책 읽기에서는 맛볼 수 없는 몇 가지 귀중한 장점이 더해집니다.

첫째로 영화는 미국 사람들이 쓰는 생생한 동시대의 표현을 그대로 배울 수 있다는 것입니다. 제가 영화로 영어 공부를 해보니 영화 속의 영어는 확실히 교과서 속의 영어와 달랐고, 실생활에 훨씬 가까웠습니다. 예를 들어 미국인과 친해지면서 "what's up?" 하고 인사하는 사람들이 많아졌는데 이런 표현 역시 학교에서 배우지 않았으되 영화에서는 많이 본 표현이었습니다. 제가 이런 표현이 존재하는 것 자체는 알았지만, 이 표현에 대해 잘 몰랐다고도 볼 수 있는 것이 이런 인사를 받았을 때 도대체 뭐라고 대답해야 할지 몰랐기 때문입니다. 직역하자면 '무슨 일이라도 있냐?'라는 뜻이지만 친한 사이에 '잘 지내고 있느냐?'라고 의역할 수 있습니다. 하지만 아무리 속뜻이 '잘 지내느냐?'라고 해도 말 자체는 '무슨 일 있냐?'이기 때문에 'How are you?'에 대답하듯이 'I am fine!' 정도로 대답을 할 수는 없습니다. 이런 고민을 하는 차에 영화를 보니 답이 보이더군요. 영화를 보니 이렇게 말하면 특별한 일이 없는 상황에서는 대개 대답이 'Nothing!'이나 'Nothing much'로 돌아옵니다. 물론 뭔가 특별히 설명할 만한 상황이면 대답은 그 상황에 대한 긴 설명이 될 것입니다. 예를 들어 '논문 발표할 것을 막판에 정리하느라 바쁘다', 이런 식으로 이야기를 하는 것입니다. 또 하나의 예가 교과서에서 인사는 "How are you?"였지만 영화 속에서는 거의 "How are you doing?"이라는 점이었습니다. 그리고 미국에 와서 몇 달을 지내면서 관찰해보니 역시 저만 'How are you?'라고 인사하더군요. 나중에 미국인 동료로부터 들은 이야기인데 이렇게 인사해도 틀린 것은 아니지만 어쩐지 나이 든 사람의 느낌이 난다고 했습니다. 비록 사소한 차이이고 교과서 속의 영어가 특별히 잘못된 것은 아니라 할지라도 저의 이런 경험으로 비추어 영화는 동시대의 미국인이 쓰는 살아 있는 표현을 배우기에 더할 나위 없이 좋은 교재임이 분명한 것 같습니다.

두 번째 장점도 무시할 수가 없는데, 미묘한 뉘앙스와 감정이 살아 있는 표현을 배울 수가 있다는 점입니다. 이런 것은 책으로 공부해서는 좀처럼 얻을 수 없는 면이기도 합니다. 영화 속에서 주인공들은 울고, 웃고, 화내고, 참기도 합니다. 같은 표현도 상황에 따라서 의미가 달라지는 경우조차 있습니다. 똑같은 'Excuse me'라는 표현 하나만 봐도 억양을 달리하면 그냥 '실례합니다' 부터 '잘 못 들었으니 다시 한번 말씀해주세요' 라든지 '비켜주세요', 사람을 부르는 '여보세요', 잠깐 자리를 비울 때 '금방 올 테니 잠시만 기다려주세요' 라는 의미로도 쓸 수 있고 때로는 '(도대체 무슨 말을 하시는 거예요?) 뭐라고요?' 라고 항의할 때도 쓰일 수 있습니다. 이런 것은 상황을 잘 모르는 사람에게는 아무리 잘 설명해줘도 이해가 되지 않지만 영화 속에서 한 장면만 보게 되면 이 말이 그 상황에 아주 정확한 표현이라는 것을 알게 됩니다. 즉, 같은 말을 배워도 주인공의 표정과 감정이 영화를 보는 사람에게 이입이 되어 잘 외워지고 잘 써먹을 수 있는 재료가 되는 것입니다.

세 번째 장점은 일단 영화로 영어 공부를 하면 마음에 부담이 없다는 것입니다. 시간이 아무리 없어도 영화 볼 시간은 있는 것이 사람입니다. 예를 들어 직장 회식 후에 술에 취해 집에 들어갔어도 자기 전에 영화 정도는 틀어놓고서 공부를 하든 안 하든 그냥 보다가 잠이 들 수도 있고, 퇴근 후에 나이 어린 자녀들이랑 놀아주더라도 영화를 틀어놓은 채 그 옆에서 아이들과 놀아줄 수도 있으며, 주말에 어디를 놀러 갈 때도 테이프나 DVD를 틀어놓고서 운전 중에 목소리라도 들을 수 있으며, 출퇴근 시간을 활용하여 듣기라도 할 수 있습니다. 물론 공부의 효과야 진지하게 임할수록 좋겠습니다만 책으로 공부할 때는 일단 꾸준히 하다가 템포가 깨지면 원래의 페이스로 복귀하기가 참 힘드나 영화는 아무리 슬럼프에 빠져도 그냥 눈으로 보는 정도는 가능하므로 부담이 덜 되어 공부가 중단되지 않을 가능성이 높아집니다. 여러 가지 이유에서 영화는 그 자체의 학습 효과도 뛰어나지만 학습자에게 최소한의 공부의 끈이 유지되게 하는 데 탁월한 효과가 있는 것 같습니다.

네 번째로 영화가 좋은 점은 발음을 하는 주인공들의 입 모양을 볼 수 있다는 것입니다. 전에 말씀드렸다시피 영어 공부를 시작하는 사람은 일단 발음 책을 하나 정해서 마스터한 후에 정확한 발음으로 책을 읽도록 노력해야 한다고 했는데 영화를 보면 이런 관심과 분위기가 잘 유지될 수 있습니다. 즉, 소리만 들으면서 공부하는 것과 비교하면 직접 입 모양을 관찰하는 것은 소리의 학습 측면에서 상당한 도움을 줍니다.

다섯 번째로는 말하는 사람의 모습과 상황을 간접 경험함으로써 기억에 오래 남는다는 장점이 있었습니다. 이런 측면은 영어 공부를 하는 사람에게 상당히 실질적인 도움을 줍니다. 예를 들어 미국에 사는 한국 사람이 아파서 병원에 가면 미국 의사와 이야기를 해야 하는데 영어 회화 책으로 공부를 하고 가도 소화가 안 된다거나 머리가 아프다는 이야기 정도는 가능하지만 어지간히 어휘력이 좋지 않으면 자신이 어려서부터 간염 보균자라거나 집안에 당뇨병 환자가 많다는 이야기를 제대로 할 수가 없습니다. 그런데 이런 사람이 만약에 병원이 무대인 영화로 공부를 하다가 영화 속의 상황이 자신의 상황과 우연히도 일치한다면 관련 단어와 표현을 더 잘 외우게 될 것이고 이런 공부의 기억은 아마 거의 평생 가 필요할 때마다 써먹을 수 있을 것입니다. 영화 속의 상황과 자신의 현실이 똑같이 겹치는 우연이 아니더라도 비슷한 상황이 오면 어떤 표현으로 무슨 말을 할지 기억이 잘 나는 것은 당연한 일입니다. 영화를 보고 있노라면 간접적으로 물건도 사게 되고, 식당도 가게 되고, 심지어는 주식 투자도 하고, 학교도 다니게 됩니다. 간접적으로나마 일상생활을 하면서 경험할 수 있는 거의 모든 상황을 다 접하고 나면 영어를 쓰는 나라의 모든 것이 그리 낯설지 않을 것입니다.

여섯 번째로는 영화를 봄으로써 원어민들의 문화를 배울 수 있다는 점입니다. 제가 생각해도 스스로가 조금 소심하게 느껴졌던 부분인데, 양식을 먹을 때 도대체 포크와 나이프를 어느 손으로 잡느냐 하는 것이 고민이었던 적이 있었습니다. 영화를 보니 다들 제각각이었는데 칼로 썰 때는 오른손으로 나이프를 잡다가 먹을 때는 포크와 나이프 든 손을 바꾸어 오른손으로 자른 스테이크 조각을 포크로 먹는 사람이 있는가 하면, 그냥 왼손에 든 포크를 이용해서 먹는 사람도 있었습니다. 나중에 알아보니 영화에서 본 것처럼 하고 싶은 대로 하는 게 맞더군요. 이런 사소한 식사 예절도 영화를 봄으로써 배울 수 있는 내용이지만 더 중요한 것은 아무래도 역사적인 내용인 것 같습니다. 우리는 영화 속에서 서부 개척시대도 보고, 골드러시와 대공황도 봅니다. 영화 자체는 재미로 볼지라도 이런 미국의 역사적인 배경이 머릿속에 남아서 따로 미국 역사를 배우지 않았어도 당시의 미국 상황을 알게 되고 미국을 이해하는 좋은 자료가 되었습니다. 물론 책으로도 상당히 고급 정보를 얻을 길이 많지만 영화를 보면서 배우는 문화와 역사는 그 자체로 재미까지 있으니 공부의 효율성 면에서 비길 바가 아닙니다.

일곱 번째는 그냥 덤인데 공통의 관심사를 공유함으로써 인간관계를 부드럽게 할 수도 있다는 것입니다. 제가 미국에 막 와서 세인트루이스에서 근무할 때 있었던 일입니다. 병원의 내과 과장 비서인 Marybeth와 방에서 이야기하고 있는데—이때까지만 해도 Marybeth와는 겉으로 친한 척만 하는 사무적인 관계였습니다—어떤 제약회사 직원이 잠시 들러서 셋이서 이야기를 하게 되었습니다. 이 친구가 갑자기 재채기를 했는데 이게 문제였습니다. 우리에게 침이 튀지 않게 잽싸게 얼굴을 돌리면서 손으로 입을 가리고 재채기를 했습니다. 물론 침이 손에 좀 묻은 것은 자명한 일이었겠지요. 이 친구가 어떻게 하나 신경이 쓰여서 보고 있자니 그냥 옷에 쓱 닦더니 그냥 이야기를 진행했고 나중에 방을 나가면서 저와 Marybeth에게 손을 내밀어 악수를 청했습니다. 그러고 나서 이 제약회사 직원은 방을 나갔는데 Marybeth와 저는 서로를 쳐다보면서 웃을 수밖에 없었습니다. 침 묻은 손과 악수를 했다는 것이 서로 당황스러웠던 것이지요. 그런데 Marybeth가 갑자기 미국 시트콤인 〈사인필드Seinfeld〉의 한 에피소드를 이야기하는 것이었습니다. 극중에 나오는 비위생적인 요리사가 음식을 내오면서 음식에 재채기를 했던가 하는 내용이었는데 저도 보았던 에피소드라 이 이야기를 떠올리며 서로 한참을 웃었던 기억이 납니다. 둘 다 이 드라마를 보지 않았으면 이렇게까지 재미있을 만한 일은 아니었지요. 이후로 Marybeth와 저는 친한 친구가 될 수 있었습니다. 꼭 이런 경험은 아니더라도 공통의 관심사를 확인하고 대화를 트는 데 영화가 꽤 괜찮은 매개체가 되는 경우가 종종 있습니다.

한국 드라마에 빠진 교포 2세들

　미국에서 태어나고 자란 교포 2세들은 겉모습은 우리와 같지만 속은 미국 사람에 가깝다는 이야기를 많이 들어보셨을 것입니다. 함께 이야기를 나눌 때 한국말조차 못하고 영어로만 말하는 모습을 보면 정서적으로 더 높은 벽을 느끼게 됩니다. 이런 예는 미국에 오래전에 이민 오신 분들의 자녀, 즉 미국에서 태어난 30대 이상의 분들에게서 더 많이 느끼게 됩니다. 겉모습은 영락없이 보통의 한국인 아줌마, 아저씨이지만 말을 해보면 한국인이 아닌 겁니다.

　그런데 요즘 와서는 사정이 많이 변했다고 합니다. 한국의 경제력이 날로 커지고 한국의 기업들이 미국에 더 많이 진출한 영향도 있고, 발전된 한국에서 이민 온 최근의 이민자들이 좀 더 열린 사고와 민족적 자부심을 가졌을 수도 있는데 요즘은 자녀들을 이중언어 구사자로 키우기 위해 각별히 노력하는 부모들이 많습니다.

　이런 노력 덕분인지 미국에서 태어난 요즘 10대들은 한국말을 어눌하기는 해도 곧잘 합니다. 하지만 이야기하다 보면 이들은 콩쥐팥쥐 이야기도 모르고, 이순신 장군도, 세종대왕도 모릅니다. 배운 적도 들어본 적도 없으니까요. 말은 해도 문화와 역사를 모르니 결국 절반뿐인 한국인이 아닌가 싶습니다. 우리가 영어는 하는데 미국의 역사와 문화를 모르는 것과 비슷한 상황입니다. 그래서 그런지 요즘 미국의 한국 부모들은 집에서 한국말을 쓰게 하는 것에서 더 나아가, 자녀들을 주말마다 한인 교회나 사회단체 등에서 운영하는 한국 학교에 보내기도 하는데 이곳에 가면 국어뿐 아니라 한국 노래와 역사 등을 배우게 됩니다. 그런데 이렇게 한국의 뿌리에 대한 교육을 받은 아이들은 사춘기를 넘어서면서 오히려 정체성의 혼란을 덜 겪는다고도 합니다.

　최근에는 더 흥미로운 이야기도 들었습니다. 미국에서 태어나 한국을 한 번도 접해보지 못한 재미교포 2세 아이들이 한국에서 갓 이민 온 가정의 자녀들과 어울리다가 한국의 대중가요와 영화 등을 알게 되고 한국 문화의 우수성을 체험하면서 더욱 적극적으로 한국어를 배우려고 한다는 것입니다. 몇 년 전에 한국의 드라마 〈주몽〉이 인기를 끌면서 미국의 한인가정에도 집집마다 〈주몽〉 비디오를 빌려보는 것이 유행이었는데 2세들이 부모와 함께 재미있게 〈주몽〉을 보면서 완전하지는 않지만 한국의 고대사를 접하게 되었다는 이야기도 들었습니다. 어쨌거나 한 나라의 언어를 알려면 그 나라의 문화를 골고루 알아야 하는데 영화처럼 좋은 교재가 없는 것 같습니다. 〈주몽〉을 보는 교포 자녀의 이야기는 영어를 배우고자 하는 한국인에게 큰 시사점을 주는 것 같습니다.

영화를 이용한 영어 공부의 단점과 극복 방안

하지만 책과 테이프로 공부하는 것에 비해서 몇 가지 단점도 있는데 단점이 있다는 사실보다는 어떻게 극복해야 하는지에 주목해야겠습니다. 세 가지 정도의 단점이 있는데 해결책은 단 한 가지면 됩니다. 해결책부터 말씀드리면 자신의 수준이 영화로 공부를 해도 될 정도에 도달했을 때 영화로 영어 공부를 시작하라는 것입니다. 자세히 이야기해보겠습니다.

영화로 영어 공부하기의 첫 번째 문제점은 대부분의 영화가 그 영어의 수준이 상당히 높다는 것입니다. 저는 자기 수준에 맞지 않는 공부법을 피하자는 주장을 해오고 있는데 이는 제 자신이 겪었던 직접적인 경험에서 나온 것입니다. 제가 처음 영어를 공부할 때 선택한 도구 중의 하나가 영화였습니다. 비쌌지만 큰마음을 먹고 영화 CD와 참고서적을 구입해서 공부를 시작했습니다. 매일 영화를 반복하여 보면서 대본이 해설되어 있는 교재를 놓고 석 달 정도 공부를 했는데 결론적으로는 투자한 노력에 비해서 별로 실력이 늘지 않았었습니다.

지금 와서는 단계적으로 공부하는 것이 가장 좋다는 것을 깨달았지만 제가 그때 그렇게 우둔한 도전을 했던 이유는 기본적인 부분은 건너뛰고 고급으로 빨리 올라가고 싶었기 때문입니다. 쉬운 수준의 영어부터 시작해서 고급으로 단계적으로 올라가야 더 발전이 빠르고 기억에도 잘 남는다는 것을 몰랐고 무의식적으로 알고 있었다 해도 무시했었던 것 같습니다. 영어 공부 초보 시절에는 아무리 영화의 대본을 잡고 영화를 보아도 대본에 쓰여 있는 그 대사와 영화의 대사가 매치가 되는지도 몰랐습니다. 물론 대본을 보지 않아도 들리는 부분도 일부 있었으나 상당수의 대사들은 속도가 너무 빠르고 어려워서 무슨 말을 하는지 도무지 알 수가 없었습니다. 당연히 그대로 읽으면서 따라 할 수도 없었고 영화 따로 제 발음 따로 공부를 했었습니다. 하지만 이해가 되지 않는 것을 그냥 두고 넘어갈 수가 없었기에 진도가 잘 나가지 않았고, 그러니 매일 같은 장면만 보게 되고, 영화는 볼 만했지만 공부는 지루했습니다. 그러다 보니 꾀가 생겨서 영화만 반복해서 몇 번 죽 보고는 그래도 시간 투자를 했으니 뭔가 효과가 있겠거니 생각했습니다. 하지만 같은 영화를 아무리 많이 보아도 대사를 이해하지 못한 채 보았으니 제대로 외워지지도, 대사가 들리지도 않았습니다.

수학을 막 배우기 시작한 아이에게 덧셈, 뺄셈을 제대로 가르치는 것이 곱하기, 나누기 공부보다 먼저 선행되어야 함은 누구나 알고 있는 바입니다. 당연히 미분, 적분은 한참 후에 배우는 것이 맞습니다. 그런데 영어에서는 이런 상식이 쉽게 받아들여지지 않는 경우를 많이 봅니다. 제 블로그에서 이런 주장을 했을 때도 많은 반론이 있었습니다. 영어와 수학이 다른데 왜 수학의 개념을 영어에 적용하려 드냐는 것입니다. 하지만 굳이 학문이 아니라 자동차 정비나 꽃꽂이를 배워도 그렇고 요리를 배워도 그렇습니다. 배우는 데는 순서가 있습니다. 하다못해 예전에 만화를 보았던 기억을 되새겨보면 필살의 권법을 배우러 산중의 도사를 찾아간 문하생이 처음 하는 일은 마당 쓸기였습니다. 모든 배움에는 순서가 있는데 왜 일부 사람들은 영어에만 순서가 없을 거라고 생각하는 것일까요? 영어를 잘하는 원어민조차도 초등학생이 배우는 영어와 고등학생이 배우는 영어가 다릅니다. 한국 사람도 초등학생의 국어와 고등학생의 국어는 다릅니다. 모국어가 이러한데 한국 사람만 어려운 수준의 영어로 영어 공부를 시작해도 문제가 없을까요?

제 생각에 이런 사실을 깊이 이해하기 힘든 초급자들을 유혹하는 것은 초급자 자신의 성급함에 앞서 영화를 이용한 영어 공부 도서와 시청각 교재를 파는 회사들입니다. 이런 많은 교재들이 덧셈과 뺄셈을 건너뛰고 미분, 적분을 먼저 해도 된다고 초급자들을 유인하고 있습니다. 소수의 영어 영재는 쉬운 교재 건너뛰고 어려운 영화부터 해도 영어를 잘할지도 모르겠습니다. 하지만 대부분의 저 같이 평범한 사람들은 요행을 바라지 않는 게 현명한 것 같습니다. 저도 공부를 하면서 나도 모르는 영어에 대한 무슨 특별한 재능이 있지는 않은가 스스로 착각한 적이 한두 번이 아니었습니다만 이렇게 긴 세월을 영어 공부를 해오고도 갈 길이 먼 것을 보면 꿈만 컸던 것 같습니다. 영어 교재를 파는 회사의 입장에서야 고급자만을 대상으로 책을 쓰는 것은 책의 독자를 스스로 제한하는 일일 테니 상대적으로 숫자가 많은 영어 초급자를 집중 공략하는 것이 이해가 갑니다. 하지만 독자가 굳이 이런 광고 전략에 휘둘릴 이유가 없습니다.

자신의 수준에 맞는 영화 고르기, 기타 주의 사항

만약 자신의 수준이 영화로(혹은 그 어떤 교재이건) 공부할 수준이 되는지 알고 싶다면 선택한 영화에서 대사가 많이 나오는 부분을 5분 정도 따로 녹음해서 듣고 얼마나 받아쓸 수 있는지 보시면 됩니다. 한 문장씩 듣고 받아쓰는 식으로 받아쓰기를 해서 5분이면 한 페이지 정도 분량이 나올 것입니다. 기준이 다소 자의적이라 죄송합니다만 제 경험상 한 번 듣고 60~70%, 두 번 내지 세 번 듣고 80%는 정확하게 받아쓸 수 있어야 그 영화 혹은 교재로 공부할 준비가 된 것이라고 생각합니다. 그 이상 듣고 더 잘 받아쓸 수 있으면 좋겠지만 아마 다섯 번 들어서 들리지 않는 내용은 50번을 들어도 큰 차이가 없으리라고 생각합니다. 제가 항상 주장하는 최고의 영어 교재는 자신의 실력보다 현저히 어렵거나 쉬운 교재가 아니고 수준이 약간 높은 교재입니다. 따라서 몇 번 듣고도 20% 정도의 받아쓰기를 못하는 부분이 있다면 바로 그 부분이 새로 배워야 할 부분일 테고 이미 안다고 생각했던 부분에서도 10% 정도는 다시 정리를 하거나 새로 개념을 세워야 할 수도 있을 것입니다. 영화 한 편을 보면서 전체 대사의 20~30%에서 배울 것이 있다면 나름대로 지루하지도 너무 어렵지도 않게 공부를 하는 것이 가능할 것입니다.

　몇 가지 참고할 사항이 있는데 첫 번째는 인터넷 강의에 해당되는 이야기입니다. 각종 영화로 된 영어 강좌를 수강할 때 공개된 샘플만을 가지고서 그 영화가 자신의 수준에 맞을 것이라고 판단하지 마시기 바랍니다. 흔히 샘플은 더 많은 초급자를 강의로 끌어들이기 위해 그 영화에서도 특히 쉬운 부분을 보여주는 경우가 많습니다. 따라서 샘플 강의의 난이도가 실제 교재의 난이도보다 약간 쉽다고 보수적으로 생각하는 것이 실패를 줄이는 길이 됩니다. 난이도에 대한 이야기가 나왔으니 말인데 두 번째 참고 사항은 난이도는 영화마다 다르고 장르마다 장면마다 다르다는 것입니다. 위에서 영화가 어려운 영어 공부의 도구라고 제가 표현한 것은 모든 영화가 다 어렵다는 이야기처럼 들리기 때문에 명제 자체가 틀렸을 수가 있습니다. 쉬운 영화도 분명히 있기 때문입니다. 하지만 제가 말하는 영화란 극장에서 흔히 보는 영화를 말하며 그 전반적인 경향이 그렇다는 것입니다. 전에 학원에서 청취반을 다닐 때 분명히 미국 영화는 맞는 것 같은데 극장에서 제목도 본 기억이 없는 영화로 공부한 적이 있었습니다. 나중에 선생님께 알아보니 영어 공부용으로 쉽게 제작된 영화라고 했습니다. 만약 이렇게 특별히 쉽게 제작된 영어 공부용 영화라면 예외가 되겠고, 이런 영화는 중급자 이하에서도 택할 수 있을 것이니 융통성 있게 판단해주셨으면 좋겠습니다. 세 번째 참고 사항은 영화 장르의 선택과 관련된 것입니다. 제가 만든 '폭발음의 법칙' 이란 것이 있습니다. 영어 공부를 위한 영화를 선정할 때 '폭발음' 이 나오는 영화는 피하라는 것입니다. 액션 영화, 공상과학 영화, 전쟁 영화, 스릴러 영화 등이 그에 속합니다. 이런 영화는 대개 말 자체도 별로 배울 것이 많지 않고 대사도 적어서 공부할 내용이 많지 않았다는 경험에서 나온 것입니다. 이런 장르의 영화라도 '폭발음'이 적게 나오는 것은 괜찮습니다. 예를 들어 스릴러라도 '폭발음'이 없는 〈원초적 본능Basic Instinct〉과 같은 영화는 공부할 만했던 것 같습니다. 하지만 영어 공부에 가장 도움이 되는 영화는 아무래도 〈세렌디피티Serendipity〉, 〈해리가 샐리를 만났을 때When Harry met Sally〉와 같은 로맨스 영화나, 〈포레스트 검프Forrest Gump〉 유의 드라마 장르입니다.

결론적으로 대부분의 영화는 중급자 이상을 위한 교재이며 초급자는 영화 영어를 후일로 미루는 것이 바람직합니다. 참고로 실생활에서 접하는 각종 영어 매체들을 쉬운 순서대로 나열해보면 중·고교 교과서 테이프＞초중급자용 오디오북＞아리랑 TV의 뉴스와 방송 프로그램＞미국 텔레비전 다큐멘터리＞미국 텔레비전 뉴스＞CNN 뉴스나 토크쇼＞미국 드라마＞미국 영화＞미국 이외의 영어권 국가 영화의 순서입니다. 제 주관이 많이 들어갔기는 하지만 영어를 잘하는 대부분의 사람들이 동의하는 것 같습니다. 간혹 뉴스가 영화보다 쉽다는 데 대해서 이의를 제기하는 사람을 만날 수 있었는데 독자 여러분이 나중에 직접 두 가지를 놓고 비교해보시면 제 말이 맞는지 아닌지 쉽게 결론을 낼 수 있을 것입니다. 처음에는 어려운 단어가 많이 나오는 뉴스가 어렵다고 생각하기 쉬우나 정확한 발음과 문장 구성을 가진 뉴스와 시끄러운 배경에 각종 악센트가 들어가고 생략이 많은 문장을 빨리 발음하면서 은유적인 표현을 잘 사용하는 영화의 대사를 비교하면 영화 알아듣기는 뉴스보다 훨씬 어렵습니다.

　이렇게 뉴스와 영화의 차이를 생각하다 보면 영화로 공부하기가 책으로 공부하기와 다른 점이 명확히 부각이 됩니다. 그것이 바로 제가 두 번째로 말하고 싶은 영화 영어의 약점인데 영화로는 정확한 발음을 익히기 어려울 수 있다는 것입니다. 모든 영화의 발음이 다 불분명하다는 것은 아니지만 배경 음악과 주변의 소음에 대사가 묻히는 데다가 주인공들이 감정과 개성을 살려서 대사를 하기 때문에 실제 사람들의 대화에 가깝다는 장점에도 불구하고 발음을 듣고 그대로 따라 하기 어려운 경우가 종종 있습니다. 하지만 저는 영화가 자신의 실력에만 맞는다면 이러한 단점은 별로 문제가 되지 않는다고 보는 편입니다. 왜냐하면 영화로 공부하는 사람은 이미 초급 단계를 벗어난 사람이고 이런 발음의 변화에 대해 넓게 수용할 실력의 여유가 있기 때문입니다.

　세 번째 영화 영어의 약점은 영화 속 영어가 구어체 영어의 극단에 있다 보니 약간은 잘못된 표현이나 지나치게 격식 없는 표현을 많이 보게 된다는 것입니다. 이 문제 역시 영화가 자신의 수준에 맞는 사람들만 영화를 교재로 택한다면 큰 문제가 되지 않을 것입니다. 아무리 영화에서 그릇된 표현이 나오더라도 그것이 틀렸다는 것을 감안해서 들을 것이고, 무엇이 격식을 차린 표현인지 아닌지 가릴 능력이 있기 때문입니다.

영화로 하는 영어 공부의 다섯 단계

　이런 영화 영어의 장점과 단점을 다 고려하고서 영화로 영어를 공부하기로 결정하고 나면 도대체 어떻게 영화를 공부에 적용하느냐 하는 문제가 남습니다. 저도 처음 영화로 공부하기에 실패하고 나서 약 2년간 다른 공부로 실력을 키우는 시기가 있었고 다시 영화에 도전해서 실력의 큰 향상을 경험했습니다. 다행히도 공부하는 요령은 책으로 공부하는 방법과 크게 다르지 않은데, 첫 번째 단계는 일단 영화를 자막 없이 보는 단계입니다. 자막이 있으면 가리고 보면 되니까 별로 어렵지 않습니다. 자막 없이 영화를 보면 어지간히 영어를 하는 사람도 세세한 부분을 다 잡아내지 못해 답답할 것입니다. 개인적으로는 세 번까지 되풀이해서 영화를 보라고 추천하는데 이 정도 보게 되면 알아듣는 표현들과 못 알아듣는 표현이 분명해지게 됩니다. 보통 영화 한 편이 한 시간 반에서 두 시간 정도이므로 세 번만 반복해서 보아도 다섯 시간 가까이 걸리게 됩니다. 하루에 공부할 시간이 많지 않은 경우 이 과정만으로도 며칠이 걸릴 수 있습니다만 이 단계에서 집중하여 영화를 보면서 아는 표현을 잘 걸러야 하겠습니다.

　하지만 모르는 표현은 잘 들리지 않는 것이 당연하므로 너무 스트레스를 받을 필요는 없습니다. 앞에서 영화가 자신의 실력에 맞는지 확인하는 방법으로 받아쓰기를 권해드렸는데 아무리 문장별로 나누어서 받아쓰기를 했을 때 80%까지 이해를 했다 하더라도 빠르게 지나가는 장면들을 보고 있을 때는 이해도가 현저하게 떨어지는 것이 당연합니다. 위로가 될지 모르겠는데 미국 영화는 미국인과 결혼해서 사는 한국 사람이나 동시 통역사, 혹은 영어 강사나 선생님들조차도 100% 알아듣지 못하는 경우가 허다합니다. 심지어 원어민도 모르는 말이 나온다면 믿기실지 모르겠습니다. 제가 한두 번 경험한 것이 아닌데 외국인들과 영화를 보다가 못 듣고 놓쳐서 물어보면 대부분 자기도 놓쳤다거나 대강 짐작으로 무슨 뜻인지는 알겠는데 자세히 설명은 못하겠다고 하는 경우가 많았습니다. 이런 영화를 한국인이 몇 번 보고 다 이해하기는 무리일 것입니다.

 이렇게 영화를 보면서 못 알아들은 표현을 거르고 나면 두 번째 단계로 영화를 다시 한글 자막과 영문 자막으로 봅니다. 물론 이 두 가지 자막을 다 지원하는 CD나 DVD가 있어야 가능한 과정입니다. 이렇게 영화를 2개 국어 자막으로 번갈아 한두 번 보면서 완전히 내용을 이해하는 것이 좋겠습니다. 사람에 따라 한글 자막을 보면서 영화의 내용을 완전히 파악해버리면 영화를 막상 공부할 때 공부할 내용이 없는 것 아닌가 걱정하는 경우가 있습니다. 그래서 이 단계를 생략해버리는 수가 있는데 이 단계는 제가 다음에 소개해드릴 '영화를 분석하면서 공부하는 단계'에서 영화에서 쓰인 표현들에 대한 이해를 높이기 위해 필요합니다. 영화 속의 표현을 미시적으로 분석하는 것만으로는 전체적인 의미가 와 닿지 않을 수도 있기 때문입니다. 어쨌거나 사람에 따라 다르지만 영화의 내용 파악이야 한글 자막으로 한 번 내지 두 번 보면 해결될 것입니다. 영문 자막을 놓고 보는 이유는 알아듣지 못했던 부분에 무슨 표현이 쓰였는지 궁금할 것이기 때문입니다. 하지만 영문 자막 시청은 길고 긴 공부의 시작에 불과하고 한 번 보아서 내용을 다 파악하자는 것은 아니므로 단 한 번만 영문 자막으로 보면서 그런 내용이 있구나 하고 빠르게 지나가도 되겠습니다. 영문 자막을 볼 때는 그 이전에 자막 없이 볼 때 듣기가 힘들었던 내용이 일부 이해도 되겠지만 전체적으로 완전히 해석이 되지 않을 것입니다. 그래도 괜찮습니다. 단어든 숙어든 모르는 것이 많을 테지만 이 모두 정상적인 현상이니 걱정할 필요가 없습니다.

세 번째 단계로 한글과 영문 자막을 통해 영화 내용이 전체적으로 이해가 되면 영화에 나온 단어나 숙어 등을 분석하는 시간을 가져야 합니다. 이 부분이 가장 인기가 없는 대목인데 제가 사람들에게 이렇게 공부하라고 하면 지금까지 중·고등학교에서 영어를 학교 시험 준비하듯이 공부한 것과 무엇이 다르냐는 반문을 받기도 합니다. 그런 식의 쓰고 외우는 공부는 많이 해보았고 진정한 의미의 영어 실력 향상에 도움이 되지 않는다는 것을 많은 분들이 체험적으로 알고 있기 때문에 이런 질문이 나오는 듯합니다. 이 단계만 떼어놓고 보면 고등학교 때 수능 영어 시험에 대비하여 공부했던 것과 영화를 보고 표현을 찾아보며 공부하는 단계는 교재만 다를 뿐 본질적으로 같긴 합니다. 하지만 공부법을 전체적으로 보았을 때 다른 점이라면 고등학교 때 시험 공부는 독해 지문을 읽고 단어와 숙어를 찾아보고 외우고 지문이 해석되면 다음 지문으로 넘어가지만, 제가 주장하는 공부에서 이 세 번째 단계는 다음 단계를 위한 준비 작업에 불과하다는 것입니다.

그리고 만약 이렇게 해석을 위해 표현을 찾아보는 과정이 귀찮으면 아예 단어, 숙어, 관용표현, 문법 등이 정리가 되어 있는 교재로 처음부터 영화 영어 공부를 시작해도 됩니다. 마치 교과서와 사전, 숙어장, 문법책을 따로 놓고 공부할 수도 있지만 그냥 모든 것이 다 정리되어 있는 참고서나 학습지 하나만 가지고 공부해도 되는 것과 같습니다. 사람에 따라 이렇게 모든 내용이 미리 정리된 교재로 공부하는 것에 대해 반감을 가지기도 있는데 이런 분은 공부는 고생하면서 해야 머리에 잘 남는다는 철학을 가지고 계신 분일 가능성이 높습니다. 이런 주장에 대해 굳이 옳다 그르다를 말하지 않으려고 합니다만 중요한 것은 다음 단계이므로 이 단계에서 너무 많은 에너지를 소진하지 않는 것이 좋다는 의미입니다. 참고로 저는 모든 것이 정리된 교재를 선호하는 편입니다.

이제 네 번째 단계입니다. 영화를 틀어놓고 마치 영화배우라도 된 듯이 영화 속 등장인물을 따라서 대사를 읽습니다. 교재를 보고 읽는 것이 아니라 화면의 영문 자막을 보면서 읽습니다. 되도록이면 자기 자신이 연기를 하듯이 사랑의 대화는 감미롭게, 분노의 발산은 화난 목소리로, 그리고 속삭일 때는 함께 속삭이면서 대사를 읽어야 합니다. 물론 주인공 한 사람의 대사만 하는 것이 아니고 영화에 나온 모든 캐릭터를 마치 예전 무성영화 시절의 변사가 연기하듯이 읽는 것입니다. 읽는다고 표현한 이유는 영화에 나온 영문 자막을 보고 따라서(혹은 동시에) 소리 내어 말을 하는 것이기 때문입니다. 그런 의미에서 영화 대사를 외우고 연기하는 것과는 다르다고 할 수 있겠습니다.

그런데 네 번째 단계는 세부적으로는 다시 두 단계로 나뉩니다. 그 4-1단계는 영화를 조각조각 나누어서 읽는 단계입니다. 이전 단계에서 영화에 나온 각종 표현을 익히는 공부를 했었는데 이 4-1단계와 유기적으로 결합되도록 하는 것이 좋습니다. 왜냐하면 새로 배운 내용을 기억에 집어넣기 위해서는 배우자마자 여러 번 읽고 반복하는 것이 큰 도움이 되기 때문입니다. 이렇게 새로운 표현에 완전히 익숙해지는 단계가 지나면 영화를 처음부터 끝까지 한 번에 보면서 대사를 계속 따라 하는 4-2단계로 넘어갑니다. 아마 영화 한 편을 공부하게 되면 이 과정이 전체 과정의 70% 이상을 차지할 것입니다. 왜냐하면 이 과정에서 영화를 수없이 보고 큰 소리로 대사를 따라 읽으면서 영화 속의 표현을 완전히 자기의 것으로 만들어야 하기 때문입니다.

영화의 자막을 읽지 않는 즐거움

제가 1997년 삼성서울병원에서 레지던트로 병원 생활을 시작할 때의 일입니다. 병원업계에서는 흔치 않은 일이었는데 신입사원 연수를 하듯이 경기도에 있는 삼성연수원에서 연수를 한 적이 있습니다. 주로 낮에는 교육을 받고 저녁에는 자유 시간을 가졌는데 강당에서 저녁마다 영화를 상영했었습니다. 삼성연수원에서 연수를 받는 사람이 저희 전공의들뿐만 아니라 외국인 신입사원들도 있었기 때문에 영화를 볼 때마다 강당 안에서 서양 사람들을 자주 만날 수 있었습니다. 그러던 어느 날 보았던 영화가 〈인디펜던스 데이 Independence Day〉라는 할리우드의 공상과학 영화였습니다. 보신 분은 알겠지만 외계인이 지구를 침공하자 대통령을 비롯한 미국인이 똘똘 뭉쳐 싸워서 지구의 독립을 쟁취한다는 전형적인 미국 영화였습니다.

그런데 영화를 보다 보니까 한국인은 한 명도 웃지 않는데 외국인들만 왁자하게 웃는 장면이 있었습니다. 그 장면은 이런 것이었습니다. 전투기 조종사인 주인공 윌 스미스가 외계인의 침공으로 전시상황이 되자 소속 부대로 급하게 귀대를 합니다. 작전 회의를 앞두고 탈의실에서 옷을 갈아입는데 같은 공군 조종사인 동료가 윌 스미스가 여자친구에게 청혼하기 위해 숨겨둔 반지를 우연히 보게 됩니다. 그는 윌 스미스를 놀리려고 무릎을 꿇고서 청혼하는 흉내를 냅니다.

한국 사람들이 자막을 읽으면서 영화 내용을 파악하는 사이에 외국인들은 다른 장면에 눈이 갔었습니다. 윌 스미스를 앞에 두고 동료 조종사가 청혼하는 흉내를 내는 사이에 저 멀리서 로커룸으로 들어오던 또 다른 동료들이 그 두 사람의 모습을 멀리서 보고는 깜짝 놀라 발걸음을 돌리는 모습이 영화에 보인 것입니다. 마치 게이 커플이 청혼을 하는 모습으로 비친 것이죠.

영화로 영어를 공부하는 큰 재미 중의 하나가 이런 사소한 장면 혹은 대사의 재미를 뒤늦게 발견한다는 것입니다. 이미 영화를 봐서 내용을 다 알더라도 공부를 위해 되풀이해서 보다 보면 대사의 정교함이나 주인공들의 연기가 훨씬 잘 보이고 뒤늦게 감동을 받기도 합니다. 이런 것이 번역된 자막만으로는 도저히 느낄 수 없는 영화의 깊은 맛이 아닌가 하는 생각이 듭니다.

영문 자막을 보면서 큰 소리로 따라 읽는 것은 저도 해보니 그리 쉬운 일만은 아니었습니다. 거의 영화 속 주인공과 동시에 말을 해야 하니 처음에는 도저히 속도를 따라가기도 어렵고, 혀가 꼬이기도 하고, 입과 목이 말라서 물을 계속 마시게 되었습니다. 앞장에서 제시한 책 읽기를 해보신 분들이라면 누구나 겪은 바 있는 똑같은 현상이 영화 자막을 따라 읽으면서 벌어집니다. 이렇게 수십 번이고 수백 번이고 계속 따라 해서 영화의 대사들이 거의 외워지면 영화 한 편이 끝난 것입니다. '거의 외워진다'는 이야기는 다시 말하지만 억지로 외운다는 것이 분명히 아닙니다. 여기서 외운다는 개념은 다음과 같은 현상이 벌어지는 것이라고 정의하고 싶습니다. 첫째로 영어 대사를 읽을 때 영화 주인공과 거의 비슷한 속도 혹은 더 빠른 속도로 대사가 끝난다는 이야기입니다.

둘째로는 주인공의 입 모양만 보아도 나올 대사가 예상이 된다는 이야기입니다. 물론 모든 대사가 다 기억나지는 않아도 대사의 일부와 내용이 자연스럽게 예상이 되면 좋은 징조입니다. 셋째로 앞의 두 가지 현상이 일어나지 않더라도 자막이 없이 영화를 보아도 95% 이상 알아들을 수 있고, 또 그만큼 받아쓸 수 있는 단계라면 그 영화는 졸업해도 됩니다.

얼마나 많이 반복하면 이 단계에 도달할 수 있을까요? 영어에 재능이 있는 분들이 말씀하시는 것을 보니 20번에서 30번 사이라고도 합니다만 저는 최소 50번 이상은 했던 것 같습니다. 한참 영화로 공부할 때가 바로 군대에서 군의관으로 근무할 때였는데 별로 할 일이 없는 총각 군의관이라 근무가 끝나고 집에 오면 대개 바로 방에 틀어박혀 영화를 보면서 대사 읽기 공부를 시작했습니다. 매일 거의 세 시간 이상 투자를 했는데 영화를 컴퓨터로 보다 보면 중간에 대사가 없는 음악이나 액션 신은 거의 건너뛰게 되므로 한 시간 반짜리 영화도 45분 내에 끝내는 경우가 많았습니다. 이렇게 되면 하루에 네 번, 다섯 번도 반복할 수 있었고 두 편 이상의 영화를 동시에 공부하기도 했습니다. 그럼 50번 반복해서 영화 한 편이 끝난다고 가정할 때 제가 제시한 모든 단계를 다 감안해도 한 달에 두 편의 영화도 끝낼 수 있습니다. 제가 재능이 부족했던 탓인지 50번이 아니고 100번을 반복해서 본 영화도 많이 있었습니다만 충분히 가치 있는 일이었다고 생각합니다.

아마 저의 이런 초인적인(?) 노력에 감동하실 독자가 있을지 모르겠습니다만 영화를 보면서 대사를 따라 하는 것은 저에게는 즐거움이었기에 그다지 고통스러운 과정이 아니었습니다. 문제는 왜 남들은 20번으로도 영화 한 편이 끝난다는데 나는 최소 50번, 최대 100번까지 영화를 보지 않으면 안 되나 하는 답답함이었습니다. 어쩌면 독자 여러분은 뉴욕에서 의사 생활을 한다는 사람이 저 정도면 나는 도대체 몇 번을 해야 하나 걱정하실지도 모르겠습니다. 저는 조금도 걱정하시지 말라고 말하고 싶습니다. 일단 해 보면 아시겠지만 저보다 훨씬 수월하게 공부하실 분이 많을 겁니다. 공부해본 결과 영어 재능 면에서 저는 평균 이상이 되지 못하는 것 같습니다. 하지만 부족한 재능을 극복하고자 평균 이상으로 공부했고 그 결과 이렇게 여러분께 감히 조언을 하는 위치에 오게 되었습니다. 여러분도 일단 해보시고 저보다 영화를 더 많이 보게 되더라도 좌절하지 않으셨으면 합니다. 결국 목표에 남들보다 조금 빨리 도달하느냐 조금 늦게 도달하느냐의 문제인데 열심히 해서 목표에 도달할 수만 있다면 조금 빨리 도달한 사람이 뭐 그리 부럽겠습니까? 저는 30대 후반에 들어서야 영어로 원하는 말을 할 수 있을 정도가 되었지만 저와 같은 단계를 이미 20대 초반에 달성하신 분들이 크게 부럽지는 않습니다. 일단 목표에 도달했다는 여유가 있기 때문이죠. 독자 여러분 모두가 영재적 재능이 없다 해도 결국은 노력을 통해서 저처럼 되실 수 있을 것입니다.

이제 마지막으로 다섯 번째 단계입니다. 네 단계의 공부가 끝나면 영화를 공부하는 것이 아니고 자막 없이 처음부터 끝까지 여유 있게 말도 다 알아듣고 주인공들의 사소한 표정도 살피면서 감상하는 것입니다. 물론 이 단계는 위에 제시한 네 번째 단계를 하면서 중간중간 해볼 수도 있습니다. 공부를 많이 했으니 얼마나 알아들을 수 있는지 궁금할 것이기 때문입니다. 어쨌거나 여유 있게 영화를 즐기시고 노력한 스스로를 칭찬해주시기 바랍니다. 영화를 이렇게 한 편 끝내고 나면 그 만족감이 말할 수 없이 큽니다.

하지만 그 감동은 다음 영화를 시작하자마자 사라질 수도 있으니 마음이 너무 풀어지지 않는 것이 좋습니다. 첫 번째 영화의 그 어려운 표현을 완벽하게 익혀서 이해했다는 사실은 좋은데 두 번째 영화에 오면 다시 모르는 표현이 셀 수 없이 많이 생기기 때문입니다. 물론 이렇게 공부한 영화 편수가 쌓이면서 일정한 임계점에 도달하면 새로운 영화를 볼지라도 전에 보았던 영화에 나왔던 표현이 계속 반복되면서 눈덩이가 굴러 커지듯이 지식이 가속적으로 늘어나는 시기가 옵니다. 그 단계에 도달하기 이전에는 매번 영화가 바뀔 때마다 배울 것이 너무 많다는 사실에 좌절할 수도 있습니다. 언제 이런 임계점을 넘어서는 시기가 오는지는 말하기가 대단히 어렵습니다. 매일 공부하는 양이 사람마다 다르고, 제가 기준을 제시하기는 했으나 완전히 익혔다는 기준이 다르고, 선택하는 영화의 수준과 내용이 다르고, 아는 표현이 얼마나 많이 나와야 전에 공부한 내용이 이제 충분히 나오기 시작한다고 판단할 수 있을지가 다르기 때문입니다.

제 경험을 말씀드리면 영화 10편을 끝낼 때까지도 별로 겹치는 표현을 보지 못했습니다. 20편을 넘어서면서 일부 편해지기 시작했고, 30편을 넘어서니 자신이 많이 생겼습니다. 이때가 제가 3년 2개월의 군대 생활을 마치고 제대하는 시점이었습니다. 물론 제가 위에서 말씀드린 것처럼 하루 세 시간의 영어 공부를 3년 2개월 내내 한 것도 아니고 첫 1년은 사정상 영어 공부를 하다 말다 했습니다. 제가 매일 영어 공부에 할애할 수 있는 시간이 적다면 영어 공부 계획을 5년 이상으로 잡을 것이고 시간이 많다면 2년 정도로 짧게 잡겠습니다. 다만 중요한 것은 결국은 목표에 도달할 거라는 확신을 가지는 것과 지금 당장 계획을 세우고 실천할 준비가 되어 있어야 한다는 것입니다.

경희 님의 질문: 고수민 님, 질문이 있는데요. 원제가 〈Benny & Joon〉이란 영화를 자막 있는 채로 학교에서 보았는데 아주 어려운 건 아니었고 그럭저럭 계속 들으면 따라잡을 수 있을 것도 같은데요. (토플 CBT 210점대입니다.) 문법도 떼고 토플 에세이도 좀 쓸 수 있고, 단 리스닝은 잘 안 되는 실력입니다. 이 정도면 아직 초급이죠? 이런 실력에 그 정도 영화로 공부해도 될까요? 아직 어려울까요? 자막 자체는 쉽더라고요. 대사도 그렇게 빠르지 않고……. 이 영화로 공부해도 될지 잘 모르겠습니다.

답: 제가 말하는 초급은 평범한 중학교 3학년생 실력 이하를 말한다고 보시면 됩니다. 물론 사람마다 정의가 다 다르겠지요. 하지만 중학교 3학년 교과서 수준의 문장을 알아듣고 읽는 정도가 아니라 작문까지 할 줄 안다면 거의 중급 이상으로 보아야 할 것입니다. 제가 생각하는 중급은 대충 영어 실력이 상위권인 고등학교 3학년까지를 기준으로 잡고 싶습니다. 토플 CBT로 210이면 중급 이상이 아니겠습니까? 게다가 에세이도 좀 쓸 줄 아시니 중급이 조금 넘는다고 봅니다. 제 주관이 많이 들어간 기준이니 제 글을 읽을 때만 참고하시면 되겠습니다. 초급이라고 스스로를 낮추신 가장 큰 이유는 아마 보통의 영화나 뉴스를 들을 때 청취가 잘 안 되는 현상을 놓고 말씀하신 것이 아닌가 싶습니다. 이런 청취에서 자유로워지는 실력은 고급자라고 표현해도 좋고 상급자라고 해도 좋은데 어쨌거나 영어 공부를 하는 과정의 가장 마지막에 해당하는 사람에게 갖추어지게 됩니다. 뉴스나 영화를 들을 때 우리말처럼 들리지 않는다고 다 같은 실력이 아니지요. 특히 천천히 대사가 나

오는 영화를 잘 들을 수 있는 정도라면 중급과 고급 사이의 실력이라고 볼 수 있습니다. 왜냐하면 이 정도 실력이면 영어 문장 속의 어순에 대한 감각이 이미 익혀진 사람일 가능성이 높기 때문이며, 다시 말해서 영어 문장을 긴 호흡으로 다 받아들일 수 있는 체계가 두뇌 속에 이루어졌다는 것이기 때문입니다.

다만 한글이든 영문이든 자막이 있을 때 들을 수 있는 실력과 자막 없이도 들을 수 있는 실력 사이에는 상당한 차이가 존재합니다. 자막을 보면서 들으면 훨씬 잘 들리기 때문입니다. 저도 영어 공부할 때 한때는 〈프렌즈Friends〉와 같은 시트콤을 영문 혹은 한글 자막과 함께 보게 되면 상당 부분(80~90% 이상) 알아듣는 것 같았기에 들린다고 생각했고 당시에는 드디어 귀가 뚫린 것인가 기뻐하기도 했던 시절이 있었습니다. 하지만 나중에 자막이 없이 보니 놓치는 부분이 거의 절반이었습니다. 그 후 여러 가지 다른 경험을 통해서 그 정도의 실력은 중급 정도에 지나지 않는다는 것을 깨달았습니다.

다시 말하지만 어지간히 쉽게 녹음된 영화라도 자막 없이 거의 다 이해가 가능하면 중급을 훨씬 넘어서는 실력입니다. 그 교재로 공부할 준비가 되었는지는 본문에서 설명한 대로 5~10분 정도의 분량을 자막 없이 받아쓰기를 해보시면 되겠습니다. 즉 자막 없이 들었을 때 얼마나 알아듣고 이해를 했느냐로 그 교재가 자신의 수준에 맞는지 아닌지 판단하는 기준으로 삼으시면 되겠습니다. 경희 님의 글로 판단할 때 아마도 그 영화로 공부할 준비는 충분히 되신 것 같습니다.

8장
뜨거운 감자, 영문법 공부 정말 필요한가

한때 영어 공부란 독해와 문법을 의미하던 시절이 있었습니다. 듣기와 말하기를 의도적으로 무시하지는 않았겠지만 입시 위주의 교육 환경이 공부를 하려고 해도 할 수 없게 만든 측면이 있었습니다. 이렇게 독해와 문법으로만 배우다 보니 영어가 살아 있는 언어가 아니라, 분석하고 외우는 한 과목으로 확고히 자리 잡으면서 우리도 점점 영어를 두려워하게 되었나 봅니다.

피해망상을 부르는 문법 위주의 영어

제가 중학교 때 즈음하여 갑자기 영어 교육에 큰 변화가 생겼습니다. 이른바 문법과 독해 교육에 머물러 있던 영어 교육에서 한 발 더 나아가 듣기를 강조하면서 듣기 평가라는 게 생긴 것입니다. 영어 선생님들도 카세트 플레이어를 교실에 가지고 다니면서 원어민의 발음을 들려주셨고, 학생들도 교과서 테이프를 많이들

구입해서 들었습니다. 당시 유행이었던 말이 '중·고등학교와 대학교 시절을 거치면서 10년 이상 영어를 공부해도 외국인을 만나면 말 한마디도 못한다'는 것이었습니다. 분명히 어느 정도 사실이고 그때까지의 학교 영어 교육이 반쪽짜리였다는 것을 단적으로 표현한 말로 보입니다.

대학에 오고 나서는 새로운 조류가 시작된 것을 넘어서 아예 과거의 문법, 독해 위주의 영어는 아무런 도움이 되지 않는 엉터리 영어이고 듣기, 말하기가 진짜 영어라는 식의 생각이 퍼지기 시작했습니다. 그리고 저를 비롯한 많은 사람들이 그동안 학교에서 배워온 영어에 대해 실망을 느낌과 동시에, 회화 위주의 새로운 공부를 하면 영어를 진짜로 잘할 수 있다는 희망을 가지게 되었습니다. 하지만 저의 경우 대학에 다니는 동안에도 영어를 어떻게 하면 잘할 수 있는 것인지 오해하고 있는 부분이 있었습니다.

의과대학에 다닐 때 거의 모든 과목이 재미없었지만 그나마 재미있게 들었던 수업이 바로 정신과학이었습니다. 약간은 인문학적인 냄새가 배어 있어 그런지 뭔가 구미를 당기는 면이 있어서 강의를 열심히 들었습니다. 지금까지도 한 강의 시간이 기억이 납니다. 어느 날 정신과 교수님 한 분이 미국에 연수를 다녀온 후 학기 중간부터 강의를 시작하신 일이 있었습니다. 그런데 그 교수님께서 강의 초반에 영어 때문에 고생을 한 경험담부터 들려주셨습니다. 강의를 듣다 보니 그런 말씀을 하신 이유가 결국은 그 시간에 우리가 배워야 했던 정신분열증의 증상을 설명하기 위해서였다는 것을 알게 되었습니다만 제가 약간 충격을 받았던 점은 어떻게 의사가 영어를 못해서 고생을 했다는 말인가였습니다. 저는 의

대에서는 영어 교과서를 보며 공부하고, 쓰는 의학 용어도 다 영어이고, 병원에서 환자 의무기록도 영어 일색이라서 의학 교육을 마치고 의사가 되면 영어는 저절로 잘하게 되는 줄 알았습니다.

이런 생각을 저만 가졌던 것은 아니었나 봅니다. 나중에 제가 전문의를 따고 나서 미국에 오기 위해 준비할 때 병원에서 환자를 보는 틈틈이 영어를 공부한 적이 있었습니다. 당연히 진찰을 받는 환자들도 제 책상 위에 펼쳐져 있는 영어 서적을 보게 되었고 호기심에 질문을 하였습니다. 의사면 영어 잘하는 것 아니냐, 왜 영어 공부를 하느냐고 말이죠. 제 글을 쭉 보셨으니 이미 답을 아시겠지만 의사라고 저절로 잘할 수는 없습니다. 읽고 쓰는 영어와 듣고 말하는 영어 사이에는 적지 않은 간극이 있으니까요. 그러나 그때는 이런 차이를 분명하게 알지는 못했습니다.

참고로 미국에서 영어를 못해서 고생하는 사람과 정신분열증 환자와 무슨 공통점이 있기에 교수님이 자신의 경험을 예로 드셨는지 궁금해하실 분을 위해서 조금 설명을 하겠습니다. 정신분열증 환자들이 갖는 증상 중에 '망상'이란 것이 있습니다. 흔히들 우리가 피해망상이라고 하는 것도 그 망상의 일종입니다. 혹시 배우 러셀 크로우가 정신분열증에 걸려 각종 망상에 시달리는 수학 천재로 나온 〈뷰티풀 마인드A Beautiful Mind〉를 보셨다면 망상에 대해 이해하기가 쉬우실 겁니다. 그런데 이 교수님 말씀이 영어를 못하는 한국 사람이 미국에 가면 피해망상과 비슷한 경험을 할 수도 있다는 겁니다.

말을 못 알아들으니까 남들이 웃고 떠들다가 우연히 눈이 마주치기만 해도 자신을 쳐다보고 비웃는 것만 같고, 저 멀리서 다른 사람들이 대화 중에 career라는 말을 해도 자신은 'Korean이 뭘 어쨌네' 하는 것으로 잘못 알아듣게 되는 것입니다. 실제로 정신분열증 환자는 남들이 옆방에서 웃고 떠드는 소리가 들리면 옆방의 사람들이 내 이야기를 하면서 흉보는 것 아닌가 하고 생각하게 될 수 있고, 은행에 가서 대기표를 뽑고 기다리는데 앞사람이 용무가 오래 걸려서 자신이 기다리게 되면 혹시 은행원과 앞사람이 나를 어떻게 하려고 업무를 가장해서 음모를 꾸미는 것이 아닌가 의심하기도 합니다. 하다못해 텔레비전 뉴스를 보면서도 앵커가 전하는 말이 사실은 나를 공격하라는 비밀 암호를 뉴스로 바꿔서 방송하는 것이 아닌가 생각하기도 합니다.

저는 영어를 못 알아듣는 사람이 자꾸 자신이 차별당한다는 생각을 하는 것이 이유는 다르지만 정신분열의 한 증상과 비슷해 보인다는 사실에 과히 기분이 좋지 않았습니다. 다행히도 한인들이 미국에서 겪었다는 상당수의 인종 차별의 이야기가 알고 보면 언어 소통의 장애에서 오는 '영어 차별'이요, 문화적인 차이에서 오는 오해라는 것도 이제는 많이 알려진 이야기입니다만 그렇다고 미국에 인종 차별이 없다는 것은 아니니 '집 떠나면 고생'이라는 어른들의 말씀이 진리인 것 같습니다. 흥미롭게도 영어가 유창한 이민 2세들은 인종 차별을 일상생활에서는 거의 느끼지 않는다고 합니다.

의대 교수님들이 영어를 더 잘할 거라는 저의 억측에 또 한 가지 기여를 했던 것이 숱하게 보고 들었던 교수님들의 해외 연수입니다. 의대에 가보면 외국 연수 한 번 갔다 오지 않은 교수님이 없을 정도입니다. 이분들이 적어도 겉보기에는 잘 지내고 오신 것처럼 보였기 때문에 적어도 영어는 저절로 되는구나 생각했던 것입니다. 나중에 보니 그 어느 전공의 교수님들도 영어 문제에서 그다지 자유롭지는 않았습니다. 잘하는 분은 잘하시지만 그건 순전히 개인적인 노력의 결과이지 영어로 된 책을 읽고 공부하고 영어로 논문 좀 써봤다고 의사소통이 자유로운 영어를 저절로 구사하게 되는 게 아니라는 것입니다. 이런 것도 우리 사회에 편재한 영어에 대한 그릇된 환상의 일부가 아닌가 합니다. 학식이 높은 사람은 영어 정도는 저절로 잘하게 될 것이라는 환상 말이죠. 학교 영어 실력이 진짜 영어 실력과 상당한 괴리가 있다는 사실은 인정해야 할 것 같습니다.

얼마 전에 한국을 방문했을 때 호기심에 서점에 가서 혹시 지금도 〈성문종합영어〉나 〈맨투맨 영어〉 같은 제가 학교 다닐 때 영어의 바이블이었던 책들이 있는지 찾아보았습니다. 놀랍게도 있긴 있었습니다. 다만 시대의 변화 때문인지 구석자리로 밀려 있었습니다. 아무리 듣기, 말하기 교육이 흥해도 어차피 시험으로 측정이 용이한 문법, 독해 공부에 대한 수요는 있나 보다, 그렇게 생각했습니다.

오랫동안 잊고 있던 영어 공부를 다시 해보려고 책을 잡는 분들의 고민 중 하나는 문법 공부를 다시 해야 하는가 하는 것입니다. 학창시절의 영어 공부를 떠올려보면 문법을 공부한 기억밖에 없는 사람도 막상 문법책을 보면 기억나는 것이 많지 않아 깜깜하고, 문법 공부를 건너뛰고 회화나 청취 공부만 하자니 뭔가 기초가 부실한 듯하고, 뭐 이런 느낌이 드는 경우가 많습니다.

영어를 잘하려면 영문법이 얼마나 필요한가

아무리 말이 먼저지 문법이 먼저냐고 생각을 해도, 문법이란 것이 결국은 말하는 내용을 관찰해서 법칙으로 정리한 것이므로 이 둘이 별개가 아니라는 사실은 자명합니다. 물론 책에 쓰여 있는 복잡한 문법을 몰라도 말을 잘하는 사람들이 많습니다. 한국말을 하는 우리도 마찬가지입니다. 한국어 문법에 대해 자신이 그다지 조예가 없는 것 같다고 느끼더라도, 우리는 한국말을 할 때 좀처럼 문법에 틀리게 말하지는 않습니다. 우리는 이미 감각적으로 제대로 말하는 방법을 알고 있기 때문입니다. 원어민들도 마찬가지입니다. 우리가 보는 영어 문법책의 내용을 세세하게 알고 있지 않더라도 이 사람들이 말하면 대개 문법적으로 큰 문제가 없습니다. 즉 책에 쓰여 있는 문법을 그대로 외우고 있지 않아도 문법적인 감각이 있으면 말을 문법에 맞게 잘할 수 있다는 것입니다. 그런데 우리에게 외국어인 영어를 문법적으로 틀리지 않게 말할 수 있는 문법적인 감각이 있을까요? 당연히 없습니다. 이런 감각이 없으니 하나하나 설명해가면서 이론으로 배우는 것이 바로 학교 문법입니다. 이런 것을 배우지 않는다면 어떻게 주어 다음에 동사가 나오고, she 다음에는 have가 아니라 has가 나온다는 사실을 알 것이며, umbrella 앞에는 a가 아니고 an이 온다는 것을 저절로 알게 되겠습니까.

하지만 영문법 공부를 하다 보면 예외도 많고 법칙도 많고 공부해야 할 내용이 끝이 없습니다. 공부할 내용이 많으니 너무 하기가 싫은데 이상하게 영어 공부 안 해도 영어를 잘할 수 있다는 책을 봐도 내용은 결국 공부를 하라는 내용이듯이, 아무리 문법이 필요 없다고 해도 정말 문법이 필요 없는 것이 아니었습니다. 그런데 영문법과 회화는 무슨 관련이 있을까요? 적어도 이론상으로는 영문법에 정통하면 작문에 도움이 될 것이고, 작문을 잘하게 되면 말도 문법에 맞게 잘할 수도 있다는 이야기일 테니까 회화 능력에도 간접적으로 도움이 될 것 같습니다. 그런데 우리 모두가 학창시절의 경험을 통해서 이미 알고 있듯이 아무리 영문법 공부를 해도 작문 실력이 저절로 늘지 않는 데다가 회화도 저절로 터지지 않습니다.

영어 회화 속에서 문법을 찾는 법

기본적으로 회화를 위해서 필요하다고 했으나, 문법이 회화를 열어주지 않는 딜레마를 어떻게 극복할 수 있을까요? 해결책은 회화 속에서 문법을 찾는 것입니다. 이 방법은 중·고등학교 때 저와 여러분이 했듯이 영문법 책에 밑줄 치고 외우면서 문제를 푸는 공부 방법이 당연히 아닙니다. 외국인인 우리에게 결여된 영어의 문법적인 감각을 키우려면 영어로 말을 많이 해보면 됩니다. 하지만 문법적인 감각이 없이 어떻게 영어로 말을 할 수 있을까요? 바로 영어로 된 책을 읽는 것입니다. 여기에는 영화나 미국 드라마를 보면서 그 대사를 따라 하는 것도 포함이 됩니다. 즉, 영어로 이미 쓰인 내용을 반복해서 읽고 저절로 외워지게 만드는 것입니다. 알다시피 같은 내용을 반복해서 읽으면 내용이 어느 정도 외워지는데 머리가 어지간히 좋은 사람이 아닌 이상 계속 외우고 있기는 어렵습니다. 하지만 많이 읽게 되면 그 문장들의 골격이 기억에 점차 남게 됩니다. 이를 이해하기 위해 아래 문장을 잠깐 보겠습니다.

> She has exhausted her options.
> She has been tricked.
> She has her arms around her children.
> She has recovered from the shock.
> She has a hard time focusing on what he's saying.

문장을 보면 'she has'로 시작된다는 공통점이 있지만 용법이 다 같지는 않습니다. 책을 읽으면서 이렇게 'she has'로 시작되는 다양한 문장을 수백 번씩 접하다 보면 때로는 이런 문장을 몇 개 정도는 다음에 그대로 써먹을 수 있을 정도로 외울 수도 있을 것입니다. 하지만 더 중요한 것은 문법적인 감각이 저절로 생긴다는 것입니다. 아래 문장을 보시죠.

> She also have the same impression.

아마 이런 문제는 중학교 영어에서 종종 풀어보았지 않나 싶습니다. 이 문장이 맞는지 틀린지 묻는 문제가 있다면 정답은 당연히 '틀리다' 입니다. 아무리 'also'라는 단어 뒤에 숨어 있어도 'have'의 주어는 'she'이므로 'has'라고 써야 맞기 때문입니다. 한국 중학생이 시험에서 이 문제를 맞힐 수 있는 이유는 학교에서 'she' 다음에 나오는 3인칭 단수의 현재형에는 's'가 붙어야 하고 그게 'have' 동사라면 'has'가 나온다는 사실을 배웠기 때문입니다. 반면 원어민은 이런 사실을 따로 배우지 않았어도 이 문장을 읽자마자 감각적으로 어색하다는 것을 느낄 수 있습니다. 이들 문장의 가치는 더 확장될 수 있습니다. 위의 문장을 보시면 현재완료 구문이 몇 개 보였을 것입니다. 즉 'has' 다음에 과거분사가 온 것 말입니다. She has exhausted, She has been, She has recovered…… 이런 식으로 문장을 읽고 익히다 보면 'has' 다음에 과거분사가 온다는 것은 굳이 문법책에서 배우지 않아도 당연히 감각적으로 새겨져서 스스로 문장을 창작할 때도 정확한 영어를 구사하게 될 것입니다. 이런 식으로 법칙 자체를 외우는 데 쓸 시간이 이제는 감각적으로 깨우치도록 하는 데에도 쓰여야 한다는 것입니다. 이것이 책을 열심히 읽는 공부법의 진정한 가치입니다.

그러나 문법을 깨우치는 것이 다가 아닙니다. 깨우친 문법이 제대로 쓰일 수 있어야 합니다. 제가 한국에서 영어 학원에 다닐 때도 보았고 미국에서 교포들을 보면서 느끼는 바인데 위에서 예를 든 것처럼 'she' 다음에 'have'를 잘못 쓰는 사람이 정말 많습니다. 중학생도 틀리지 않을 쉬운 것을 어른들이 왜 틀리는가 궁금하실지도 모르겠는데 몰라서 틀리는 것이 아닙니다. 머리로는 알아도 입으로 연습이 되어 있지 않으므로 말이 잘못 나오는 것입니다.

의학적인 이야기를 하나 해보겠습니다. 의학 용어 중에 뇌졸중 등의 뇌 손상으로 인한 증상을 기술하는 'apraxia'라는 용어가 있습니다. 한국말로는 실행증(失行症)이라고 합니다. 즉 행동으로 옮기는 과정에 대한 기억이 손상된 증상을 말합니다. 이런 증상이 있는 사람들은 아주 쉬운 것도 어떻게 해야 할지 몰라 합니다. 예를 들어 평생 동안 직장에 다니면서 수만 번도 더 넥타이를 매보았을 은퇴한 회사원에게 넥타이를 주고 매어보라고 하면 어쩔 줄을 몰라 합니다. 심지어는 양치를 하거나 옷을 입고 벗는 법조차 잊어버리기도 합니다. 이들은 특정 수행과제가 주어지면 그것이 무엇을 의미하는지 알지만 실행에 옮기지는 못합니다. 그 이유는 이런 일련의 행동의 순서와 과정에 대한 기억을 담고 있는 두뇌의 부위가 손상되었기 때문입니다.

영어에서 문법적으로 뭐가 맞고 틀린지는 알아도 말을 해보면 아는 대로 나오지 않는 것은 실행증 환자가 행동의 순서와 과정에 대한 기억이 없듯이 말의 순서와 과정이 연결이 되어 있지 않았기 때문입니다. 이것은 실행증처럼 이런 연결 장치가 있다가 없어진 것은 아니고 아예 만들어본 적이 없어서 없는 것이기 때문에 반복되는 연습으로 새로운 기억을 만들어야 하고 '읽는 공부'가 그 기억을 확립시켜 줄 수 있습니다.

두 가지 문법 공부의 실천 방향

그렇다면 구체적으로 들어가서, 영문법을 익힐 때 종래의 영문법 책을 독파하는 방식을 완전히 버리고 책만을 읽으면서 영문법 감각을 익히는 새로운 방식으로 완전히 대체할 수 있는가 하는 질문이 생깁니다. 이런 주장을 펴는 분들이 꽤 많은 것으로 알고 있고 이론상 가능하기도 하지만 저는 최고의 효율을 위해서는 기존의 공부 방법도 조금은 활용할 필요가 있다고 봅니다. 제 경험으로는 아무리 감각적으로 막연히 알고 있어도 어디선가 원칙을 읽은 적이 있고 그 원칙을 설명할 수 있을 때 훨씬 기억이 오래 가는 것을 발견했습니다. 즉, 책을 읽어서 문법 감각을 체득하는 과정과 문법책을 별도로 읽어서 원칙을 숙지하는 방법을 같이 하면 학습의 효과가 가장 높아진다는 것입니다.

저도 예외는 아니지만 사람들은 단순한 것을 좋아합니다. 영어 공부 방법도 마찬가지로 그냥 들릴 때까지 테이프를 들으라고 한다든지, 영화만 계속 보라고 한다든지, 외국인과 만나서 되든 안 되든 영어로 계속 말을 하라고 하면 오히려 실천이 쉬울 것 같다고 느끼실 것입니다. 그런데 저는 영어로 듣기도 많이 하고, 책도 소리 내어 많이 읽고, 이젠 문법책까지 보라고 하니 정말 복잡하게 느껴지실 것 같습니다. 하지만 실천을 해보면 글로 쓰여 있는 것처럼 복잡하지는 않습니다.

영문법을 공부하려면 일단 문법책을 한 권 사시기를 권해드립니다. 물론 개개인의 수준에 따라 어떤 책을 고를지 달라지겠습니다. 초급과 중급자를 기준으로 말씀드리면 가능한 한 얇고 내용이 쉽고 재미있는 영문법 책을 고르시기 바랍니다. 불과 10년 전만 해도 이런 책이 별로 없었는데 요즘은 이런 기준에 맞는 가벼운 영문법 책들이 아주 많습니다. 당장 대형 서점의 영어 공부 관련 서적 코너에 가셔서 영문법 책들을 찾아보시기 바랍니다. 자신의 스타일에 맞는 좋은 책을 꼭 발견할 수 있을 것입니다. 영문법은 외우고 문제만 푸는 괴로운 과목이었던 학창시절의 기억을 잊으시고, 책을 구입하여 이제는 그냥 즐기는 기분으로 일독을 하시기 바랍니다. 제가 학교 다닐 때 국사를 별로 좋아하지 않았습니다. 내용도 재미가 없지만 그 내용을 외워서 시험을 봐야 한다는 사실이 흥미를 다 앗아갔었나 봅니다. 그런데 대학교에 들어와서 역사 관련 베스트셀러 같은 것을 접해보니 의외로 재미가 있었습니다. 국사가 공부의 대상에서 재미있는 이야기로 변하니 새로이 흥미를 가질 수 있게 된 것입니다. 여러분도 이런 종류의 흥미를 영문법 책에서 느낄 수 있었으면 좋겠습니다.

  아직은 그렇지 않아도 상관없습니다. 아무리 재미있는 영문법 책을 골랐어도 재미없을 수 있습니다. 마음에 압박을 받지 말고 외우지도 말고 그냥 대충 한 번만 처음부터 끝까지 읽으시라는 것입니다. 이렇게 읽는 목적은 뭐가 어디에 쓰여 있는지라도 익히자는 것이 다입니다. 이렇게 읽는 것은 아마 몇 시간이면 충분할 텐데 가능하면 미루지 마시고 하루에 다 끝내는 것이 좋겠습니다. 제 경험상 미루고 미루다 보면 결국은 책에 먼지가 쌓이고 햇빛에 변색될 때까지 영영 읽지 않게 되는 사태도 올 수 있습니다. 영문법 책을 읽다 보면 이런 내용도 다 있구나 하고 새삼스럽게 느끼실 분이 많을 것입니다. 그리고 나서 6장과 7장에서 권해드렸듯이 영어책 혹은 영화 대사를 소리 내어 읽기를 매일 계속하는 가운데 영문법 책을 하루 두 페이지 정도씩 다시 읽기 시작하는 것입니다. 이때는 통독이 아니고 느린 속도로 자세히 정독을 하되 처음 일독할 때와 마찬가지로 외울 필요는 없습니다. 외우려고 마음에 압박을 받는 순간부터 영어 공부는 지루한 의무가 됩니다. 누차 강조하지만 노동이 되는 공부는 거의 실패합니다. 따라서 그냥 배우고 익히는 즐거움을 가지고 영어를 한다고 생각하시기 바랍니다.

이렇게 하다 보면 학생 때는 죽어라 쓰면서 외우려고 노력해도 외우지 못했었는데 하루 두 페이지씩 정독하는 걸로 다 기억하는 것이 가능한가 하는 의문이 들 것입니다. 물론 읽을 때 기억할 수는 없습니다. 그런데 계속 공부를 해보시면 이런 현상이 일어납니다. 예를 들어보겠습니다. 여러분이 영어책을 읽다가 아래와 같은 문장을 만났습니다.

He walks on as if nothing happened.

해석은 '그는 마치 아무 일도 일어나지 않았다는 듯이 계속 걷는다'가 되겠지요. 문제는 'as if' 뒤에 나온 동사가 시제 일치 원칙을 지키지 않고 'happened'라는 과거형으로 되어 있다는 것입니다. 그 이유는 'as if'가 단순히 '~처럼 보인다'로 해석이 되는 경우는 시제를 일치시켜야 하지만 '사실이 아닌데 사실인 것처럼 보이는' 경우라서 가정법을 사용하게 됩니다. 다음 문장과의 차이를 생각해보면 무슨 말인지 이해가 가실 것입니다.

It looks as if it is going to rain.

위와 같이 '곧 비가 올 것처럼 보인다'라고 한다면 실제 일어난 상황과 반대되는 가정적인 상황이 아니고 실제 비가 올 것처럼 보이기 때문에 이런 말을 한 것이므로 'looks' 뒤에 오는 'as if'로 시작하는 부사절 내의 'is'에서는 시제 일치가 일어납니다. 그런데 처음 문장의 경우는 정황상 무슨 일이 일어났는데도 불구하고 그는 아무 일도 없었다는 듯이 계속 걸었다는 것이므로 가정법을 써야 한다는 것입니다.

여러분이 책을 소리 내어 읽다 보면 위와 같은 두 가지 형태의 문장을 다 만날 수 있을 것입니다. 하지만 어지간히 예민하고 명석하지 않은 한 그 차이를 읽는 것만으로 저절로 알아차리기가 쉽지 않습니다. 대부분의 문법책을 전혀 보지 않고 읽기 공부만 하는 사람은 이런 차이를 영영 모르고 지나가게 될지 모릅니다. 하지만 여러분이 매일 문법책을 조금이라도 보면서 이런 내용을 접하게 되면 실제 책 읽기에서 이런 문장을 아직 만나지는 못했어도 이런 것도 있구나 하고 눈여겨보고 지나가게 됩니다. 그러다가 'as if' 다음에 가정법이 나온 문장을 영어책을 읽다가 실제로 접하게 되면 전에 문법책에서 읽었던 내용이 얼핏 기억나게 됩니다. 그럼 문법책에서 읽었던 내용이 도대체 무엇이었나 궁금해질 것이고, 그러면 그 부분을 찾아서 다시 한번 읽는 것입니다. 이렇게 필요에 의해서, 즉 알고 싶어서 찾아 읽게 되면 읽음과 동시에 확고한 기억으로 저장이 됩니다. 문법 공부와 읽기 공부가 병행이 되어야 하는 이유가 바로 이것입니다.

의사가 의학을 공부하는 비결

여러분도 의대생과 의사들이 공부하는 의학 책을 한번쯤 보신 적이 있는지 모르겠습니다. 본 사람은 누구나 그 방대한 분량에 기가 질려버립니다. 그리고 어떤 사람은 의사들이 얼마나 머리가 좋기에 이 모든 내용을 다 외울 수 있을까 궁금해할지도 모릅니다. 좋게 봐줘서 의사들이 학생 때 공부는 조금 잘했을지 몰라도 두꺼운 의학서적을 다 외울 수 있을 정도의 머리를 가진 사람은 한 번도 본 적이 없습니다. 의사들이 방대한 의학 지식을 유지하면서 환자를 보는 비결은 위의 문법 공부와 똑같습니다. 즉 의과대학 강의에서 기본적인 내용을 대강 배웁니다. 그렇게 해서 어느 책의 어느 부분을 찾아보면 뭐가 나오는지 알게 됩니다. 그리고 병원에 실습을 나오고 나서 진짜로 환자를 보게 되는데 실습 전까지는 아무리 시험을 보기 위해 열심히 공부했던 내용도 그때까지 모두 다 기억에 남아 있지는 않습니다. 그럼 당연히 마음이 새까맣게 탈 것입니다. 환자는 코앞에 앉아 있으니 교수님의 질문에도 답해야 하고 환자에게도 병에 대해서 뭔가 말을 해주긴 해줘야 하는데 생각나는 것은 없습니다. 이런 괴로움을 겪고 그날 집에 가서 전에 봤던 책이건 의학 저널이건 전부 검색해서 그 환자의 문제가 무엇이었는지 찾아봅니다. 이렇게 스스로 원해서 관련 내용을 찾게 되면 몇 번 반복해서 읽는 자체로 관련 지식이 머리에 쏙쏙 들어오게 됩니다. 같은 과정을 몇 번 반복하면 이 질환에 대해서는 척척박사가 되고 이렇게 지식과 경험이 쌓이면서 여러 방면에 골고루 지식이 많은 좋은 의사가 만들어집니다. 결국 진짜 지식은 실제 환자를 보는 경험에 의해서 축적되는 것입니다.

문법책을 구입해서 몇 시간에 걸쳐 간략하게 읽는 것은 바로 이런 과정과 같습니다. 무슨 내용이 어디에 있는지만 익히는 것입니다. 그리고 영어책을 소리 내어 읽는 것은 의사가 실제 임상에서 환자를 직접 보는 것과 같습니다. 의사들은 환자가 무슨 병이 있는지 모르다가 일단 환자를 만나고 보충해서 공부를 하면서 숨은 질환을 찾아내게 됩니다. 책을 읽는 사람은 자신이 읽는 문장

> 속에 들어 있는 문법적 코드를 모른 채 그냥 읽다가 시간이 지나면서 문법 감각이 생기면 말로 설명할 수는 없어도 어떤 것이 맞을 거라는 느낌이 생길 것입니다. 혹시 법칙이 기억나지 않더라도 어디선가 본 기억이 있으므로 문법책을 찾아보게 되며 이렇게 얻어진 문법 지식은 오랫동안 기억에 잘 남게 됩니다. 이런 식으로 문법적 지식과 감각이 함께 쌓여가면 어쩌면 미국 사람들보다 문법을 더 잘 알게 될지도 모릅니다. 이 문법은 시험 볼 때만 써먹는 죽은 문법이 아닙니다. 이미 문장을 읽으면서 문법 감각이 들어가 있기 때문에 자유자재로 써먹을 수 있는 살아 있는 문법이 되는 것이죠.

만약 문법책을 보는 과정이 전혀 없이 그냥 영어책을 읽음으로써 영어 문법 감각을 얻으려고 노력한다 해도 어느 정도는 익힐 수 있습니다. 하지만 이런 경우는 문법 감각이 불완전해서 영어 실력이 아주 높아지기 전까지는 'He walks on as if nothing happened'가 맞는지 'He walks on as if nothing happens'가 맞는지 구별을 못합니다. 또한 회화나 작문을 할 때 문법상의 자잘한 실수가 개선되지 못한 채 계속 반복될 수도 있습니다. 영어를 막 배우기 시작하는 사람은 이런 문장을 많이 접해도 문법의 실체가 매우 희미하게 느껴지기 때문입니다.

제가 주장하는 공부 방법은 첫째도 효율이고 둘째도 셋째도 효율입니다. 가장 짧은 시간에 최고의 효과를 얻는 공부가 제가 주장하는 핵심이므로 들리지도 않는 테이프를 몇 달씩 반복해서 듣는 것도 반대하고, 매번 같은 표현만 쓰면서 몇 년 동안 학원에 가서 원어민에게 돈을 쓰는 것도 반대하며, 같은 이유로 쉽게 문법에 대한 설명을 볼 수 있는 문법책을 배제하고 문법 감각에만 집착하는 것도 반대하는 것입니다.

문법공부에 대해서 다시 한번 정리를 해보겠습니다.

1. 쉽고 재미있는 문법책을 사서 구입한 당일 가볍게 일독한다.
2. 매일 영어책을 큰 소리로 읽는 공부를 병행하면서 한 번 읽었던 그 문법책을 매일 두 페이지씩 정독한다.
3. 영어책을 읽다가 문법적으로 궁금한 내용이 나오면 수시로 문법책을 참고한다.

정리해보니 매우 간단합니다. 그런데 공부를 하면서 초급의 수준을 넘어서게 되면 분명히 더 자세한 공부에 대한 갈증이 생길 것입니다. 이때는 조금 두껍고 자세한 문법책을 새로 구입할 필요가 있습니다. 그러고는 위와 똑같은 방법으로 처음에는 일독을 가볍게 한 후에 매일 영어 공부를 하면서 병행해서 읽으면 되는데 이젠 기본을 이미 알고 있으므로 정독하는 분량을 늘려서 두 장(네 페이지) 정도 읽으면 될 것 같습니다. 그렇게 하더라도 시간이 별로 걸리지 않을 것입니다. 다 읽으면 처음으로 돌아가서 거의 다 알 때까지 반복해서 읽으면 됩니다. 500페이지짜리 책도 하루에 4페이지씩 읽으면 넉 달이면 다 읽는데, 꾸준히 한다면 1년이면 세 번을 읽게 됩니다.

제가 누차 강조하듯이 영어는 장기전이므로 5년 동안 문법책을 이만큼 읽은 사람이 있다면 원어민도 이 사람 앞에서는 문법으로는 못 당할 수준이 될지 모릅니다. 다만 같은 문법책을 수년간 볼 필요는 없고 두세 권 정도 순차적으로 업그레이드하기를 권장합니다.

'영어를 하고픈 나' 님의 질문: 안녕하세요 영어를 아주 잘하고픈 꿈 많은 대학생입니다. 블로그에서 선생님의 글을 다 읽고 말았네요. 정말 공감 가고 유익한 내용이었습니다. 궁금한 게 있어요. 미국에서 얼마나 생활하고 영어를 얼마나 공부하셨는지는 모르겠지만 성인이 되어서 듣고 쓰고 읽고 말하기를 열심히 하다 보면 한국어의 개입 없이 오로지 영어로만 생각하고 글을 이해하고 듣고 말하는 것이 가능할까요? 옛날부터 많이 궁금했습니다. 어떻게 생각하시는지요? 혹 주위에 그런 분들은 없으신가요?

답: 저도 그런 궁금증을 많이 가졌습니다. 많은 사람들이 영어 실력이 쌓이면 영어로만 생각하고 말하는 게 가능하다고 한 것을 저도 진작부터 책으로 읽어서 알고는 있었습니다. 그러나 예전부터 그런 글을 접할 때마다 그 글을 쓴 사람들은 평생 영어에 모든 정열을 쏟아부은 사람이거나 영어에 대한 천부적인 자질을 타고난 사람들이라고 생각하곤 했습니다. 영어가 직업도 아니고 언어에 대한 재능도 보통인 저에게도 과연 이런 일이 일어날 것인가에 대해서는 확신이 없었지요.

지금은 자신 있게 말씀을 드릴 수 있는데 영어로 생각하고 말하는 것이 분명히 가능합니다. 저도 어느 순간에 이런 일이 일어난 것인지 확실히 구분 지을 수는 없습니다. 저도 예전에는 영어 문장을 어느 정도는 머릿속에서 만들어서 말을 꺼냈고 겉보기에는 영어를 대충 하는 것처럼 보였지만 속으로는 영어와 한국어가 완전히 분리되어 있었던 과정이 수년간 지속되었기 때문에 이게 언제부터 가능했는지 확실히 알지 못합니다. 그런데 지금 생각해보니 결국은 영어로만 생각하는 그런 수준에 도달한 것은 분명한 사실입니다.

지금까지의 연구를 보면 12세가 넘어서 영어를 습득한 한국 아이들은 두뇌에서 영어와 한국어를 담당하는 영역이 따로 존재한다고 했는데 저도 아마 예외는 아닐 것입니다. 하지만 그렇다고 해서 영어를 듣고 한국말로 머릿속에서 번역하여 다시 한국말로 말을 만든 다음 영어로 번역해서 내보내는 복잡한 단계를 거치는 것은 아닙니다. 영어로 알아듣고 영어로 생각과 동시에 말을 합니다. 말하자면 모국어를 듣고 말하는 것과 비슷합니다. 이런 일이 가능하게 되었던 이유로 다음의 두 가지를 꼽을 수 있을 것 같습니다.

첫째로 제가 흔히 활용하는 문장의 수가 많아지면서 하고 싶은 말이 있을 때면 고민을 별다르게 하지 않아도 전에 써본 경험이 있는 문장이 자연스레 나올 수 있게 되었다는 것입니다.

예를 들어서 '당신이 준비가 되면 저에게 전화 한번 해주실 수 있을까요?'라는 말을 하고 싶으면 예전에는 'you'를 생각하고, 'ready'를 생각하고 'call me'를 생각하는 식으로 단어와 구를 떠올린 다음 이를 묶어서 문장을 만들기 위해 노력을 하고 내보냈는데 언제부터인가는 더 큰 덩어리로 'when you are ready'가 생각나고 'could you call me'가 생각나서 두 개를 순식간에 묶어서 'Could you call me when you are ready?'로 말할 수 있었습니다. 조금 더 지나니까 나중에는 표현에 다양성도 생기기 시작하면서 'Would you be able to call me when you are ready?'라는 식으로도 문장을 말할 수 있게 되었습니다. 마치 목수 일을 처음 시작하는 사람이 필요에 의해서 처음에는 대패를 사고, 다음에 망치를 사고, 다음에 끌을 사는 식으로 필요한 연장을 구비하듯이 오래 영어 공부를 하다 보면 필요한 연장이 다 구비되게 됩니다.

둘째로는 영어의 어순이 자연스럽게 고착이 되었다는 것입니다. 예전 같았으면 제가 만약 친구에게 '카풀을 해서 통근을 조금 더 효율적으로 하도록 해라'라는 말을 하고 싶었을 때 머릿속에서 단어를 조합해서 문장을 만드느라 정신이 없었을 것입니다. 그런데 이제는 별달리 생각하면서 준비하지 않아도 'Why don't you try to arrange a carpool to make travel more efficient?' 라는 문장이 자연스럽게 나옵니다. 특히 'try' 다음에는 'to arrange' 가 나오고 그 뒤에 'a carpool' 이 나오고 하는 일련의 과정이 자연스럽게 사고에 녹아 있어서 연결이 됩니다. 예전처럼 단어의 순서를 정리하느라 머릿속이 바쁜 것이 아니라, 주어 다음에 동사 나오고 그 동사를 꾸미는 목적어가 나오고 그 목적어를 설명하는 말이 연결되는 과정이 익숙해졌다는 것입니다. 다시 목수 이야기에 비교하자면 연장을 사용하는 순서를 고민하지 않고 손만 뻗어도 자신에게 필요한 연장을 척척 가져오는 것과 같습니다.

이 같은 과정은 책과 영화로 오랫동안 공부하면서 내공을 쌓았기에 가능했습니다. 제가 배운 표현은 다 제가 공부하면서 익힌 것들입니다. 너무나 당연한 말이지만 배우지 않고 써먹어보지 못한 말을 어떻게 할 수 있겠습니까.

듣기도 마찬가지입니다. 영어를 순서대로 말하는 체계가 갖추어져 있다면 다른 사람이 말하는 것을 듣는 제 입장에서도 그 사람이 말하는 순서를 이미 예상하고 듣게 됩니다. 상대방이 'Why don't you try' 라고 하면 뭘 시도한다는 것인가 하고 생각할 것이고, 'to arrange' 라고 하면 뭔가를 주선하기를 시도한다는데 그럼 뭘 주선하나 생각할 것이고, 'a carpool' 이라고 하면 정답이 다 나왔지만 그 뒤에 말이 나온다면 그 'carpool' 이 어떤 종류라거나 무슨 목적이라는 말이 뒤따를 거라고 기대하게 됩니다. 물론 아주 순식간에 일어나는 일이라 말이 그렇다는 것이지 다 일일이 생각하고 듣는 것은 아닙니다. 하지만 만약 상대방이 'try to arrange a carpool to~' 하고 말을 길게 끌게 되면 나름대로 할 말을 도와주는 경지가 됩니다. 제가 나서서 장난스럽게 'to save fuel cost?' 하고 반문할 수도 있고 'to preserve environment?' 라고 말할 수도 있겠습니다. 그러다가 상대방이 'No, just to make travel more efficient' 라고 문장을 끝낼 수도 있겠지요. 요는 듣는 입장에서도 어순을 알고 있으면 상대방의 다음 말이 무엇일지 예상할 수 있으므로 듣기가 편해진다는 것입니다. 이러한 것도 결국은 문법의 일부인데 문법을 공부하지 않고는 절대로 깨우칠 수 없을 것입니다.

9장
가장 효율적으로 어휘력을 늘리는 비결

누구나 영어 공부를 시작하면 여러 가지 의문이 생기게 됩니다. 사람들이 가장 궁금하게 여기는 것 중의 하나가 도대체 영어 단어를 얼마나 알아야 하는가 하는 것입니다. 당연히 많이 알수록 좋겠지만 그래도 현실적으로 어느 정도의 단어를 알아야 할까요? 저도 과거에 이것이 궁금해서 여기저기 찾아보았습니다만 지금 생각하면 이런 질문에 정답을 기대한다는 것이 어떤 면에서는 우습기도 합니다. 그 이유는 이 질문에 답하기 전에 그럼 영어를 얼마나 잘하기를 원하느냐는 질문에 스스로 먼저 답해야 하기 때문입니다. 그래도 궁금하기에 원하는 수준을 몇 가지 가정해서 답을 찾아보려고 합니다. 일단 우리가 얼마나 단어를 알고 있는지 생각해보겠습니다.

내가 알고 있는 단어 수는 얼마나 될까?

자료마다 차이가 있으나 대략적인 범위로 말씀을 드리자면 중학교 영어 수준에 맞는 어휘 수는 1,000~1,500개 정도이고, 고교 어휘는 2,500개라는 설이 있지만 범위로 잡아서 2,000~4,000개로 넓게 보기도 합니다. 여기에 정의가 불분명하기는 하나 대학 교양영어로는 6,000개 정도가 추가된다고 합니다. 하지만 누구나 권장 어휘를 다 알 수는 없는 것이니 영어를 공부해본 보통의 대졸자라면 5,000단어, 그리고 영어를 아주 잘하는 대졸자라면 1만개 정도의 단어를 알고 있을 것이라고 추정해볼 수 있습니다. 시험 준비 등의 목적으로 따로 단어 공부를 열심히 한 사람의 어휘력은 이 수준을 넘을 수도 있습니다. 물론 준비한 시험에 따라서 공부한 단어의 범주가 다를 테니 시험도 시험 나름일 것입니다. 토익이나 토플에 필요한 어휘는 수능 어휘와 대학 교양 영어의 범위를 넘어서지 않을 것이라고 생각되니 따로 계산을 하지 않겠습니다. 대신 미국의 수능시험인 SAT와 대학원 시험인 GRE에 필요한 어휘를 생각해보면 서로 범위가 겹치고 토플, 토익 어휘와 중복이 되기는 합니다만 각각 5,000단어 정도가 추가된다고 생각하면 무리가 없을 것 같습니다. 다만 GRE 단어는 보다 전문적이어서 대학 교양영어, 토플, 토익, SAT 단어와 덜 겹친다는 것이 감안되어야 하겠습니다.

  앞으로 언급할 '표제어'라는 말이 있는데 이는 사람마다 정의가 약간 다를 수 있습니다. 제가 이 글에서 말하는 표제어는 파생어의 원형만을 말하는 것으로, 예를 들어 depress를 depressing, depressingly, depression, depressive 등의 표제어로 표현한 것이니 혼동이 없었으면 합니다. 간혹 영한사전의 광고를 보면 위의 파생어를 모두를 표제어로 해서 20만 표제어가 실려 있다는 식으로 나오는데 제가 말하는 의미와는 다른 것입니다. 파생어도 공부해서 다 알면 좋지만 표제어를 알면 굳이 공부하지 않아도 유추가 충분히 가능한 것이 많습니다. 위에서 예를 들었듯이 한 단어를 놓고 보더라도 동사, 명사, 부사, 형용사 등으로 활용이 되고 여기에 합성어까지 다 합하면 한 단어만 알아도 아는 단어가 많이 늘어나게 됩니다. 품사의 활용을 예로 들면 lubricate(매끄럽게 하다)라는 단어를 알면 lubricant(윤활제), lubrication(윤활), lubricity(매끄러움)을 알게 되고, 조금 넘어서면 윤활유라는 단어로 흔히 쓰이는 'lube'까지 짐작할 수 있을 것입니다. 합성어를 예로 들면 lumber라는 단어는 톱질해놓은 재목이라는 뜻을 지니는데 lumberjack(벌목공), lumberman(lumberjack, 벌목공), lumbermen(벌목공의 복수), lumberyard(재목 두는 장소), lumber room(헛간)이라는 식으로 확장이 계속 가능하니 한 단어를 확실하게 아는 것은 파생어를 저절로 알게 되는 결과가 됩니다. 다만 이 단어의 경우 다른 어근에서 온 말로 '쿵쿵거리며 걷다'라는 뜻도 있으니 '재목'이라는 뜻만 알고 이 뜻을 모를 경우 이 단어를 완전히 다 안다고 말할 수는 없겠습니다.

어쨌거나 제 추산으로는 약 2만 개 정도의 표제어를 알고 있으면 파생어를 합해서 거의 10만 어휘 가까이 아는 셈이 되지 않을까 생각을 하게 됩니다. 표제어와 파생어의 개수가 이렇게 차이가 많이 나므로 어휘력을 말할 때는 표제어를 몇 개나 아는가 하는 것과 파생어와 합성어를 합해서 얼마나 아느냐는 구별해서 말해야 정확할 것 같습니다. 요즘 SAT나 GRE 대비용으로 서점에 나와 있는 영어 어휘 관련 도서를 검색해보니 수록한 단어 수가

22,000개, 33,000개라고 제시하는 책들이 보였습니다. 하지만 이 수치는 그 책에서 다루고 있는 단어의 개수가 아니라고 합니다. 33,000을 표방하는 책의 경우 실제로는 어휘 수가 파생어를 포함 6,000개에서 1만 개 사이라고 하는데 제목에 33,000이란 수치가 나온 이유는 이 책의 단어를 다 익힐 경우 학습자가 기본적으로 알고 있는 단어 수와 이 책에서 얻는 어휘력을 합해서 달성 가능한 목표라는 의미라고 합니다. 제가 가지고 있는 영한사전의 전체 어휘 수를 찾아보니까 콘사이스 사전은 35,000 정도, 그리고 두꺼운 사전은 10만 단어 정도가 실려 있다고 되어 있었는데 표제어를 기준으로 하면 각각 1/3에서 1/4 사이인 각각 15,000단어와 25,000단어 정도를 담고 있지 않을까 추산됩니다.

미국인의 어휘력을 추산해보면

그럼 미국인은 얼마나 많은 어휘력을 지니고 있을까요? 제 자신도 믿기 힘든데 대졸 성인의 어휘력이 표제어와 파생어, 지명이나 인명 등의 고유명사를 포함해서 10만 개 정도라고 나와 있는 자료가 있었습니다. 그렇다면 제가 가지고 있는 사전의 모든 단어를 거의 다 아는 수준이라는 놀라운 결과가 될 것 같습니다. 표제어를 기준으로 하면 그보다는 어휘 수가 훨씬 적어질 것이나 그래도 너무 많아 보입니다. 다른 자료에서는 표제어를 기준으로 미국 초등학교 저학년 아이들이 한국 대학생 정도의 어휘력(5,000단어 정도)을 가지고 있다고 나와 있었는데, 이 아이들이 고등학교를 졸업할 무렵에는 1만에서 15,000단어를 안다고 합니다. 그리고 그 이후의 고등교육을 마치면서 전문용어 등이 추가될 것입니다. 그래서 고졸 미국인의 어휘를 표제어, 파생어, 고유명사, 복합어 등을 다 합해서 5만 단어 정도로 잡고, 학사급은 개인에 따라 다르지만 5만에서 10만 단어 사이, 석박사급 인력의 경우 10만 단어로 가정하는 것이 좀 더 현실적인 것 같습니다. (표제어 기준으로는 각 수치의 1/3에서 1/4로 잡으시면 됩니다.) 이런 수치를 가지고 우리의 어휘력 목표를 따져보겠습니다.

영어를 잘하고 싶은 사람 중에는 어린 자녀들에게 영어 공부를 지도해주거나 가끔 해외여행 가서 큰 불편 없이 영어를 구사하는 것이 목표인 사람도 있을 것이고, 한국의 외국인 회사에 취업하고 싶은 사람, 박사과정을 밟기 위해 미국 유학을 떠날 사람, 미국 현지에서 자영업을 하면서 미국인을 상대해야 할 사람도 있을 것입니다. 당연히 목표에 따라 공부해야 할 분량과 내용이 달라집니다. 사람 욕심이야 대학원 졸업 이상 학력의 원어민 정도로 영어를 구사하고 싶을 것입니다. 대졸 이상의 학력을 가진 원어민의 종합적인 영어 실력을 100이라고 하면 여행을 편하게 하는 수준이나 영어권 국가에서 자영업을 영위하는 데 필요한 영어는 50에서 60 정도면 되지 않을까 생각하고, 원어민들 속에서 살면서 토론과 협상이 필요한 사람이라면 70에서 80은 되어야 할 것으로 생각합니다. 다시 한번 말씀드리지만 영어 실력을 이런 식으로 수치화하는 게 상당히 부담스럽습니다만 그냥 여러분이 감을 잡는 데 조금이나마 도움이 될까 해서 이렇게 예를 들고 있습니다.

물론 미국에서 샌드위치 가게를 하나 운영하더라도 손님들과 정치, 경제 등 사회 전반의 세상 사는 이야기를 하고 현지인들과 정서적인 교감을 나누는 데 필요한 영어 수준과 단순하게 주문을 받고 손님이 원하는 샌드위치만 만드는 데 필요한 영어가 같지는 않을 것입니다. 또한 똑같이 외국계 기업에 근무해도 내국인들과 주로 업무를 협의하고 어쩌다가 한 번씩 외국인 중역과 짧은 대화만 나누는 사람과 매일 외국의 본사와 영어로 통화하고 외국인 고객들을 설득하면서 사는 사람에게 필요한 영어가 같을 수가 없다는 것도 자명한 일입니다. 그러니 이런 사실을 감안하고 이해해주셨으면 좋겠습니다.

정말 낯선 미국 사람들의 이름

미국인의 어휘력에는 고유명사(지명, 인명 등)도 상당히 큰 비중을 차지합니다. 고유명사 중에는 외국인인 저로서는 생전 들어보지 못한 이름이 많아서 불리할 때가 많았습니다. 전에 함께 일하던 사람 중에 '닥터 웨스트모어랜드'라는 긴 이름을 가진 미국 여의사가 있었습니다. 그런데 처음에 이분의 이름을 들었을 때는 하도 이름이 길어서 도저히 발음을 할 수가 없더군요. '웨스트모어랜드'라는 말이 들리기는 들렸는데 스펠링이 어떻게 되는지는 짐작이 가지 않았습니다. 나중에 알고 보니 쉬워도 너무 쉬운 'Westmoreland'여서 허탈한 마음이 들 정도였습니다. 'west'도 쉬운 단어고 'more'나 'land'도 마찬가지인데 제가 발음도 잘 못하고 철자도 가늠하지 못했던 이유는 우선 이런 이름을 전에 한 번도 들어보지 못했기 때문이고, 둘째는 이런 황당한 단어의 조합으로 된 이름이 존재할 리가 없다는 생각 때문이었습니다. 원래 영국에서 'the moors' 지방의 서쪽에 사는 사람'이란 의미로 만들어진

'Westmoringaland'라는 성씨가 있었는데 시간이 흐르면서 쓰고 읽기 편하게 스펠이 변했다는 설이 유력하나, 미국에서는 서부의 변경 개척을 독려하기 위해 자신의 땅이라고 표시만 하면 땅을 주었다는 개척시대의 역사적 사실에서 유래하여 서쪽으로 땅을 더 가진다는 의미로 성씨를 그렇게 만들었다는 이야기도 나중에 들었습니다. 어쨌거나 이렇게 쉬운 이름도 제가 알아듣기가 힘들었다는 사실은 아무리 쉬운 것도 모르면 모르는 것이라는 진리를 새삼 되새기게 해주었습니다. 미국에 사는 사람이면 이런 이름은 진작 들어보아서 잘 알고 있을 가능성이 높습니다. 하지만 저 같은 이민자는 살면서 배우는 수밖에 없습니다.

어휘력 확보에 관한 다양한 의견들

앞에서 원어민에 대비하여 제시한 수치들은 종합적인 영어 실력을 말한 것이고 단어로만 보자면 이야기가 많이 달라집니다. 미국 고등학교 졸업자의 영어 어휘가 5만 정도일 것이라고 했으니 미국에서 세탁소, 소매점 등을 하는 데 필요한 어휘의 수는 그들의 50~60% 수준으로 어림잡아 25,000에서 3만 단어 정도가 되지 않겠느냐는 식으로 추정할 수 있는 것이 아니라는 것입니다. 실제로는 이보다 훨씬 적은 어휘 수로도 사는 데 지장이 없습니다. 영어로 의사소통하는 데 불편함이 없이 살아가는 멕시코계 이민자들이 겨우 2,000단어로 하고 싶은 말을 다 하고 산다는 이야기를 들은 적이 있습니다. 이것이 과장이 아닌 것이 미국의 직장인들조차 매일 쓰는 단어 수가 겨우 2,000개 정도라고 합니다. (앞의 멕시코 이민자 이야기는 그들이 가진 전체 어휘력을 말한 것이고 후자의 미국 직장인 이야기는 '하룻 동안' 그들이 사용하는 단어 수이므로 매일의 생활에서 상당 부분 겹치는 부분이 많다고 해도 사용되는 어휘 수는 후자가 훨씬 많을 것입니다.) 결국 이론상으로는 우리가 이미 아는 단어, 즉 중·고교 수준의 어휘인 4,000개도 다 알지 못한다 해도 이를 잘 이용할 줄만 알면 미국 사람과 어지간한 의사소통이 다 가능하다는 것입니다. 다만 그러기 위해서는 단지 어휘가 문제가 아니라 말하기, 듣기 능력이 다 갖춰져야 하겠습니다.

단어 공부에 관해 사람마다 다양한 의견을 가지고 있을 수 있습니다. 대부분의 한국 사람들이 자신의 어휘력에 상당한 불만과 갈증을 느끼면서 살아가는 데 반해 일부에서는 지나치게 낙천적인 것인지 정반대로 자신의 어휘력이 의사소통에 충분하다고 생각하고 살아가는 사람도 드물지만 본 적이 있습니다. 물론 이런 분들이라도 영어 실력을 쌓기 위한 공부 자체를 부정하는 것은 아니고 어휘력에 지나치게 집착하는 것을 경계하는 것으로 보입니다. 대개가 경험상 제한된 영어 어휘로도 한국의 학원이나 미국 현지에서 그다지 의사소통의 불편을 느끼지 못했다는 데서 이런 생각을 가지게 된 듯합니다. 영어 어휘력을 향상시키기 위해서 피나게 노력하는 사람을 잘 이해하지 못하고, 오히려 '내가 보니까 그렇게 복잡한 말을 쓰지 않아도 다 통하는데 왜 이렇게 영어를 어렵게 만드느냐'고 말하기도 합니다. 이런 경우에 제가 항상 하는 대답은 '돈을 버는 영어'와 '돈을 쓰는 영어'는 다르다는 것입니다. 예가 조금 과장된 측면이 있지만 만약 신용카드를 들고 뉴욕의 백화점에 가서 쇼핑을 한다면 아무리 영어가 짧아도 'I want this',

'Credit card', 'Thank you' 정도만 알아도 물건 사는 데 아무 지장이 없습니다. 하지만 반대로 돈을 벌어야 하는 입장이면 상대방이 물건에 관심을 가지도록 설득도 해야 하고, 물건에 대해 설명도 해줘야 하고, 상대방의 비위도 맞춰야 하기 때문에 영어를 훨씬 잘해야 할 수밖에 없습니다. 그래서 저는 더 큰일을 하려면 더 정교한 영어가 필요하다는 생각입니다.

 한편 단어를 별로 몰라도 된다는 입장과 정반대편의 극단의 태도도 경계해야 합니다. 단어를 많이 알면 영어가 다 통할 것이라는 기대가 그것입니다. 이런 분들은 영어 공부를 본격적으로 시작하기 전에 단어를 먼저 정복해야 한다고 생각하는 경향이 있습니다. 꼭 틀린 말은 아니지만 그렇다고 정확한 생각도 아닙니다. 영어 저술가로 많은 책을 쓰신 조화유 님의 경험이 여기에 대한 답이 될지 모르겠습니다. 이분이 1973년 미국 유학길에 오르기 전에 토플을 보았는데 어휘와 영작문에서 세계 최고 점수를 받았다고 합니다. (당시에는 EST에서 응시자에게 성적을 개별 통지하면서 전 세계 응시자와 비교해주었다고 합니다.) 이 정도면 이분의 어휘력은 더 이상 말할 필요가 없으리라고 생각합니다. 그런데 이분의 책을 보면 미국에 와서 영어 때문에 꽤나 고전해야 했고, 심지어는 햄버거 집 종업원을 하다 영어를 못한다고 해고를 당했다는 아픈 경험도 쓰여 있었습니다. 높은 영어 시험 점수가 반드시 영어로 의사소통을 잘한다는 척도가 아니라는 것은 이미 많이 알려진 사실입니다만 어휘력에 있어서도 예외는 아닌 것 같습니다. 어휘가 아무리 완벽해도 영어가 잘 안 되는 수가 있습니다.

전문직과 직장인에게 요구되는 어휘력 추산

저 같은 전문직을 예로 들어 미국에서 살려면 얼마나 어휘력이 필요한지 짐작을 해보려고 합니다. 전문직의 경우 기본 영어 단어 외에도 전문용어를 고려하지 않을 수 없습니다. 물론 전문용어도 어느 정도 일반인들이 아는 단어가 있습니다. 의학용어 중에서도 충수돌기염을 뜻하는 'appendicitis'라든지 탈장을 의미하는 'hernia'라는 용어는 영어권 일반인들에게도 많이 알려진 단어입니다. 마치 한국에서도 의학을 굳이 전공하지 않아도 '충수돌기염'이나 '탈장'과 같은 병명을 다 아는 것과 마찬가지입니다. 제가 한국에서부터 가지고 왔던 의학용어 사전을 보니 어휘가 10만 단어 정도 실려 있었는데 화학 용어, 생물학 용어에다가 위에서 예를 든 것처럼 일반인들도 아는 용어가 포함되어 있으므로 배타적인 의학 용어로 볼 수 있는 것이 얼마나 되는지는 모르겠습니다만 미국에서 의사를 하고자 한다면 전문용어만큼은 미국의 의사들만큼 알아야 직업을 영위할 수 있을 것입니다. 이렇게 보면 전문용어의 풀(pool)도 엄청난 것 같은데 의학용어를 자세히 분석해 보면 접두어와 접미어가 어근과 결합해서 무궁무진한 파생어를 만듦으로 말이 10만 단어지 실제로는 배워야 할 단어가 그렇게까지는 많지 않습니다.

이렇게 전문용어에 정통해야 함은 미국에서 직업을 가지고 살기 원하는 사람이라면 저 같은 의사뿐만이 아니라 디자이너든 회계사든 컴퓨터 프로그래머든 다 마찬가지일 것입니다. 그런데 이 경우도 전문용어를 제외하면 앞에서 예를 든 소매업자와 마찬가지로 필요한 어휘의 수를 산술적으로 미국 전문직의 70%라고 계산해서는 안 된다고 생각합니다. 미국에서 자라고 교육받은 전문인들이 자기 분야의 전문용어를 제외하고 10만 개 정도의 어휘를 알고 있더라도 결국 일상생활이나 직장 생활에서 쓰이는 용어는 그렇게 많지 않기 때문입니다. 그래도 어느 정도 수준은 되어야 하므로 품위 유지에 필요한 단어 수는 미국의 고졸자 수준 이상은 되어야 하지 않을까 싶고 이 경우는 5만 개 이상(표제어 기준 15,000개)에다 자기 분야의 전문용어를 더하여 잡아야 할 것 같습니다.

전문직은 그렇다 치고 이 책을 읽으시는 분들은 현실적으로 미국의 기업 혹은 한국의 외국계 기업에서 외국인들과 섞여서 생활하는 데 크게 부족함이 없을 정도의 영어를 구사하고 싶은 경우가 대부분일 것입니다. 이런 분들을 모델로 해서 영어 실력과 어휘력의 목표에 대해 생각해보겠습니다. 1장에서도 관련 내용을 언급한 바 있지만 우리가 목표로 하는 실력을 영화 자막을 안 봐도 70~80% 정도는 알아듣고(이 정도 실력이면 영화 화면을 보면서 파악이 되니까 90%는 내용을 알게 됩니다) CNN 뉴스처럼 문법적으로 조금 명확한 영어를 들었을 경우 80~90%를 알아듣고(화면에 보이는 내용으로 사건의 내용을 짐작할 수 있다는 것을 감안하면 내용을 거의 알게 됩니다), 미국 사람과 비즈니스를 한다거나 미국의 직장에 다니면서 외국인과 직접 대면하여 의사소통을 할 때 불편함을 느끼지 않는 정도를 원한다고 전제해보겠습니다.

개인적으로는 제가 이 정도에 도달한 시점이 미국에서 병원 생활을 한 지 2년이 되던 때쯤으로 생각이 됩니다. (이때의 제 영어 실력을 100%으로 잡는다면 미국에 오기 전 한국에서의 5년간의 영어 공부로 이미 이 수준의 80%를 이룬 것으로 생각하므로 나머지 20%를 2년간 미국에서 달성했다는 의미입니다. 이는 제가 위에서 몇 번 말씀드린 원어민 수준 대비 몇 퍼센트를 말하는 것이 아닙니다.) 이때의 제 어휘력을 되돌아보건대 제 생각에 10만 단어는 물론 아니고 4만에서 5만 단어 근처 수준이 아니었나 싶고, 표제어를 기준으로 한다면 아마 1만 단어에서 15,000단어 사이의 수준이 아니었나 추정해봅니다. 결국 앞에서 언급한 전문직에 요구되는 단어와 비교하면 전문용어를 제외한 것과 얼추 비슷한 수치입니다. 제가 아는 단어가 몇 개인지 한 번도 세어보지는 않았습니다만 당시에 인터넷에서 단어 학습을 하는 한 사이트에서 매일 단어 공부를 하고 있었는데 중·고교 필수단어는 다 아는 것 같고 토익, 토플 단어와 SAT, GRE 단어도 80% 이상 맞힐 수 있었던 데서 짐작한 것입니다. 10만 단어짜리 사전을 무작위로 펴놓고 한 페이지에 몇 단어나 아는지 세어보기 같은 것을 즐겨 했는데 당시 대충 절반 이상은 아는 수준이었으니 이것 역시 부실하나마 제 판단을 뒷받침합니다. 그래서 1차 목표로 이 정도 단어를 알아야 한다고 정하고 공부를 시작하는 것도 괜찮은 것 같습니다.

다들 목표가 다르겠지만 이런 저의 이야기를 들으시면서 일부는 앞으로 갈 길이 너무 멀어서 낙담할 수도 있겠다는 생각도 듭니다. 하지만 이런 수준은 제가 5년 이상 조금씩 계속 노력하여 성취한 결과입니다. 영어에 능숙해지기 위해 제시한 표제어 1만 개 (혹은 파생어 기준 5만 개)가 공부를 아직 시작하지 않은 분들에게는 대단해 보일 가능성이 있다고 생각합니다만 그다지 엄청난 목표는 아닙니다. 일단 여기서 여러분이 이미 알고 있는 단어 수를 빼야 합니다. 위에서 말했듯이 사람에 따라 다르지만 대졸 구직자라면 5,000개 정도는 이미 공부해보았을 수가 있고 그렇다면 나머지 5,000개의 어휘가 남는 셈인데 5년 이상 노력으로 정복을 못할 이유가 없습니다. 혹시 GRE 공부를 해보신 분이라면 어휘력만으로 보면 이미 이런 수준에 근접했거나 이미 넘어선 분도 있을 것입니다. 이런 분들은 이미 아는 단어의 골격을 유지하면서 이에 더해서 영어권 국가에서 많이 쓰이는 '실용적인 단어'로 살을 붙이는 일만 남은 것입니다.

정리하는 습관이 있어야 성공한다

얼마 전 한 신문에서 서울아산병원 영상의학과의 송호영 교수님을 소개한 내용을 보게 되었습니다. 이분은 영상의학과(예전에는 방사선과라고 했음) 분야에서 스텐트 시술의 세계적인 권위자로서 교육과학기술부에서 수여하는 '대한민국 최고과학기술인상'을 수상하고, 대한의사협회의 '의협 100주년 기념 의학자상'을 받으신 분이니 학문적으로는 더 말할 필요가 없겠습니다. 그런데 제가 놀랐던 것은 학문적 업적뿐만이 아니라 지난 20년간 꾸준히 공부해서 영어, 일본어, 중국어에 능통하다는 사실과 기사에 소개된 이분의 1,000 페이지가 넘는다는 영어 노트 때문이었습니다. 열심히 공부한 사람이 좋은 결과를 얻는 것은 당연하고 이분의 실력도 이러한 노력에 대한 보상일 겁니다. 하지만 우리 같은 보통 사람도 충분히 흉내 낼 수 있고 내야 하는 것이 바로 이런 영어 공부 노트입니다. 제가 앞서 소개한 영어 저술가 조화유 님의 저서를 여러 권 읽은 바가 있는데 그중 하나가 미국식 영어를 가르쳐주는 시리즈로 《이것이 미국 영어다》라는 책이 있었습니다. 그 서두에 이분이 적고 있기를 자신이 미국에 와서 영어를 새로 배우면서 중요한 내용을 계속 노트에 적어왔는데 이러한 내용이 저술의 밑바탕이 되었다고 말하고 있었습니다. 이런 노트에 관한 이야기는 여기 소개한 두 분뿐만 아니라 영어를 잘하는 사람들의 수기를 찾아보면 끝도 없이 나옵니다. 조금 과장하면 거의 영어 도사 되기의 필수코스나 마찬가지입니다.

저도 물론 이런 노트가 있습니다. 2000년경에 적기 시작한 것 같은데 그동안 제가 공부했던 단어, 숙어, 문장 등을 계속 적어왔습니다. 저는 원래 눈으로만 책을 보는 걸 좋아해서 밑줄도 치지 않고 메모도 적지 않고, 심지어는 대학 다닐 때 강의도 잘 받아쓰지 않는 그 야말로 게으른 공부의 표상인 사람이었습니다. 하지만 영어 공부를 하다 보니 분명히 전에 공부한 단어인데 기억이 나지 않는 사실이 너무 분했고(?) 이 단어를 잡으려면 결국 어디에든 적어놓고 반복해서 보는 것밖에는 방법이 없다는 것을 깨달았습니다. 물론 책을 읽다 보면 빈출 단어는 저절로 반복이 되어 기억을 돕기 마련이지만 제가 워낙 기초가 부실한 상태에서 영어를 시작한지라 모르는 단어와 표현이 너무도 많았고, 제 욕심이 저절로 외워지기를 기다릴 수가 없었습니다. 이런 동기로 시작해놓고 보니 제가 직접 적은 내용은 훨씬 잘 외워지는 것을 발견했습니다. 이런 매력 때문에 아마 영어 도사들이 모두 자기만의 노트를 적는구나 하고 느끼게 되었습니다. 하지만 노트에 아무리 적어놓아도 쉽게 외워지지 않는 단어도 많이 있었습니다. 이런 단어를 보

영화 〈런어웨이 브라이드〉로 영어 공부를 하며 정리한 노트. 좌자는 읽은 횟수를 기록한 것.

뉴스 스크립트를 받아 적은 것. 正자는 읽은 횟수를 기록한 것.   어려운 문법 사항을 정리한 것.

면서 왜 이렇게 안 외워지나 스스로 한탄을 하면서도 그렇게 계속 적어갔습니다. 아무리 좋은 영단어 서적을 사도 내가 아는 것과 모르는 것이 섞여 있을 수밖에 없지만, 나만의 단어집은 내가 정말 몰랐던 단어들만 모여 있으니 한 페이지도 소홀히 할 수 없는 나에게만 맞춰진 공부 교재가 되었습니다.

사람마다 공부하는 스타일이 다르니 누구나 영어 공부 노트를 만들어야 한다고 하지는 않겠습니다. 하지만 영어 잘하는 사람 중에서 이 노트 한 권 없는 사람이 있다고 한다면 저는 믿을 수가 없습니다. 이 노트는 그 사람의 다짐이고 열정이며 실력입니다. 그리고 책 읽기로 흡수되는 단어, 숙어 실력을 더 가속화시켜 줍니다. 시간이 많지 않아서 빨리 실력을 늘리고 싶다면 더욱더 명심하시기 바랍니다. 이 노트가 답입니다. 10년 걸릴 영어는 5년이 걸릴 것이고 5년 걸릴 공부는 2년 반이 걸릴 것입니다. 제 말도 검증을 해보셔야 하니 믿기지 않는 분들은 주위에 일단 학교 선생님이든 학원 강사든, 아니면 선배든 영어를 잘하는 분을 한번 찾아보시기 바랍니다. 단 외국에서 태어나서 교육받은 사람은 우리와 같은 경우가 아니니 제외하겠습니다. 자수성가형 영어 도사들에게 이런 식의 영어 공부 노트가 있는지 꼭 물어보시기 바랍니다. 마땅히 물어볼 사람이 주위에 없다면 서점에 가서 영어를 잘하게 된 사람들의 수기를 읽든지 인터넷에서라도 찾아보시기 바랍니다. 모두 다 이런 영어 노트가 있다는 공통점을 발견할 수 있을 것입니다. 제 말을 그냥 믿을 수 있는 분은 오늘부터 시작하시기를 권합니다. 아무 노트라도 상관이 없으니 구입하셔서 오늘 공부한 단어 하나부터 적으시기 바랍니다. 내일부터 하려고 하면 한 달이 늦어지고, 한 달 후로 미루면 1년이 늦어집니다.

몰랐던 혹은 잘 외워지지 않는 단어나 숙어, 각종 구문을 적고 뜻도 적고 발음 기호도 적고 왜 안 외워지는지 이유도 적으면(너무 길다, 전공과 거리가 멀다, 다른 단어와 헷갈린다, 발음에 묶임이 있다 등등) 나중에 기억이 더 잘 됩니다. 한 번 적어서 못 외운 단어는 나중에 나오면 또 적어도 됩니다. 단어를 한 번만 적으라는 법은 없습니다. 전에도 말씀을 드린 내용이지만 책이나 영화나 영어 교재를 고를 때 수준이 너무 높아서 매 페이지마다(혹은 영화 장면마다) 모르는 단어나 표현투성이라 외울 게 너무 많은 것은 고르지 않아야 합니다. 이렇게 모르는 것이 너무 많으면 머리에 입력도 잘 안 되고, 된다 해도 기억이 오래가지 않으며 지루해서 공부하기도 싫어집니다. 이렇게 꾸준히 적으시면 5년에서 10년 정도 지나서 영어 도사가 되실 것입니다. 혹시 원하시는 분은 자신의 영어 노트를 기반으로 책을 한 권 출판하셔도 되겠다는 생각입니다. 그때 인세를 받으시거든 저도 좀 기억해주시기를 바랍니다.

참고로 '실용적인 단어'에 대해 좀 더 부연하자면 SAT, GRE 단어 공부를 열심히 한 사람조차도 미국에 와서 현지의 신문을 읽다 보면 이상하게도 모르는 단어가 많이 눈에 뜨이는 것을 발견하게 됩니다. 신문뿐만 아니라 텔레비전 뉴스를 보거나 잡지를 읽어도 마찬가지입니다. 모르는 단어가 꾸준히 나옵니다. 신문이나 잡지가 고졸 정도의 학력을 가진 사람이면 충분히 읽을 수 있을 만한 것이라는 사실을 생각하면 미국 대학원 수준인 GRE 단어까지 공부했는데도 왜 모르는 단어가 끊임없이 출현하는 것인지 상당히 의문스러울 수밖에 없습니다. 그 첫 번째 이유로는 우리가 공부한 단어가 아무리 많아도 살면서 만나게 되는 단어를 다 포함할 수 없으니 모르는 단어가 있을 수밖에 없다는 당연한 사실 때문입니다. 둘째로 신문, 잡지에서 좋아하는 단어와 시험에서 좋아하는 단어의 풀(pool)이 좀 다르다는 것이 또 하나의 이유입니다. 그래서 SAT, GRE 단어를 공부한 사람은 고졸의 미국인보다도 어려운 단어를 더 많이 알고 있을 수 있지만 그들이 아는 쉬운 단어를 다 알지는 못할 수도 있다는 것입니다.

효율적인 영단어 공부를 위해 꼭 알아야 할 원칙

전에 제가 소개해드렸듯이 커뮤니케이션에는 정말 여러 가지가 포함됩니다. 일단 단어를 다 알아도 발음을 알아야 하고 문장의 구조를 파악해야 하고 숙어를 알아야 하고 또 독해 속도가 충분해야 하는 등 복잡한 변수가 있기 때문에 단지 단어를 아는 것만으로 의사소통이 되는 것은 아닙니다. 그래도 단어를 아는 것이 기본이기 때문에 많이 알아야 합니다. 단어를 외우는 방법은 여러 가지가 있지만 대개의 경우 무슨 방법을 쓰더라도 외우는 족족 잊어버리게 됩니다. 그래서 우리는 자신의 머리를 탓하게 되기도 하지만 두뇌 입장에서는 별로 써먹지도 않는 기억을 안 그래도 복잡한 기억 저장소에 장기간 보관할 이유가 없습니다. 차라리 단어는 공부해도 시간이 지나면 반드시 잊어버린다는 사실을 인정하고 대신 효율적인 공부를 위해 몇 가지 단어 공부의 원칙을 정해야 합니다.

첫 번째로 일단 단어에는 먼저 외워야 할 우선순위가 있으므로 아무 단어나 막 외우기보다는 정말 필요한 단어를 골라서 외워야 합니다. 평생 한 번도 쓰지 못할 단어를 외우는 것보다는 미국인이 매일 살면서 사용하는 단어를 외워야 합니다. 둘째로는 그 단어가 일상생활의 문장 속에서 어떻게 쓰이는지 정확한 활용을 알아야 합니다. 어감에 따라 무궁무진한 활용이 가능하므로 단어만 떼어놓고 외우면 이 단어가 이런 상황에 쓸 수가 있는지 없는지 모를 수가 있습니다. 영어 단어상으로는 똑같이 웃겨도 어이가 없고 황당하다는 ridiculous가 있고, 하도 형편없어서 비웃음이 간다는 laughable하게 웃긴 것도 있고, 코미디에서 웃음을 유발하는 funny하게 웃긴 것도 있습니다. 하지만 이 세 단어 모두가 정말 재미있어서 우습다는 의미로도 사용됩니다. 이런 활용은 일상생활 속의 살아 있는 문장을 통해 배울 때 가장 정확히 알게 됩니다. 세 번째로는 단어는 반복해야 한다는 사실입니다. 미국인이 10만 단어를 알건 20만 단어를 알건 간에 이 기억이 항상 들어 있는 이유는 매일 쓰기 때문입니다. 단어를 외워도 자꾸 잊어버리면 머리를 원망하지 말고 더 반복을 많이 하면 됩니다.

이 세 가지 조건을 만족시키는 단어 공부법이 있을까요? 있습니다. 이미 다 소개해드렸습니다. 그것은 바로 영어책을 소리 내어 읽는 공부입니다. 책을 소리 내어 읽기 전에 그 페이지의 문장을 다 해석할 수 있도록 공부를 미리 해야 한다고 이야기했던 것을 기억하실 것입니다. 문장을 해석할 수 있다는 이야기는 물론 뜻을 찾아봐서 단어를 안다는 이야기도 포함합니다. 이렇게 책을 몇 권 읽다 보면 미국인들이 일상적으로 많이 쓰는 단어는 더 자주 반복될 수밖에 없으니 기억에 더 잘 남고, 잘 쓰지 않는 단어는 반복이 적게 되므로 자연스럽게 기억에서 멀어집니다. 그러니 빈출 단어를 더 많이 공부하는 것은 어려운 일이 아닙니다. 또한 문맥을 알고 그 표현이 왜 나왔는지 읽으면서 다 깨우치게 되기 때문에 실제 활용을 생생하게 익힐 수 있습니다. 마지막으로 소리를 내어 읽는 과정에서 스스로 말을 만들어서 하는 것은 아니더라도 자기의 입으로 소리를 내고 귀로 자신의 목소리를 들으면서 자신이 그 말을 하는 것과 유사한 효과를 얻게 되어 학습 효과가 배가됩니다.

그러면 두꺼운 33,000단어짜리 단어집을 놓고 외우는 것이 나쁜 공부 방법일까요? 세상에 나쁜 공부는 없습니다. 상황에 따라서 덜 효율적이고 더 효율적인 공부가 있을 뿐입니다. 만약 몇 달 뒤에 있을 시험을 준비하는 것이라면 제가 말한 책(교과서, 신문, 소설, 잡지, 영화, 드라마 등)을 읽으면서 단어를 익히는 방법은 기억에 잘 남지만 너무 시간이 오래 걸리므로 이보다는 그냥 단어집을 놓고 외우는 방법이 더 효율적인 공부가 될 것입니다. 하지만 이렇게 힘들게 외운 단어가 기억에 평생 남으리라고 기대하면 안 됩니다. 평생 남는 공부가 목적이라면 이 목적에 최대한의 효율을 주는 공부는 책을 읽으면서 혹은 영화 대사를 따라 하면서 단어를 몸으로 익히는 학습법뿐입니다. 이것이 바로 미국의 학생들이 학교에서 단어를 배우는 비결이고 한국에서 한국 학생들이 한국말 단어를 배우는 비결입니다. 여러분이 우리말 단어를 어떻게 공부했는지 생각해보시기 바랍니다.

한국 사람의 한국말 배우기

제가 중학교 때 들었던 선생님의 이야기가 기억납니다. 영화를 보는데 이 영화에서 수백 년 전에 닭나라가 우리나라에 쳐들어왔다고 합니다. 그런데 이 닭나라는 백성들이나 군인들이 다 사람들로 이루어져 있었고 닭은 나오지도 않았습니다. 유일하게 닭이 등장한 장면은 닭나라 장군이 잔치를 베풀면서 통닭에서 닭다리를 뜯어 먹는 장면뿐이었습니다. 왜 이 나라 이름이 닭나라였는지 짐작이 가십니까? 알고 보니 이 나라는 중국의 당나라였고 당나라를 몰랐던 선생님은 영화를 보는 내내 닭나라로 생각했고 나중에 수업시간에야 잘 알게 되었다고 합니다. 생각해보면 우리는 당나라가 중국 역사상의 한 나라였다고 열심히 쓰면서 외워본 적이 없습니다. 그냥 반복이 되니까 저절로 기억했을 뿐입니다.

최근에는 포털 사이트를 돌아다니다가 여성복 업체의 배너광고를 보게 되었습니다. 생전 들어본 적이 없는 '간지 촬촬'이라는 말이 쓰여 있더군요. '촬촬'은 의성어니까 뭔가 많이 흐른다는 것인데 이 '간지'가 도대체 무엇인지 알 수가 없었습니다. 그 후로도 여러 군데서 '간지 난다'라는 식의 표현을 보았는데 귀찮아서 그 뜻을 찾아보지는 않았지만 내내 궁금했습니다. 그런데 얼마 전에 영화 잡지를 보면서 궁금증이 풀리게 되었습니다. 이 잡지에서 영화계에서 쓰는 속어를 소개해주고 있었는데 이 '간지 난다'라는 말이 일본말에서 온 '멋지다' 정도의 의미를 가진 말이라고 했습니다. 물론 '간지'를 계속 쓰면서 외우지 않았지만 한 번 보는 정도로 뜻이 외워지게 되었습니다. 단어를 한 번 보고 외웠다고 저를 머리 좋다고 하실 분은 아무도 없을 것입니다. 너무나 당연한 것이기 때문입니다. 한 번 보고 뜻을 궁금해했고, 어떤 계기로 뜻을 알게 되었고, 그 후로도 그 단어를 여러 번 보는 이런 단계들은 그 단어가 평생 기억되는 데 충분한 원동력이 됩니다. 책에서 단어를 만나고 의미를 유추하고 뜻을 배우고 읽어보고, 그리고 나중에 단어를 만나면서 계속 기억을 상기하는 것이야말로 우리가 추구해야 할 단어 공부입니다.

요약을 해보겠습니다. 미국 사람이 10만 단어를 안다고 해서 우리의 목표치를 꼭 거기에 둘 필요는 없습니다. 미국에서 소매업이 가능한 정도의 의사소통이 목표라면 중·고교 수준의 단어를 포함하여 파생어 포함 4,000단어 이하의 어휘력만 있어도 됩니다. 영어로 자유로운 의사소통이 가능한 직장 생활이 목표라면 표제어 1만 개, 파생어 포함 4만 단어 정도에 도전하십시오. 이 정도는 중·고교 단어, 토익이나 토플 어휘, GRE, 그리고 SAT 어휘를 80% 정도 아는 수준입니다. 교직이나 전문직의 경우 해당 전문 용어를 제외하고 표제어 기준 15,000단어, 파생어 기준 5만 단어를 목표로 해야 하겠습니다. 이는 불편함이 없는 직업 생활을 위한 궁극적인 목표치이므로 실생활에서는 위에 제시된 수치의 50%만 달성해도 숙어 실력과 문법 실력에 따라 언어 생활과 의사소통에 충분히 만족할 수도 있을 것입니다. 원하는 수준을 이루기 위해서는 단어집을 놓고 따로 외우는 것보다는 그냥 영어책을 읽으면서 노트를 만들어서 반복되는 단어를 꾸준히 정리해가면 됩니다.

똘기공주 님의 질문: 질문은 아니고 저의 경험을 전하고 싶어서요. 예전에 학원도 다니고 나름 토익 공부도 하고 연수도 갔다 왔으나 말하기가 힘들었던 제가 요즘은 listening, speaking이 확 늘었습니다. 전문용어가 아니면 제가 하고 싶은 말을 대충은 합니다. 어떻게요? 딸아이 어릴 적부터 영어 동화책 매일매일 읽어주고 계속 테이프 틀어놓고 비디오도 같이 보고 하다 보니 저도 실력이 일취월장했습니다. 옛날엔 어려운 단어를 많이 알았어도 실제 써먹기가 힘들었죠. 단어들을 따로 외웠거든요. 근데 지금은 책을 읽어주다 보니 문

장으로 반복하게 되고 단어와 표현들이 제 입에서 나옵니다. 요즘 웬만한 외국 도서들은 단계별로 국내에 다 들어와 있거든요. 학원 등록할 비용으로 자신의 수준에 맞는 책을 사서 꾸준히 단계를 높여가며 소리 내서 읽고 듣고 비디오를 보라고 자신 있게 조언합니다. 제 과거 경험들로 제 아이는 학원에 안 보내고 이렇게 시키고 있어요.

답: 좋은 말씀 감사합니다. 영어를 소리 내어 읽고 문장 속에서 단어를 공부하는 것은 어린아이든 어른이든 궁극적으로 추구해야 할 외국어 학습의 방도라고 주장하는 사람으로서 체험으로 이렇게 증명해주시니 감사합니다.

Foxbox7님의 질문: 우선 저는 현재 22세의 군인 신분이며 약 1년 2개월 정도 복무했습니다. 상병이지요. 우연찮게 휴가를 나갔다가 영어 공부법에 대한 사이트를 찾던 중에 고수민 님의 사이트를 방문하였고, '영어 공부 제대로 하기'란을 읽었습니다. 제게 많이 와 닿았고 왜 영어 공부가 안됐는지, 그리고 제가 공부를 하려는 의욕이 있는지 생각하게 되었습니다. 영어 공부를 몇 번 해보려 시도했지만 들리지도 않고, 어떤 것부터 차근차근 해야 할지 모르겠고, 문법을 봐도 힘들고, 우리말 어법과는 많이 다른 것에 대해 큰 좌절감을 느껴 몇 번이고 쥐었다 짰다를 반복하다 입대를 해버렸고, 복무 중에 영어의 필요성을 느끼게 되었습니다. 단어도 중학생 단어집을 봐도 절반 정도밖에 모르겠고, 문법도 힘들고, 듣기는 안 들리고, 말하기는 아예 생각도 못 해봤습니다. 이런 제가 과연 할 수 있을지 모르겠습니다. 저 같은 경우 복무 중에 한자 자격증 2급을 땄습니다. 처음엔 안 될 줄 알았습니다. 그런데 한자는 영어랑은 다르잖아요. 그냥 무작정 외우기만 했는데 되더군요. 하지만 영어도 우선적으론 무작정 외워야 하나요? 어느 정도 수준이 채워질 때까지 그냥 단어만 외워야 하나요?

답: 영어의 아주 기초도 모르는 상태인데 어떻게 공부해야 하는지 질

문하신 것으로 생각됩니다. 책을 붙잡으면 거의 모든 단어가 모르는 상태이니 영어책을 보기 위해서라도 일단 단어를 꾸준하게 외우고 어휘력이 어느 정도 쌓이면 본격적으로 영어를 시작하면 어떻겠느냐는 말씀이신 것 같습니다. 군대라는 특수성이 있으므로 테이프도 듣고, 책도 소리 내어 읽으면서 공부하기가 매우 어려울 것 같습니다. 어차피 할 수 있는 것에 제한이 있으므로 단어를 꾸준히 공부하는 것도 나쁜 생각은 아니라고 봅니다. 하지만 가능하기만 하다면 제가 모든 왕초보를 위해 추천하는 공부 방법은 조금 더 영어를 잘하는 사람들에게 권하는 것과 크게 다르지 않습니다. 아주 쉬운 영어책과 이에 딸린 테이프(혹은 CD)를 구해 반복해서 듣고, 책을 되풀이하여 읽으며 거의 외워지게 만들면서 진도를 나가는 것입니다. 요즘 유행인 중학교 교과서 테이프부터 시작하는 것도 괜찮고 미국 등의 유아용 동화책으로 공부하는 것도 좋은 방법입니다. 이런 책이 좋은 이유는 책의 분량 자체가 많지 않아서 새로운 단어도 드문드문 나오므로 모르는 단어가 쏟아져 나오는 압박이 없습니다. 일단 이렇게 교재를 두세 권 공부하면서 계속 읽다 보면 문장의 패턴과 어순이 파악되고, 문장의 구조에 익숙해지면 공부하기가 점차 편해집니다. 단어로 살을 붙이는 것은 책을 계속 바꾸는 과정에서 자연스럽게 이루어지게 됩니다. 결론적으로 교재가 자신의 수준에 맞는다면 소리 내어 읽기가 가장 좋은 방법이지만 상황에 맞게 차선책을 찾으면 된다는 말씀을 드립니다. 영어의 성공에는 끈기가 가장 중요하고 두 번째가 방법입니다. 방법이 조금 틀려도 끈기가 있으면 성공하나 방법이 좋아도 끈기가 없으면 성공할 수 없습니다.

　　　미국에 있다 보니 한국에서는 보기 힘든 사람들을 자주 만나게 됩니다. 무슨 유명인사를 말하는 것이 아니고 바로 재미교포들입니다. 한국에서 제가 살았던 생활 반경이 넓지 않아서 그랬는지는 몰라도 재미교포라면 학원 강사로 아르바이트를 하던 교포 2세 몇 명을 본 것이 다였습니다. 지금은 재미교포 1.5세나 2세를 심심치 않게 봅니다. 제가 워낙 영어 공부에 관심이 많다 보니 이런 사람들을 만나면 영어 공부를 어떻게 했는지 물어보는 것이 관례가 되었습니다. 책의 앞부분에서 재미교포들의 영어 실력에 대해 이미 이야기했습니다만 짧게 정리를 해보면 이민 1세들은 한국말은 잘하지만 영어는 잘 못하고, (그럼에도 불구하고 자기 분야의 실력을 인정받고 사는 사람들도 많습니다만) 2세들은 우리가 보기에는 거의 미국인과 다름없는 영어 발음과 유창성을 가졌으나 한국어가 많이 부족하고, 한국에서 태어나서 어린 나이에 미국으로 이민 간 1.5세는 대개 둘 다 잘하는 것처럼 보이지만 엄밀히 따져보면 둘 다 완벽하지 않은 경향이 있다는 것입니다.

영어는 잘하는데 영작문만 못할 수도 있을까?

그런데 얼마 전에 재미교포 1.5세인 A씨와 잠시 영어에 관해 이야기할 기회가 있었습니다. 이분과 꽤 오랫동안 알고 지내긴 했는데 이런 주제로 이야기해본 것은 처음이었습니다. 이야기를 나누면서 제가 A씨에 대해 오해한 측면이 있다는 것을 알게 되었습니다. 제가 미국에 오래 산 것은 아닙니다만 이민 1.5세와 유학생 출신인 이민 1세 정도는 쉽게 구별한다고 생각하고 살아왔습니다. 바로 한국말과 영어의 유창성과 발음을 기준으로 판단해서 말입니다. 그런데 저는 A씨의 한국어가 너무나 완벽했기 때문에 유학생 출신의 이민 1세대라고 착각을 하고 있었습니다. 그런데 이야기를 하다 보니 30대 초반인 그는 미국에 열두 살 때 오게 되었다고 합니다. 어떻게 그렇게 한국말을 잘하는지 물어보니 예상했던 대로 집안에서 한국말 교육을 상당히 철저히 시켰다고 했습니다. 많은 한국의 학부모들이 오해하는 것이 열두 살 정도에 미국에 오면 계속 미국에 살아도 당연히 한국어 실력은 유지될 것으로 생각합니다. 하지만 자녀들에게 한국어 연습을 강조하지 않으면 영어로 말하는 것이 점점 편하게 느껴지는 자녀들은 차츰 한국어를 잊게 되고, 어른이 되어도 말하는 수준이 한국을 떠나올 당시에 머무르게 됩니다.

이는 반대의 경우도 마찬가지입니다. 한국에 있을 때 어린 나이에 미국이나 다른 영어권 국가에서 살면서 학교를 다니다가 귀국하는 아이들을 종종 본 적이 있습니다. 이런 학생들은 귀국 초기에는 같은 또래의 학생들에 비해서 훨씬 영어 실력이 뛰어납니다.

하지만 이들의 영어 실력은 계속 계발하지 않으면 그 수준을 유지하지 못하고 점점 후퇴하여 외국 생활을 경험해보지 못한 아이들과 비슷한 수준으로 내려가게 되는 것입니다. 다행히 학교 교육에서 영어가 큰 비중을 차지하고 있는 덕택에 수동적인 공부 과정이 계속 이어지므로 평균적인 학생들보다는 지속적으로 약간이나마 높은 수준을 유지하는 경우가 일반적이기는 하나 귀국 초기처럼 압도적인 차이는 유지되지 않습니다.

어쨌거나 A씨는 한국말을 거의 한국 사람과 비슷한 정도로 잘하고 신문이든 잡지든 성인 수준의 한글을 읽는 데에도 어려움이 없다고 했습니다. 그래서 초등학교 고학년에서 대학원까지 미국에서 다닌 A씨의 영어 실력을 물어보니 자신의 생각에 원어민과 비교해서 말하기의 유창성에서 미세하게 떨어진다고 했지만 쓰기는 생각을 하고 쓰므로 거의 같은 수준일 것이라고 했습니다. 이 정도가 되면 제가 주장했듯이 한국어와 영어를 다 모국어처럼 쓰는 사람이 극히 드물다는 이론에 예외일 수 있겠다는 생각이 들었습니다. 그런데 A씨에게도 약점이 있었으니 겉보기에는 완벽하게 한국말을 구사하는데도 불구하고 한글로 글을 쓰는 데는 상당히 어려움이 많다고 했습니다.

한국말은 잘하는데 글을 쓰기가 어렵다니 선뜻 이해가 가지 않을 수도 있는데 이 부분이 우리에게 상당한 시사점을 주는 것 같습니다. 우리는 한국어를 배워오면서 글쓰기도 자연스럽게 익혔기 때문에 마치 말하는 것을 그대로 문자로 옮기기만 하면 작문이 되는 것처럼 쉽게 생각하는 경향이 있습니다. 하지만 글쓰기는 단지 말을 글로 옮기는 것 이상의 작업입니다. 이 과정도 역시 연습이 있어야 잘할 수 있습니다. A씨의 경우도 한국어를 말하는 건 집안에서 철저히 교육을 받아서 잘하는 반면, 한글로 글을 쓰는 것은 체계적으로 배워본 적이 없으니 저절로 잘하기 어려웠을 것이라는 생각입니다. 물론 영어로 말하기와 듣기를 꽤 잘하더라도 영어로 글을 쓰는 연습이 안 되면 좋은 글을 쓸 수 없습니다. 듣고 보니까 지극히 당연한 말입니다만 영어 공부에 대해서 우리가 잘못 생각하는 부분이 있을지 몰라서 언급하는 것입니다.

영어를 잘한다는 것은 말하기, 듣기, 읽기, 쓰기의 네 영역을 다 잘하는 것을 말합니다. 그런데 듣기와 말하기, 읽기를 잘해도 쓰기가 저절로 해결이 안 되는 것을 우리가 이해해야 영어로 글을 쓰는 연습이 중요하다는 사실을 알 수 있을 것입니다. 오해하지 말아야 할 점은 아무리 그래도 말하기든 듣기든 영어를 잘하는 사람이 영어로 글도 잘 쓰는 경향이 있으므로 영작문에 대한 전반적인 영어 실력의 영향력은 무시할 수 없다는 것입니다. 하지만 영작문이든 그 어느 분야든 특정 영역을 배제한 영어 공부로 실력을 쌓아 올린 경우는 상급자로 올라갈수록 신경을 쓰지 못한 영역의 약점이 점점 두드러지게 됩니다. 아무리 말하기, 듣기를 잘해도 쓰기 연습이 안 되어 있으면 쓰기를 저절로 잘할 수는 없습니다. 쓰기 연습을 하는 가장 좋은 방법으로 영어 일기 쓰기를 권장하는데, 이것이 영어 일기가 필요한 첫 번째 이유가 됩니다.

영어 일기가 말하기를 도와주는 이유

영어 일기는 다음의 세 가지 작용을 통해 말하기를 향상시킵니다. 첫째로는 문장을 기억하게 해줍니다. 영어 전문가들이 흔히 하는 말로 한국말을 영어로 옮길 때는 단어로 일대일 대응을 하려 들지 말고 같은 뜻을 가진 문장을 알고 있는 상태에서 한글 문장을 영어 문장으로 옮기라고 합니다. 그런데 기억에 저장된 제대로 된 표현이 없는 사람은 아무리 말을 많이 해도 실력이 저절로 늘지 않습니다. 통상 영어로 말하기에서는 한국말로 말하고 싶은 내용을 그대로 영어로 직역해서 말할 수도 있지만 영어 문장을 많이 알고 있으면 여기에서 더 나아가 뉘앙스까지 정확하게 전달되는 훌륭한 표현을 그때그때 쓸 수 있습니다. 이런 영어 문장의 습득이 1차적으로 일어나는 경로는 앞서 6장과 7장에서 설명한 영어 문장 읽기입니다. 그리고 이렇게 얻어진 문장을 기억에 남기는 좋은 방법은 일상생활에서 써먹는 것입니다.

문제는 알다시피 오늘 배운 영어를 당장 써먹을 수 있도록 현실의 사건이 맞춰서 일어나지 않는다는 것입니다. 아주 운이 좋으면 써먹을 상황이 생기겠지만 그렇지 않은 경우가 훨씬 많습니다. 무슨 이야기인가 하면 오늘 당장 'chrysanthemum(국화꽃)'이라는 단어를 배웠는데 실제로 이 단어를 책이나 신문에서 볼 기회는 1년에 몇 번 되지 않을 것이므로 실제로 써먹을 수가 없고 그냥 기억에 저장할 수밖에 없다는 것입니다. 이 기억을 강화하기 위해서 영어로 일기를 쓰는 것입니다. 여기서 일기라 함은 단지 일상의 기록뿐만이 아니고 어떤 주제로건 매일 적는 그 어떤 것을 말합니다. 배운 단어를 활용해보기 위해 단지 '나는 오늘 국화꽃이라는 단어를 배웠다(I learned the word chrysanthemum)'라는 식으로 적어도 좋지만 가능하면 말을 만들어서 '어머니가 국화꽃을 사오셨다. 향기가 매우 좋았다', 이런 식으로 기억이 날 만한 상황을 만들어 적는 것이 좋습니다.

방문이 잠겨서 못 들어가요

제가 2003년에 미국 의사시험 중 한 과정의 시험을 보기 위해 미국을 방문한 적이 있습니다. 당시에 뉴욕의 한복판에 위치한 허름하고도 비싼 호텔에 저녁이 되어서 도착을 했습니다. 일단 방에 들어간 저는 호텔 밖을 내다보며 뉴욕 밤거리는 위험하다는데 나가도 될까 방에만 있어야 할까 고민하면서 저녁 끼니를 걱정하고 있었습니다. 그런데 연말연시라 그런지 의외로 바깥에는 다니는 사람도 많았고, 심지어는 술 먹고 노래를 부르며 다니는 사람도 있어서 마치 서울의 젊은이들이 모이는 어느 밤거리가 연상될 정도였습니다. 그래서 용기를 내어 호텔 밖에 나가서 햄버거도 사 먹고 뉴욕의 밤거리를 마음껏 돌아다니다가 늦게야 호텔에 돌아왔습니다. 그런데 대형 사고가 생겼습니다. 그만 카드 키를 호텔 방에 두고 나왔다는 사실을 깨달은 것입니다.

아마 제가 이 사실을 영어로 뭐라고 표현해야 하는지 몰랐다면 고민은 더 컸을 것 같습니다. 다행히 아는 표현이 있어서 호텔 프런트데스크에 가서 방에 키를 둔 채 문을 잠갔다고 이야기했습니다. 당연히 새로 카드 키를 받아서 방으로 무사히 들어갔습니다. '호텔 방의 키를 방 안에 두고 나갔었는데 돌아와서 문이 잠긴 것을 발견했다.' 이런 표현을 영어로 그대로 옮기려면 아주 머리가 아플 것입니다. 우리말로 최대한 짧게 바꿔도 아마 '방문이 잠겨서 못 들어가고 있다' 정도가 되지 않을까 싶습니다. 이런 말을 단어 대 단어로 직역해도 아마 미국인이 알아들을 수도 있겠습니다만 영어도 언어인지라 특정 상황에서 쓰는 말이 정해져 있습니다. 이 경우에 할 수 있는 뜻이 명쾌하게 통하면서도 쉬운 말이 바로 'I'm locked out (of my hotel room)' 입니다. 집의 문이 잠겨서 못 들어가고 열쇠공을 부를 때도 같은 표현을 씁니다. 다행히 제가 이 표현을 알고 있었기에 쉽게 의사소통을 할 수 있었습니다.

  제가 어떻게 갑자기 이 표현을 기억해냈는지 스스로도 신기하게 생각했습니다. 표현 자체는 하나도 어렵지 않았지만 배우지 않으면 절대로 알 수 없는 표현이었기에 아마도 영화를 보면서 부지불식간에 배웠나 보다 하고 짐작했습니다. 그런데 나중에 한국에 돌아와서 영어 일기를 쓰다가 갑자기 생각이 났습니다. 당시로부터 약 1년 전에 제가 이 표현을 책에서 공부한 후 영어 일기에 적어두었던 것입니다. 그전까지는 영어 일기가 보통의 일기와 같이 그날의 사건이나 감상의 기록이었지만 이 계기로 영어 숙어나 단어를 배우면 그 표현이 들어간 문장을 억지로라도 꼭 만들어서 쓰는 식으로 방향을 조금 바꾸게 되었고 효과는 기가 막히게 좋았습니다.

  둘째로 영어 일기는 능동적으로 맞는 표현을 찾아보도록 동기 유발을 해줍니다. 영어로 일기를 쓰다 보면 표현력이 부족해서 막히는 상황이 있습니다. 이런 경우에 사전도 뒤적이고 인터넷도 찾아보면서 가장 맞는 표현을 고르려고 노력하게 됩니다. 그리고 이런 과정에서 엄청나게 많이 배우게 됩니다. 또한 필요한 표현을 찾지 못하는 경우도 생깁니다. 이런 경우는 불만족스런 느낌이 며칠을 가게 됩니다. 이렇게 표현을 찾지 못해 그때는 넘어갔어도 나중에 공부를 하다가 우연히 필요한 표현을 찾았을 때의 기쁨은 이루 헤아릴 수가 없습니다. 그리고 말할 필요도 없이 이 표현은 완전히 머릿속으로 쏙 들어와서 자기 것이 됩니다. 왜냐하면 내게 필요한 표현인지 그렇지 않은지도 모르는 상황에서 억지로 주입하여 외우는 것하고 내가 필요하기 때문에 찾아서 외우는 것에는 크나큰 학습의 차이가 있기 때문입니다. 쉽게 말해서 내가 아쉬우면 공부가 아주 잘됩니다. 예를 들어 여러분이 이름난 음식점에서 일할 기회가 생겨서 일주일간 주방에서 시간을 보냈어도 음식 만드는 데 관심이 없다면 그동안 무엇을 보았는지 아무것도 기억하지 못할 것입니다. 하지만 음식 만드는 비법이 절실히 필요한 사람이 그 음식점에서 단 하루 어깨너머로 이것저것 구경할 기회가 생긴다면 이 사람은 짧은 시간이나마 그날 보고 들은 것을 한 가지도 놓치지 않고 기억할 것입니다.

궁하면 통하는 공부

의과대학에 다니면서 공부한 것 중에 제 잠재의식 속에서 외우기를 거부한 내용이 있는데 그것은 바로 각종 암의 병기를 결정하는 공식이었습니다. 시험을 봐야 하니까 정말 외우고 싶었습니다만 아무리 해도 왠일인지 머리에 들어가지가 않았습니다. 인체의 각 장기에 이름만 붙이면 다 암이 됩니다. 위암, 간암, 폐암, 자궁암, 유방암, 피부암…… 이런 식으로 암이 한도 끝도 없이 많습니다. 그런데 임상 각 과목에서 암을 배울 때마다 암의 병기를 1기, 2기, 3기, 4기 하는 식으로 나누기 위해서 임파선의 전이가 어떻고 암의 크기가 어떻고 하는 내용을 외워야 합니다.

미국에 와서 내과 레지던트를 하다가 어느 날 폐암 환자를 보게 되었는데 그 다음 주에 바로 의과대학생들에게 폐암의 병기를 비롯한 기본을 가르쳐야 하는 상황이 생기게 되었습니다. 운 좋게도 그 주의 어느 날 매일 정기적으로 점심시간에 모이는 Noon conference라는 학술모임에서 종양내과 전문의가 외부에서 초빙이 되어 바로 그 폐암 이야기를 하게 되었습니다. 알고 있으면

> 다음 주에 제 체면을 살릴 수 있는 아주 중요한 이야기였기에 집중을 하고 열심히 들었습니다. 그런데 제 두뇌가 그렇게나 거부하던 폐암의 병기 진단과정이 이 강의를 들으면서 따로 쓰고 외우지도 않았는데 다 외워지게 되었습니다. 제 인생에 몇 번 안 되는 진기한 경험이라 지금까지도 생생합니다. 평소 같으면 졸면서 들었을 강의를 막상 제가 필요해서 듣다 보니 한 번에 외워진 경우였습니다. 그리고 그 다음 주의 의대생들 교육은 아주 능수능란하게 잘할 수 있었습니다. 마찬가지로 영어 공부도 자신이 필요해서 하면 더 잘됩니다. 그리고 영어 일기를 쓰는 것은 이런 필요를 창출하는 좋은 도구입니다.

세 번째로 영어 일기는 표현력을 향상시킵니다. 영어로 말한다는 것이 결국은 마음속에 생각하고 있는 내용을 밖으로 끄집어낸다는 의미에서 글쓰기와 일맥상통하는 면이 있음을 이해하실 수 있을 것입니다. 차이라면 말로 할 수 있는 표현은 다 글로 표현할 수 있지만, 글로 쓸 수 있는 내용이라고 다 말로 바로 나올 수 있는 것은 아니라는 점입니다. 글쓰기는 생각이 좀 더 정돈되어 나온다는 차이가 있기 때문입니다. 그런데 글쓰기를 하다 보면 하고 싶은 말을 자꾸 생각하게 되고 이런 고민은 고스란히 말하기 표현력의 향상으로 연결이 됩니다. 이렇게 세 가지 경로를 통해서 말하기 능력을 향상시켜 준다는 것이 영어 일기의 장점입니다.

이미 영어를 잘하는 사람, 무엇을 공부해야 할까?

영어를 잘하는 한국인이 가장 고민하는 한 가지 문제를 예로 들어보겠습니다. 예전에 제가 세인트루이스의 병원에서 근무할 때 함께 일하다가 이제는 미국 동부 아이비리그의 명문 대학병원으로 자리를 옮기신 선배 한국인 의사 B씨라는 분이 있습니다. 대부분의 한국인 이민 1세대들이 다 그러하듯 미국에 왔을 때 영어가 달려서 처음에는 고생을 많이 했다고 합니다. 하지만 이분이 실력이 워낙 출중하고 성실했기 때문에, 시간이 지나면서 B선배는 동료 레지던트 사이에서도 부각이 될 수밖에 없었고, 그 결과 졸업식에서 동료와 후배 레지던트들의 투표에 의해 선정되는 '최고의 레지던트'에 뽑히는 영예를 누리기도 했습니다. 이분의 향후 진로는 더 놀라운 것이었습니다. 통상의 경우 미국에서는 명문 대학병원일수록 복잡한 외국인 비자 문제를 다루기를 귀찮아하고 안 그래도 자국 의대 출신의 뛰어난 지원자가 몰려드는지라 한국인과 같은 외국 국적의 의사들은 유명 대학병원에서 직장을 잡기가 거의 불가능하다고 알려져 있습니다. 하지만 B선배는 모든 장벽을 오로지 실력 하나로 극복하고 아이비리그의 명문 대학병원 전임의로 채용되게 되었습니다.

 여기까지는 참 좋았는데 이 선배의 고생은 끝이 나지 않았습니다. 어렸을 때 읽었던 동화책을 보면 온갖 고난을 겪은 주인공이 마지막에 원하는 목표를 성취하고 남은 생을 편하고 행복하게 잘 살았다는 내용이 종종 나오곤 합니다. 하지만 이런 해피엔딩은 그저 동화 속 이야기일 뿐, 우리의 실제 생활은 한 번의 극적인 성취로 끝나는 게 아니라 또 다른 난관을 만나고 다시 극복하는 일이 끝없이 지속되는 것 같습니다. 마치 고등학교 시절에는 누구나 원하는 대학교에만 들어가면 모든 고생이 끝나는 것으로 알지만 대학에 들어가면 취직이 문제가 되고, 취직한 다음에는 다시 승진 등의 문제가 끝도 없이 기다리고 있는 것처럼 말이죠. 이런 고생의 굴레가 바로 B선배가 나중에 겪게 된 일이었습니다. 저는 우연히 B선배가 레지던트 과정을 마치고 나서 얼마 후에 소식을 들었는데 의외로 영어 때문에 고전을 하고 있다는 이야기였습니다. 물론 일하는 데 아무런 부족함이 없을 정도의 충분한 영어 구사 능력을 가진 분이었기 때문에 일하는 장소가 바뀐다고 해서 영어 실력이 줄어들 이유도 없을 텐데 이상하다고 생각했습니다. 하지만 나중에 전화를 하면서 자세한 이야기를 들어보니 문제는 함께 일하는 동료들의 영어가 너무 훌륭한 나머지 자신의 제한된 영어 실력이 비교가 되어 심적으로 스트레스를 받는다는 것이었습니다. 아마도 자기 발전의 욕구가 높은 B선배가 막연히 영어를 더 잘해야겠다는 정도가 아니라 아예 자신의 수준을 동료들과 맞추고 싶은 생각이 들었나 보다 생각했습니다. 욕심이 없으면 스트레스도 없을 테니까요.

히딩크와 패리스 힐튼의 공통점

얼마 전에 한국에서 사업에 실패한 모 외국 기업에 드나드는 기자의 블로그에서 기자의 개인적인 소회를 적은 글을 읽게 되었습니다. 이 기업의 실패 사례에 대해 여러 가지 비공식적인 분석을 하면서 한 이야기 중의 하나가 이 기업의 외국인 경영진들은 말은 정말 잘하는데 기업이 돌아가는 것을 보면 하나도 말과 맞지 않는다는 것이었습니다. 이 글을 읽으면서 저도 웃지 않을 수가 없었는데 그것이 미국 회사에서 일하는 많은 한국인들과 저와 같은 사람이 매일 하는 똑같은 불평이기 때문이었습니다. 미국을 이렇게 강대국으로 만든 미국인의 경험과 지혜는 배울 점이 있다고 생각은 하면서도 마음에 들지 않는 구석이 바로 말만 번지르르하게 하는 사람들이 너무 많다는 것이었습니다. 미국의 한국인이 조용한 이유는 기본적으로 영어 표현력 자체가 부족한 것도 있지만, 아마도 다변과 달변보다는 침묵과 절제에 더 좋은 평가를 내리는 문화로 인해서 평소에 자신의 말에 설득력과 정당성을 부여하기 위해 말을 꾸미는 연습이 되어 있지 않기 때문일 것입니다. 저도 이런 문화에 익숙해서인지 말을 너무 잘하면 약간 거부감이 들기 시작하고 이렇게 말이 많은 사람이 자기 일을 잘 못하기라도 하면 정이 떨어졌습니다. 하지만 이런 제 태도가 꼭 합리적인 것은 아닌 것 같습니다.

한국이든 미국이든 사용되는 전문용어가 다를 뿐 건설 현장에서 쓰이는 말과 병원 진료실에서 쓰이는 말이 크게 다르지 않으리라 생각합니다. 물론 전문적인 용어는 고학력층에서 더 많이 쓰이겠지만 계층에 따라서 쓰는 문장의 구조나 표현에는 큰 차이가 없을 것이라는 말입니다. 일상생활 속에서의 말은 효율적인 정보 전달과 의사소통의 도구에 불과하기 때문에 충분히 그럴 수 있다고 생각이 듭니다. 그런데 미국과 한국의 언어 생활의 차이가 있다면 미국에서는 종종 말을 '정말' 잘하는 사람들(대개 각 기관의 장들이나 정치인 등)을 볼 수 있다는 것입니다. 그들의 연설이나 발표, 강의 등을 듣다 보면 표현이 매우 세련되어 한국어로도 그만한 수준을 구사하지 못하겠다는 느낌이 들 정도로 훌륭한 영어를 구사합니다. 정말 부러우면서 열등감이 느껴지는 순간인데 이런 훌륭한 영어를 구사하는 사람들이 주위에 많기라도 하다면 평범한 이민 1세의 영어 실력 부족이 더욱 드러나 보이게 됩니다. 그런데 한국에서는 글을 쓰는 것은 다르겠지만 말을 할 때 더 멋진 표현과 더 참신한 논리를 실어 잘 꾸며진 말을 하려고 노력하는 사람을 별로 본 적이 없습니다.

예를 들어 운동 선수에게 인터뷰를 해보면 항상 하는 말은 '좋은 모습을 보여주겠습니다' 혹은 '최선을 다하겠습니다' 수준을 벗어나지 않습니다. 연예인들도 그렇고 일반인들도 마찬가지입니다. 그냥 정보를 전달하는 것이 필요한 경우도 있지만 한 번쯤은 멋진 말을 남겨도 좋을 상황이 있건만 항상 하는 말은 다 똑같습니다. 한일 월드컵 때 히딩크 감독은 "나는 아직도 배가 고프다"라는 멋진 말을 비롯해 숱한 어록을 남긴 바가 있는데 수많은 우리 대표팀 감독들에게서는 이런 말을 들어본 적이 없습니다. 백치미의 대명사가 되어버린 힐튼가의 상속녀 패리스 힐튼조차도 이런 말을 한 적이 있습니다.

> Every woman should have four pets in her life. A mink in her closet, a jaguar in her garage, a tiger in her bed, and a jackass who pays for everything.
> 모든 여성은 생애에 네 종류의 애완동물을 가져야 한다. 옷장에는 밍크(코트)를, 차고에는 재규어(자동차)를, 침대에는 호랑이(인형)를, 그리고 항상 대신 돈을 내주는 당나귀(바보를 뜻하는 비속어)를.

정말이지 재기 넘치는 말이 아닐 수 없습니다. 말 잘하는 것을 너무 강조하면 일은 안 하고 말만 많이 하는 사람을 양산하기도 하지만 해야 할 때 멋지게 말을 잘하는 사람도 나오고, 반대로 지나친 절제를 강조하면 멋진 말이 필요한 순간에도 그것을 들을 수가 없는 단점도 있나 봅니다. 우리 선조들도 말을 잘하는 것을 반드시 흠으로 여기지는 않았는지 '말 한마디로 천 냥 빚을 갚는다'고 했는데 앞으로는 전통적인 절제의 미덕과 더불어 자신을 잘 표현하도록 장려하는 문화가 조화를 이루었으면 좋겠습니다.

많은 사람들이 영어 공부를 시작할 때는 더도 덜도 말고 그저 일상생활을 하는 데 지장이 없는 정도의 수준만 되면 소원이 없겠다는 생각을 많이 합니다. 미국 영화나 드라마의 주인공들이 사용하는 언어는 대부분 복합문보다는 단문이고, 표현이 은유적이기보다는 직설적이며, 문장 자체의 길이도 길지 않아서 언어에서조차 최고의 경제성을 추구하는 미국인의 성격을 잘 나타내는 것 같습니다. 덕분에 미국 사람과 같아지기는 힘들어도 일상생활에서 의사소통이 무리 없이 이루어지는 정도의 영어는 의외로 빨리 성취되는 경우가 많습니다. 그런데 사람들은 영어 실력이 늘어갈수록 점차 고급 영어에 대한 갈망이 오히려 커지게 됩니다. 아마 이런 욕심은 영어를 배우는 모든 사람에게 끝없는 갈망이 되는 것 같습니다. 그런데 영어 실력이 이미 어느 정도 높은 사람은 영어 실력을 더 높이기 위해 도전할 만한 것이 별로 없는 것처럼 느낍니다. 완벽하지 않은 줄은 알지만 말하기와 듣기가 어느 정도 되다 보니 어떻게 영어 실력을 발전시켜야 할지 고민이 되기 때문입니다.

  이런 분들에게 제가 권하는 것도 역시 영어로 글을 쓰는 것입니다. 제가 블로그를 운영하면서 영어 공부법에 대한 조언을 구하는 수많은 이메일을 받았습니다. 그중에는 초보자도 많았지만 영어 실력이 상당하신데도 더 발전을 가져올 방법이 없는지 묻는 분들도 많았습니다. 저 자신이 그만한 자격이 되는지 약간은 조심스러운 심정이기는 했지만 저 역시 미국에 와서 2년 정도 지나자 다른 영어 공부를 할 시간도 없고 영어 실력의 향상도 정체기에 이르렀다고 느꼈는데 이때 쉬었던 영어 일기를 다시 시작함으로써 좋은 효과를 얻었던지라 이런 경험을 바탕으로 영어 일기를 시도하도록 권해드렸습니다. 이렇게 권고를 받은 독자들이 나중에 한결같이 영어 일기가 매우 만족스러운 결과를 가져왔다고 알려왔습니다. 결론적으로 영어를 이미 잘하더라도 전반적인 영어를 좀 더 세련되고 고급스럽게 가다듬을 필요가 있는 사람들은 그 도구로 영어 일기를 활용할 수 있는데, 이것이 영어 일기가 필요한 세 번째 이유입니다.

영어 일기 쓰기를 미루는 흔한 핑계들

영어 공부를 열심히 할 때는 서점에 가면 항상 영어 공부 관련 서적 코너로 가서 무슨무슨 책이 나와 있나 살펴보는 것이 큰 즐거움이었습니다. 그런데 이 많은 영어 학습법에 관한 책 중에 항상 제 눈길을 끌었지만 고의적으로 무시하고 거들떠보지 않았던 책들이 있었으니, 그것은 바로 영어 일기 쓰기에 관한 책들이었습니다. 제가 그때까지 읽었던 많은 책들 중에는 영어 공부법의 하나로 영어로 일기 쓰기를 추천한 책이 매우 많았고 저도 영어로 일기를 쓴다는 것은 영작문 실력을 늘리는 하나의 비결로서 뭔가 긍정적인 효과가 있을 것이라고 막연히 생각은 했지만 일기 쓰기를 시작할 생각은 하지 않았습니다.

첫 번째 이유는 아마도 게으름이었을 것이고, 두 번째 이유는 제가 당시 필요했던 것은 듣기와 말하기였지 쓰기는 그다지 절실하지 않아서 우선순위에서 밀려 있기 때문이기도 했습니다. 세 번째로 특별히 매일 쓸 만한 내용이 없다는 것도 하나의 핑계였습니다. 네 번째로는 내 영어 실력에 머릿속으로 생각하는 모든 내용을 영어로 옮길 수 있는가 하는 자신감의 부족도 큰 기여를 했고, 다섯 번째로는 표현의 정확성을 검증해줄 사람도 없는데 일기에 잘못되고 부정확한 영어 표현을 계속 적어가는 것이 영어 실력에 무슨 도움이 되겠는가 하는 회의적인 생각 때문이었습니다. 물론 당시에는 이렇게 다섯 가지씩이나 이유를 꼽으면서 영어 일기를 피했던 것은 아니었습니다만 당시에 막연하게 영어 일기를 시작하지 못했던 이유들을 다시 생각해보니 그렇다는 것입니다. 저도 자기 합리화가 꽤 심했던 것 같습니다.

그러다가 미국 의사시험의 요구 조건 중 하나인 토플 시험을 봐야 했습니다. 운이 없게도 토플 시험에 작문 영역이 생겼다고 해서 시험 준비를 하며 영작문 연습을 억지로 해야 했습니다. 비교적 비싼 돈을 주고 영작문의 교정 서비스를 받으면서 알고 보니 내 영작문 실력이 생각보다는 낮다는 것을 인식하게 되었습니다. 한 페이지를 쓰면 처음부터 끝까지 엉터리 표현으로 가득 찰 것이라는 두려움이 있었지만 원어민에 의해 교정된 제 작문을 보면 물론 무수한 교정 부호들이 가득했지만 대개가 철자, 구두점, 어색한 표현 때문이었고 문법적으로 틀린 표현들이 예상만큼 많지는 않았습니다. 그리고 몇 달간의 공부 끝에 토플 시험이 끝나고 여러 가지 느낀 바가 있었습니다. 일단 영어로 글을 써보니 다른 영어 실력의 향상에도 부지불식간에 도움이 됨을 느꼈던 것입니다. 그래서 드디어 그 많은 핑계를 뒤로하고 영어 일기를 쓰기로 결단을 내렸습니다. 반드시 그날의 사건만 쓴 것이 아니었기에 어쩌면 일기라고 굳이 이름을 붙일 수는 없지만 어쨌든 노트에 영어로 매일 뭔가 쓰는 습관을 들이게 되었습니다. 특별한 사건이 없는 날에는 그냥 앞으로의 계획이나 뉴스에서 본 것들에 대한 감상 등을 적었고, 때로는 그날 공부한 내용으로 문장을 만들어서 소설 적듯이 적었습니다. 지금 생각해보면 영어 일기가 가져다준 변화는 실로 큰 것이었습니다. 영어 공부의 방법이 다들 그렇듯이 바로 표가 나지 않기 때문에 당시에 느끼지 못했을 뿐이었습니다.

영어 일기를 쓰면서 드는 의문점과 해답

제가 영어 일기를 오랫동안 거부한 이유를 위에서 말씀드렸으니 이와 관련한 해결책도 생각해보겠습니다. 우선 게을러서 못했다고 했는데 일단 누구나 어느 정도의 게으름은 있게 마련입니다. 영어 일기 쓰기에 너무 부담을 갖지 마시기 바랍니다. 단 한두 줄이라도 영어로 뭔가 써보시기 바랍니다. 영어 일기는 시작하기 직전까지가 가장 어렵고 일단 시작하면 쉽습니다. 두 번째 핑계로 듣기, 말하기에 비해서 글쓰기 실력은 당장 필요치 않았기 때문에 절실함이 없었다고 했는데, 제가 영어 일기의 장점으로 이미 열거한 것처럼 글쓰기는 오히려 듣기, 말하기를 도와주므로 다른 공부와 함께 영어 일기 쓰기가 병행되어야 할 충분한 이유가 됩니다. 세 번째 핑계는 뭔가 쓸 일이 매일 생기느냐는 것인데 그날 배운 표현을 써먹을 용도로 억지로 내용을 만들어서 일종의 소설을 쓰든지, 그날 그날의 뉴스를 보고 감상을 쓰든지, 하여간 뭔가 글을 쓰는 것이 중요하니 내용에는 얽매이지 않아야 합니다. 네 번째로 영어 초보자의 경우 자신의 영어 실력으로 자신이 하고 싶은 말을 일기장에 한 줄이라도 쓸 수 있을 것인가 하는 문제입니다. 저의 조언을 통해 공부를 했던 지인들의 경우를 보면 놀랍게도 아무리 영어 실력이 낮아도 (아마도 평균적인 중학생 실력 이상이라면) 영어로 일기를 쓸 수 있었습니다. 물론 영어 표현이 상당히 제한적이고 쓴 표현을 반복하게 되어 내용상으로는 초등학생이 한글로 쓴 일기만도 못할 수 있습니다. 하지만 이런 식으로 계속 쓰다 보면 위에서 말한 대로 자기의 생각을 적절히 표현할 영어 표현을 찾는

데 상당히 적극적이 되고 이런 표현이 하나 나올 때마다 열심히 수집하는 습성이 생겨서 일기를 쓰지 않았으면 그냥 놓쳤을 표현들을 하나도 놓치지 않게 됩니다. 계속 강조되지만 영어 교재에 쓰여 있는 수많은 표현을 수동적으로 읽는 것은 아무런 감흥이 없지만 자신이 평소에 알고 싶었던 표현이 하나 나오면 그냥 읽는 순간 마음에 와 닿는다는 것입니다. 그리고 이런 표현이 영어 일기에 하나둘씩 더해지면 몇 년이 지나 영어 구사력이 매우 풍부해지는 게 당연한 이치입니다.

　마지막으로 다섯 번째는 우리의 영어 실력이 어차피 완전하지 않은데 틀린 표현으로 계속 일기를 써가도 괜찮은가 하는 것인데 상당히 현실적인 문제인 것 같습니다. 누구도 틀린 표현으로 일기를 채우고 싶지 않을 것이므로 그 자체가 공부를 더 하게 하는 동기유발이 되기도 하지만 실력이 미흡한 사람이 아무리 다 찾아가면서 일기를 쓴다고 해서 문법적으로 완전한 일기 쓰기가 가능한 것은 아닙니다. 그리고 문법적으로 완벽한 일기를 쓰려고 하다 보면 점차 부담이 생겨서 일기 쓰기가 더 힘들어지기도 합니다. 저 자신도 처음에는 이런 의문을 가졌으나 나중에 영어 일기를 추천하는 영어 교육자들의 글을 읽어보니 영어 일기라는 것이 비록 선생님이나 원어민의 감수를 받지 못하더라도 나름대로 쓰는 것 자체로도 굉장한 가치가 있다고 합니다. 물론 영어로 글쓰기 능력을 가장 단시간에 올릴 수 있는 것이 바로 영어로 작문을 하고 실력 있는 원어민의 감수를 받는 것입니다. 일기를 매일 쓰고 다음 날 매번 원어민의 감수를 받을 수만 있다면 그보다도 좋은 방법이 없을 것입니다. 하지만 그렇게 친절한 원어민을 찾는 것도, 개인적으로 고용하는 것도 경제적으로 큰 문제이며, 때로는 지극히 사적일 수밖에 없는 일기의 내용을 매일 남에게 보여주는 것도 별로 내키지 않는 일일 수 있으므로 현실성이 떨어집니다. 하지만 이런 문제는 걱정하지 않아도 됩니다. 그냥 되도록 맞는 표현을 골라서 일단 쓰면 됩니다.

그러다가 자신이 쓴 표현이 맞다고 생각하고 계속 일기에 썼는데 나중에 알고 보니 잘못된 표현인 경우에는 어떤 현상이 일어날까요? 이런 경우가 있어도 사실 별로 부끄러울 것도 나쁠 것도 없습니다. 왜냐하면 자신의 일기에 혼자만이 아는 내용을 쓴 것이니 틀렸어도 남이 뭐랄 것도 아니기 때문입니다. 제가 진짜 걱정했던 문제는 틀린 표현에 너무 익숙해진 나머지 바른 표현을 알게 되어도 잘 고쳐지지가 않으면 어쩌나 하는 것이었는데 실제로는 반대의 현상이 일어났습니다. 즉, 바른 표현을 만나면 순식간에 잘못된 표현을 고치게 되고 바른 표현이 기억에 새겨지는 것 말입니다. 특히나 자신이 간절히 필요로 했던 표현을 뒤늦게 알게 되면 대개는 알게 되자마자 외워지기 때문에 지루하게 쓰면서 억지로 외우려고 노력하는 것에 비해 시간 대비 공부의 효율도 매우 높습니다. 이런 학습 효과를 위해서 영어 일기 쓰기는 당연히 영어책 큰 소리로 읽기 등의 듣기, 말하기, 읽기의 각 영역의 공부와 함께 진행되어야 합니다. 그래야 일기 속의 틀린 표현도 찾을 수 있고 평소에 표현하고 싶으나 어떻게 하는지 몰랐던 표현을 발견하는 기쁨도 누릴 수 있습니다. 다른 공부를 전혀 하지 않고 영어 일기 쓰기만 열심히 하는 것도 어느 정도의 효과는 있지만 역시 영어 공부는 골고루 할 때 최대의 효과가 발생합니다.

틀린 표현으로 일기를 쓰는 문제와 관련해서 또 한 가지 의문이 생길 수 있습니다. 틀린 표현을 글로 반복해서 쓰다 보면, 영어를 말할 때도 자연스레 일기에서 써온 그 틀린 표현이 입에서 나올 텐데 이런 문제는 어떻게 해야 하나 하는 것입니다. 가능성이 있는 이야기이지만 말을 할 때 생전 처음 만들어본 말보다는 꼭 정확하지는 않더라도 한번 생각을 정리해서 글로 써본 말을 하는 편이 덜 틀릴 가능성이 높을 것입니다. 그리고 틀린 표현이라 해도 조금은 익숙하니 더 자신 있게 말할 수 있을 것인데 이 자신 있는 말하기가 매우 중요합니다. 틀린 표현이든 맞는 표현이든 자신이 없어서 우물쭈물 말하면 미국인들은 더 못 알아듣습니다. 그들은 못 알아들으니 계속 더 물어보고, 말하는 쪽에서는 상대방이 못 알아들으니 더 자신을 잃고 말을 못하게 됩니다. 반대로 아무리 자신이 없고 불완전한 표현이라도 목소리 크게 또박또박 이야기 해보면 반대로 상대방이 이해하려고 노력을 하게 되고 대개는 억지로라도 뜻이 통합니다.

정리하면 영어로 일기 쓰기는 영작문 실력을 높여주고, 대화 시 써먹을 수 있는 살아 있는 영어 표현력을 길러주고, 영어 공부의 효율을 높여주고, 영어 공부의 동기를 부여하며, 고급 영어를 늘려줍니다. 영어 실력이 모자라도 상관없습니다. 그냥 쓸 수 있는 만큼 오늘부터 쓰기 시작하면 됩니다. 틀린 표현도 걱정 말고 일단 쓰십시오. 이것도 배움의 과정입니다. 일단 일기를 써보시면 압니다. 누구나 말을 만들 수 있습니다. 완벽한 문장이 아닌 단어를 열거하는 수준이라도 상관없습니다. '영어를 공부하기 위해 학교에 갔다' 라는 말을 'I go school study English'라고 쓰면 또 어떻습니까? 나중에 'I go school to study English'를 쓰게 될 것이고 좀 더 하다 보면 'I went to school to study English'를 쓸 날이 올 것입니다. 나중에 맞는 표현을 발견했을 때의 깨달음과 기쁨은 오랫동안 써온 틀린 표현의 기억을 지우는 데 명약입니다. 문제는 오늘 시작하느냐 내일로 미루느냐입니다. 이 책을 계속 읽기 전에 단 두 줄이라도 지금 써보세요. 지금 시작하면 절반은 성공한 것입니다.

Jazztronik님의 질문: 이제 고3 수험생이 됩니다. 영어를 어떤 학문 다루듯이 공부하는 것이 지겨웠는데 선생님의 글을 읽게 되었습니다. 지금 이 시점에 선생님의 방식대로 공부해도 괜찮을까요? 아니면 수능에 맞춰서 공부해야 하나요?

답: 저도 답을 드리기가 대단히 어렵습니다. 만약 초등학생에서 고등학교 2학년까지만 되더라도 제 방법으로 하라고 강력하게 권장했을 텐데 하필이면 고3이 되시는군요. 만약 시간이 허용된다면 약간의 타협의 여지는 있지 않을까 생각합니다. 그냥 학교 공부를 그대로 하시되 하루에 30분만 할애해서 큰 소리로 교과서를 읽어보는 것이 어떨까요? 그리고 가능하면 짧게나마 영어로 일기를 쓰는 연습도 하시기 바랍니다. 본격적으로 의사소통이 가능한 영어 공부는 수능이 끝나고 나서 한다 하더라도 교과서를 읽으면 문법 감각도 생기고 단어도 저절로 외워지고 아마 독해 속도에도 도움이 될 것이며, 영어 일기는 이렇게 얻은 지식을 공고화시키는 역할을 할 것입니다. 저도 소리 내어 책 읽기를 시작하고 1년 정도 지나서 토플을 보았는데 문법 공부를 따로 하지 않았

음에도 불구하고 문법 분야의 성적이 좋았습니다. 수능 영어에도 비슷한 원리가 적용될 수 있으리라고 생각합니다.

Yh-yeo님의 질문: 사무실에서 선생님의 글을 보고 할 일이 많았는데도 한참 동안 글을 읽다가 용기 내어 편지를 써봅니다. 저는 부산에 사는 진짜로 평범한 회사원이고 아홉 살, 네 살, 두 아들의 아빠입니다. 참 우스운 것이 저는 학교 다닐 때(대학까지 포함해서) 영어 공부를 열심히 한 적이 별로 없고 영화 볼 때 자막이 없으면 바로 꺼버리는, 영어와는 정말 친하지 않은 경상도 남자입니다만 요즈음 '영어 공부를 해볼까?', '어떻게 하면 영어를 잘하지?' 하고 인터넷에서 영어 관련 사이트도 찾고 자료도 받고 팝송도 들어보고 합니다. 왜냐고요? 제가 영어를 잘하려는 게 아니라 우리 아들들 영어 공부를 시켜보려고요. 남들은 과외다 비싼 학원이다 해서 열심히들 시키고 흔히 '아이의 영어 실력은 아빠의 봉급과 정비례한다'는 서글픈 현실 앞에 한없이 작아지기도 합니다. 어릴 때 부모님이 공부해라 공부해라 노래를 불러도 관심이 없던 놈이 제 아들놈 영어 공부 한번 시켜보겠다고 이리저리 기웃거리는 게 참 한심하게 생각되기도 합니다만 어쩌겠습니까? 그래서 선생님께 바쁘신 와중에도 저처럼 지극히 평범한, 너무 평범해서 못난 부모가 되어가는 이들에게 어떻게 하면 우리 자식들을 효과적으로 저렴하게 영어를 잘하게 할 수 있는지 단계별로 장기적인 로드맵을 제시해주십사 하는 부탁을 드려봅니다.

답: 자녀분들은 정말 좋은 아버지를 두어 좋겠다는 생각도 해보게 됩니다. 정말 답답하게도 한국에서 영어라는 것이 또 하나의 계층을 만드는 도구로 사용되다 보니 필요 없는 사람까지도 모두 영어에 매달리게 만드는 현실이 개탄스럽지만 보통 사람들이 영어로부터 초연해지기도 어려우니 딜레마가 생기는 것 같습니다. 제가 아는 바가 많지 않습니다만 그냥 개인적인 의견을 말씀드리자면 아이들의 영어 공부는 고역스러운 노동이 아니라 즐거운 놀이가 되어야 합니다. 의무적으로 단어를 외우게 한다거나, 가기 싫은 학원에 억지로 보내는 것을 지양하

고 그냥 쉬우면서도 그림이 있는 동화책을 소리 내어 읽게 하는 것부터 시작하면 어떨까 합니다. 관건은 부모님이 관심을 보여주어야 한다는 것입니다. 다른 공부와는 다르게 영어만큼은 부모님이 아이들과 함께 할 수 있는 것으로 생각이 됩니다. 그러니 아이들만 책을 읽게 하지 마시고 부모님 중 최소한 한 분이 영어 동화책을 읽을 때 옆에서 읽는 것을 들어봐 주고 칭찬을 마구 해주는 것이죠.

그래서 온 가족이 동화책을 읽는 즐거운 시간을 가지는 습관이 들었으면 좋겠습니다. 노래도 함께 배우면 좋고요. 온 가족이 모여서 노래를 부르는 모습을 상상만 해도 행복하지 않습니까? 교육적으로 좋은 만화영화 등도 잘 활용하시면 더 좋겠습니다. 아이들이 뜻을 모르니 분명 물어볼 텐데 부모님이 함께 공부하는 것은 필수겠지요.

또한 목표를 정해서, 예를 들면 3년간 영어를 공부해서 3년 후에는 미국에 놀러 가자거나, 내년에는 영어마을에 보내준다거나 해서, 영어를 열심히 할 수 있는 동기를 부여하고 써먹을 수 있는 기회를 주어 자신감을 길러주시고요. 부모 되기도 어려운 세상에 이렇게 노력하시는 모습에 존경을 보냅니다. 자녀분들이 훌륭하게 성장할 것이라 확신하고 꼭 그렇게 되기를 멀리서나마 기원하겠습니다.

11장
라디오로 영어 공부 제대로 하는 비결

　　　　　제가 처음 영어 공부를 시작했을 때는 듣기에 대한 욕구가 가장 컸습니다. 잘 알아들을 수만 있으면 들었던 내용을 기억하여 말하면서 써먹을 수 있고, 이렇게 써먹은 말은 기억에 많이 남으므로 영어 실력 향상의 선순환을 이룰 수 있을 것으로 기대했기 때문입니다. 영어 듣기 실력을 향상시키기 위한 방법에는 여러 가지가 있을 수 있습니다만 전반적으로 영어 실력을 향상시키지 않고서는 듣기가 나아지기 어렵다고 앞에서 이야기했습니다. 그 전반적 영어 실력이란 발음, 어휘력, 문법 실력, 독해 능력 등이 골고루 포함됩니다. 하지만 영어 듣기를 따로 공부하지 않아도 독해, 단어, 문법 등을 열심히 하면 듣기도 저절로 잘된다고 오해하면 안 됩니다. 듣기는 아주 필수적인 영어 공부의 요소이며 거르지 않고 매일 해야 할 공부입니다. 이 듣기를 아주 효율적으로 할 수 있는 도구가 있는데, 바로 라디오의 영어 교육 프로그램을 이용하는 것입니다.

냄비 위에 밥이 타는 이유

　6장에서 언급한 바가 있듯이 다 자란 성인이 외국어를 배우려면 이미 모국어를 쓰기로 정해진 두뇌의 구역이 아닌 바로 옆의 구역에서 새로운 언어가 자리를 잡아야 합니다. 듣기와 말하기가 이미 모국어로 확립이 된 상태에서는 외국어가 들어와도 자신이 이미 알고 있는 모국어의 비슷한 음색의 소리로 바꾸어서 해석하게 됩니다.

　쉽게 예를 들어보겠습니다. 제가 중·고등학교 때 마이클 잭슨이 인기가 있었습니다. 지금도 기억에 남는 곡이 〈Beat it〉이라는 곡인데 제가 그 곡을 들었을 때 한국말의 발음 체계로 이해했기 때문에 아무리 들어도 '삐레' 라고 들렸습니다. 나중에 글로 쓰여 있는 제목을 보고서야 비로소 〈Beat it〉이라는 것을 알았습니다. 정상적인 청력을 가졌으되 두뇌는 소리 나는 대로 받아들이지 못한 것입니다. 하지만 뜻은 여전히 몰랐습니다. Beat는 '치다, 때리다' 라는 뜻인 것 같은데 '그것을 때리라' 니 무슨 뜻일까 오랫동안 궁금했습니다. 그리고 나중에서야 '꺼져라, 가라' 는 의미의 명령어라는 것을 알게 되었습니다.

　또 당시에 최고 인기였던 개그맨 박세민 씨의 팝송 개그라는 것이 있었습니다. 여기서 들었다고 기억을 하는데 올리비아 뉴튼 존이라는 가수의 〈Physical〉이라는 곡을 이용해 이런 가사를 만들어서 박세민 씨가 소개했었습니다. 어떤 부분이었냐면 한국어만 아는 저 같은 사람이 들으면 영락없이 '냄비 위에 밥이 타~' 로 들리는 부분이 있었습니다. 듣고 또 들어도 미국 사람이 한국말로 노래를 부를 리 없건마는 '냄비 위에 밥이 타' 였습니다. 실제 이 부분의 가사는 'Let me hear your body talk'였습니다. 해석을 하자면 조금 에로틱하게 '내가 너의 몸이 말하는 것을 듣게 해줘' 라는 뜻이 되겠습니다. 이렇게 우리의 귀가 우리를 속입니다. 우리는 남의 말을 믿지 못할 때 직접 들어야 믿겠다, 혹은 직접 봐야 믿겠다고 하지만 우리의 오감이 때로는 그다지 신뢰할 만하지 않다는 것입니다.

우리의 눈이나 귀와 같은 감각 기관 자체는 문제가 없을지라도 두뇌가 들어온 시각이나 청각 자극을 해석할 때 이미 알고 있는 내용을 바탕으로 해서 해석을 합니다. 똑같은 것이 없으면 가장 가까운 것으로 해석을 내립니다. 그래서 'Beat it'이 '삐레' 가 되고, 'Let me hear your body talk'가 '냄비 위에 밥이 타' 가 되기도 하는 것입니다.

듣다가 포기한 듣기 공부

제가 읽었던 어느 책에서 2,000시간에서 3,000시간은 들어야 귀가 트인다는 글을 보았습니다. 당연히 저로서는 그렇게 오래 들으면 결국은 들리는가 보다 했습니다. 말이 쉽지 2,000시간은 정말 긴 시간입니다. 하루에 영어 청취를 다섯 시간씩 매일 해도 1년 이상 해야 하는 분량입니다. 하지만 그렇게 해서라도 귀가 열린다면 고생할 가치가 있다고 판단했습니다. 그래서 영어 테이프를 사다가 하루 몇 시간씩 듣기 시작했습니다. 하루 다섯 시간은 아니고 세 시간에서 네 시간은 한동안 들었던 것 같습니다. 그런데 문제가 있었습니다. 아무리 들어도 처음에 안 들렸던 부분은 끝까지 들리지 않는다는 것이었습니다. 그 이유는 이 책의 4장에서 이미 설명을 드렸으니 독자 여러분도 이제 충분히 이해하시리라고 생각합니다. 무슨 말을 하는지 모르는데 반복해서 많이 듣는다 한들 저절로 이해될 리가 없습니다. '讀書百遍其義自見(독서백편기의자현)'이라는 옛말이 있습니다. 책을 백 번을 뒤풀이해서 읽으면 뜻이 저절로 깨우쳐진다는 뜻입니다. 아마 한문으로 된 책을 읽으면 이런 현상이 일어날지 몰라도 영어에서 제가 얻은 결론은 '청취백번기의불자현'이었습니다.

제 경험을 조금 더 이어가겠습니다. 어쨌거나 이렇게 듣기 연습을 한 달 정도 했는데 아무리 들어도 안 들리는 것은 둘째치고 더 큰 문제가 있었습니다. 바로 졸음이었습니다. 이상하게 테이프만 들으면 처음에는 좀 들리는 듯하다가 나중에는 아무리 귀를 쫑긋 세워도 도무지 알아듣지 못할 소음으로 변하고 정신을 차릴 때마다 졸고 있는 저를 발견하게 되었습니다. 낮에는 일을 해야 해서 주로 밤에 테이프를 들었기 때문인지 이 테이프는 정말 기가 막힌 수면제였습니다. 처음에는 영어를 정복하겠다고 해놓고 이렇게 의지가 약할 수 있나 하면서 제 자신을 탓하기도 했습니다. 하지만 테이프를 틀고 의자에 앉았다가 테이프가 다 돌아가서 저절로 '탁' 하고 카세트가 꺼지는 소리가 나면 입가에 침을 흘린 채 책상에 엎드려 자는 저를 발견하기 일쑤였고, 몇 번은 신기하게도 제가 이불까지 덮고 아예 누워서 자고 있었습니다. 졸린 상태로 그 와중에 이불까지 폈나 봅니다.

잠이 들 무렵에 고도의 정신 집중 때와 비슷하게 잠시 알파파(alpha wave)라는 뇌파가 나타납니다. 이렇게 알파파가 활성화된 상태에서 들으면 기억이라도 더 잘되겠지 하는 마음으로 스스로 합리화를 해보기도 했습니다. 하지만 아무리 테이프를 들으면서 잠이 들어도 전혀 들리지도 외워지지도 않았습니다. 여기서 효과를 보지는 못했지만 저는 알파파를 공부에 이용해보려는 집착을 버리지 못하고 나중에는 M학습기를 구입하기도 했습니다. 기계를 녹음기에 연결해서 테이프와 학습기에서 나오는 음을 함께 듣는 걸 시도하기도 했습니다. 하지만 역시 잠이라는 복병을 이겨내지 못하고 공부를 포기하게 되었습니다.

> 한번은 일본에서 개발되었다는 클래식 음악을 CD로 들으면서 영어식 저음을 듣는 연습을 한다는 헤드폰과 CD를 사서 공부한 적도 있었습니다. 역시 수면을 유도하는 데 최고의 효과가 있었으나 영어 청취가 향상되지는 않았습니다. 제가 효과가 없었다고 남도 없을 것이라고 말할 수는 없습니다만 개인적으로는 다시 시도하고 싶지 않은 공부였습니다. 지금 돌아보면 그 소득 없는 공부를 그렇게 몇 달이나 한 것도 대단한 의지였다는 생각조차 듭니다.

우리의 두뇌에 모국어가 이미 자리를 잡은 이상 외국어가 들어올 때는 백지 상태의 도화지에 그림을 그리듯 할 수가 없습니다. 이미 모국어로 밑그림이 그려져 있기 때문입니다. 그래서 제가 한때 테이프를 몇 달간 들으면서 듣기 공부를 해보려고 했지만 자꾸 익숙한 한국말의 발음으로 알아들으려고 했고 이 바람직하지 못한 과정을 억지로 누르고 무념무상의 상태를 강요하니까 잠만 쏟아져서 할 수가 없었습니다. 두뇌에서는 해독 불능의 소음이 계속 들어오므로 해석할 수 없는 자극을 무자극(無刺戟)으로 인식할 수밖에 없었을 테니까요. 그래서 듣기 공부를 제대로 하려면 알고 들어야 합니다. 전혀 모르고 들으면 소음일 뿐입니다. 하지만 아는 소리만 들으면 공부가 되지 않습니다. 계속 새로운 소리를 듣고 무슨 소리일까 궁금해하는 과정을 겪고 나중에 그 소리가 어떤 것이었는지 깨닫고 마음에 새기는 과정을 반복해야 합니다. 이런 학습에 아주 큰 도움이 되는 교재가 있는데 제목에서 짐작하셨겠지만 교육방송의 라디오 프로그램을 이용하는 공부입니다.

뒤늦게 깨달은 라디오 영어의 진가

저도 영어 공부를 시작할 무렵부터 교육방송의 유익성은 잘 알고 있었습니다만 실제로 제 공부에 도입을 하기까지는 공부를 시작하고 나서 몇 년의 세월이 걸렸습니다. 초반기에 교육방송을 이용하지 않았던 가장 큰 이유는 나름대로 공부하는 교재가 있어서 굳이 라디오 방송에 의존하지 않아도 될 것 같았고 시간을 맞추어서 라디오를 들을 형편이 아니었기 때문입니다. 하지만 언제인가 출근길에 시간이 맞는 관계로 자동차에서 우연히 교육방송 프로그램을 들으면서 한 번만 듣고 흘려버리기에는 아깝다는 생각이 들어 본격적으로 공부를 시도하게 되었습니다. 일단 해보니까 그 무시할 수 없는 매력을 깨닫게 되었고, 결국은 라디오를 이용한 영어 공부가 제 생활의 일부가 되었습니다.

첫 번째로 꼽고 싶은 라디오 영어 공부의 장점은 강사의 질이 보장되어 있다는 것입니다. 요즘은 사교육이 정규 학교 교육을 비용 면에서 압도하는 시대입니다. 특히 수능이나 토익과 같은 시험에 관련해서는 잘나간다는 강사가 있는 좋은 학원은 들어가기가 정말 어렵다고 합니다. 이렇게 좋은 강사를 찾는 이유는 좋은 강사의 강의가 주는 위력을 사람들이 잘 알기 때문일 것입니다. 하지만 점수와 관련이 없는 그냥 영어 실력을 키우는 데 있어서는 누가 명강사인지 알지 못하거니와 알아도 멀리까지 갈 수 없는 관계로 명강사 찾기는 시도도 하지 않는 것 같습니다. 저도 마찬가지였지만 좋은 강사에게 배우고 싶다는 생각은 항상 들었습니다.

저의 이런 허전함을 적지 않게 해소해준 것이 바로 라디오의 영어 프로그램을 통한 공부였습니다. 라디오 영어 프로그램의 강사들은 한국인과 원어민 강사 공히 최고의 수준이라고 평가할 수 있겠습니다. 그리고 이들은 청취자들의 부족한 부분을 가장 많이 연구하는 사람들입니다. 청취자들이 가장 유익하다고 생각해야 다른 방송에 비해 청취율이 높아지고, 그래야 광고가 잘 팔릴 것이니까 그렇겠습니다만 강의의 질에 있어서는 일반 학원에 비할 바가 아닙니다. 그리고 너무나 당연한 것이지만 이런 고품질의 강의가 공짜이니 더욱 좋은 것 같습니다.

두 번째 장점은 한국인이 오해하고 잘못 사용하는 영어 표현이나 한국말을 영어로 옮길 때 바람직한 표현 등 학원 등에서 좀처럼 얻기 힘든 중요한 정보를 얻을 수 있다는 것입니다. 우리가 보는 대부분의 영어 교재는 전반적으로 영어 실력을 올려주는 장점이 있지만 특별히 한국인의 약점을 보강해줄 목적으로 개발된 것은 아닌 관계로 라디오 영어 프로그램은 아주 독특한 가치를 가집니다.

예전에 한국에서 서점에 갔는데 아주 재미있는 영어 공부 교재를 볼 수 있었습니다. 책의 표지에 있는 삽화가 아주 인상적이었습니다. 어떤 동양 여성이 호텔의 주차 안내원으로 보이는 외국인에게 이렇게 말하고 있었습니다.

"Can you call me taxi?"

해석이 어떻게 되십니까? 아마 대부분의 한국 사람은 '저에게 택시 좀 불러주시겠습니까?' 정도로 해석을 할 것 같습니다. 원어민이 이런 표현을 들으면 문법적으로 틀렸다고 생각하면서도 제대로 알아 들어줄 가능성이 높습니다만 이 표현을 직역하면 아주 엉뚱한 내용이 됩니다. 이 말을 하는 동양 여성은 이름이 '택시' 로서 '저를 택시 양이라고 불러주시겠습니까?'라고 부탁한 것과 같습니다. 코미디 프로그램이라면 이런 경우 아주 융통성 없는 꽉막힌 주차 안내원이 곧이곧대로 알아듣고 'Sure, Ms. Taxi!'라고 대답할 수도 있는 표현입니다. 이 표현을 정확하게 하자면 'Can you call me a taxi?'라고 하든지 'Can you call a taxi for me?' 등으로 하는 것이 좋습니다. 물론 조금 정중하게 하기 위해 can 대신 could를 쓰는 것이 더 바람직하겠습니다.

이렇게 부정관사 'a' 하나 있고 없고가 엄청나게 큰 차이를 만듭니다. 하지만 이런 일들은 실수를 제대로 지적받기 전까지는 스스로 알아차리기 힘듭니다. 이런 현상이 일어나는 이유는 우리말에 정관사, 부정관사가 없기 때문입니다. 미국의 경우 아이들이 유치원에서 단어를 배울 때부터 'taxi'라고 배우지 않고 'a taxi' 이런 식으로 처음부터 부정관사를 붙여서 배웁니다. 이렇게 습관이 드니 절대로 'a'를 빼놓고 말하지 않게 됩니다. 하지만 우리는 어디에 'a'를 쓰는지 'an'을 쓰는지 'the'를 쓰는지 안 써도 되는지 항상 헷갈립니다. 문법책을 봐도 장황하게 이런 상황에 정관사, 부정관사를 쓴다고 나와 있지만 다 알기도 힘들고 다 안다 한들 일상생활에 적용하면서 살기도 힘듭니다.

이런 그림이 있는 책의 표지를 보고 흥미를 느껴서 누가 과연 이런 책을 썼을까 저자를 찾아보니 어떤 일본인과 미국인이 공저자로 되어 있었습니다. 이 말은 일본어도 한국어와 문법 체계가 유사한 관계로 일본인들도 한국인과 비슷한 실수를 저지른다는 것이 될 텐데 이런 사실이 무척 신기했었습니다. 일본어와 한국어가 완전히 같지 않은 이상 일본인에게 적용되는 내용이 한국인에게 똑같이 적용될지는 모르겠지만, 어쨌거나 이렇게 한국인이 겪는 독특한 어려움이 있다는 것은 분명해 보입니다. 그리고 이런 한국인만의 어려움이 매일매일 실시간으로 해결되는 곳이 바로 라디오 영어 프로그램입니다.

이에 더해서 라디오 영어 프로그램을 듣다 보면 가끔 청취자들이 강사에게 편지를 보내서 이런 때는 어떻게 표현해야 되냐고 묻는 경우가 있습니다. 우리가 흔히 쓰는 표현이지만 한국말로조차 뜻을 제대로 풀어서 해석하지 못하는 단어가 있을 수도 있는데 라디오 강사들은 쉽고 가장 합리적인 영어로 풀어서 잘 설명해줍니다. 이런 종류의 설명은 다른 곳에서는 좀처럼 듣기가 힘든 것입니다. 지금도 기억나는 한 예가, 어떤 청취자가 저녁에 라면을 먹고 잤는데 아침에 일어나니 얼굴이 많이 부어서 친구에게 놀림을 받았다면서 얼굴이 부었다는 표현을 영어로 뭐라고 하는지 물어본 적이 있었습니다.

이에 한국인과 원어민 라디오 강사는 puffy, bloated, swollen 등의 단어를 일일이 설명하면서 의미의 차이는 물론이고 의학 용어로 edematous라는 표현까지 있다고 알려주는데 의사인 저로서도 이 정도까지 설명해주는 데에 대해 놀라지 않을 수가 없었습니다. 또한 그때그때 시사적으로 중요한 사건이 있을 때 관련 영어 표현을 짚어주는 것도 기억을 돕는 중요한 공부가 됩니다. 주식(主食)과 같은 영어 교재로 공부를 하면서 전반적으로 실력을 향상시키되 이런 교재로 보충이 되지 않는 미세한 부분에 대해서는 따로 치료를 받아야 보다 완전한 영어가 갖춰지게 됩니다. 그리고 이런 결핍을 보완해주기 위해서 연구하는 교육방송 영어 프로그램이야말로 매우 요긴한 영양 보충제입니다.

세 번째로 라디오 영어 프로그램이 좋은 이유는 프로그램이 다양하고 각각의 수준이 다 다르기 때문에 자신의 수준에 맞는 프로그램을 골라 들으면서 수준에 맞는 영어 학습이 가능하다는 점입니다. 자신의 실력에 비해서 수준이 너무 높거나 낮은 교재를 선택하면 실력의 향상이 더딥니다. 너무 어려우면 흥미가 떨어지고 너무 쉬우면 배우는 것이 없습니다. 이 조건을 다 충족시키는 것이 바로 라디오 영어방송입니다.

또한 라디오 영어 교육 프로그램은 여러분이 들어보면 느끼시겠지만 영화나 미국 드라마 등과 비교가 안 되게 강사들의 발음이 깨끗하고 선명합니다. 방음이 잘된 스튜디오에서 녹음되기 때문이기도 하지만 라디오 강사들은 정확한 발음과 적당한 속도로 말을 하는 데 익숙하기 때문에 그렇습니다. 혹시 이렇게 상대적으로 쉬운 영어로만 공부해서 나중에 실전에서 잘 써먹을 수 있을까 걱정하는 분이 있다면 안심하셔도 됩니다. 일단 수준이 올라가면 수준이 올라가는 대로 라디오 프로그램을 바꾸다가 이것마저도 쉬워지면 영화 등으로 옮겨가면 됩니다.

네 번째로 꼽을 수 있는 장점은 이동 중에도 공부가 가능하다는 점입니다. 저 역시 자동차로 출근하면서 방송을 들었는데 나중에는 인터넷에서 방송 파일을 약간의 회비를 내고 제 휴대용 MP3 플레이어에 다운로드했습니다. 그리고 꼭 운전할 때가 아니더라도, 예를 들면 헬스클럽에 가서 운동하면서, 지하철이나 버스를 타고 가면서 음악 감상을 하듯이 방송을 반복해서 여러 번 들었습니다. 여러 번 듣다 보면 많이 익숙해져서 다는 아니지만 거의 외워지는 경지에 이르는 표현들도 생겼습니다. 제 경험으로는 한 회 방송분의 길이가 짧으므로 지루함을 피하기 위해서 한 회 방송을 계속 되풀이해 듣기보다는 일주일 혹은 이주일 분량 정도를 묶어서 한꺼번에 다운을 받아 계속 반복 청취하는 것이 좋을 듯합니다.

다섯 번째의 장점을 꼽으라면 방송 내용 자체가 재미있다는 것입니다. 영어 공부가 지루하기가 쉬운데 이렇게 웃으면서 들을 수 있다는 것은 커다란 장점입니다. 저로 말하자면 지나간 방송을 되풀이해서 들어도 너무 재미있어서 길을 가면서 웃었던 적이 한두 번이 아닙니다. 영어 공부를 해보신 분은 아시겠지만 '재미' 라는 것은 영어 공부를 지속시켜주는 정말 중요한 요소입니다. 요즘 미국 영화나 드라마가 영어 공부의 교재로 부각되는 것도 이 재미를 보장하기 때문입니다. 하지만 라디오 영어 프로그램처럼 시트콤 같은 재미가 있으면서 우리말로 설명해주는 공부도 반드시 한 자리를 차지할 자격이 있습니다.

여섯 번째 장점은 그 소재의 다양성입니다. 영어 공부에서 또 중요한 것이 편식을 하지 않는 것인데 매일 CNN 뉴스만 들으면서 공부한 사람은 뉴스는 좀 알아듣겠는데 미국 드라마를 보면 못 알아듣겠다고 하고, 드라마로만 공부한 사람은 뉴스나 다큐멘터리를 알아듣기가 힘들다고 합니다. 영어 실력이 일정한 경지에 오르면 장르에 따른 이해도의 편차가 많이 사라지게 됩니다만 초보자에게는 이런 특정 장르의 공부가 다른 장르의 이해도를 올려준다는 보장이 없습니다. 하다못해 단어만 생각해봐도 뉴스를 본 사람은 금융, 경제, 정치 용어를 매일 공부할 것이지만 이런 사람들이 의학 드라마를 보면서 병원에서 사용되는 단어를 접하면 아무리 쉬운 단어도 생전 처음 들어본 것일 가능성이 높습니다. 비단 단어뿐만 아니라 문장 구성이나 상용구 표현도 다르며, 심지어는 뉴스 앵커와 배우들의 말은 속도도 억양도 다릅니다. 이런 것을 이해하는 데 어려움이 있는 초보자와 중급자들은 다양한 장르의 라디오 프로그램에서 도움을 받을 가능성이 큽니다. 라디오 방송에서는 뉴스, 드라마, 팝송, 영화, 토플, 토익 등 여러 장르를 통해 영어를 가르치고 있습니다.

영어 교재의 선택은 개인적 편의와 호감에 따르는 것이 가장 좋기 때문에 굳이 라디오 방송을 활용해야만 영어 공부를 잘할 수 있다고 말할 수는 없다고 생각합니다. 하지만 위와 같은 라디오 방송이 주는 장점들을 무시하기에는 너무 아깝습니다. KBS나 MBC 라디오 등에서도 적게나마 영어 공부 프로그램이 편성되어 있고, EBS에 프로그램이 많아 선택의 폭이 다양합니다만 어떤 방송을 듣느냐는 활용하는 사람이 자신의 수준과 선호에 따라 결정하면 됩니다.

혼자만 듣기 평가를 잘 본 친구의 비결

중학교 때 같은 반에 공부를 아주 잘하는 친구가 있었습니다. 어느 날부터 듣기 평가라는 것이 영어 시험에 포함이 되었는데, 확실하지는 않지만 아마도 시내 모든 중학교가 같은 듣기 평가를 시행했던 것 같습니다. 워낙 시청각 교재가 부족했던 때라 교무실에서 녹음기로 테이프를 재생시키고 이를 교내 방송하듯이 각 교실 스피커를 통해 전달하는 방식이었습니다. 음질이 좋지 못한 스피커로 외국인의 영어가 흘러나오면 학생들은 시험 문제 지문을 읽고 답을 달면서 20문제 남짓 문제를 풀었던 것으로 기억합니다.

어쨌거나 성의를 다해서 시험을 보았고 20개 중에서 12개 정도 맞혔는데, 제가 워낙 듣기에 취약했기에 이 정도도 잘했다고 생각했습니다. 그런데 전교 1등을 놓치지 않았던 친구는 놀랍게도 19개나 맞혔다는 것을 알게 되었습니다. 원어민 구경을 못 해보기는 피차 마찬가지였고 같은 선생님에게 문법과 독해 위주로 영어를 배웠는데 말입니다. 이 친구도 저와 똑같이 듣기 평가 후에 어렵다고 불평을 했지만 시험 결과는 그렇게나 차이가 컸습니다.

이 친구처럼 영어의 기본 실력으로 듣기 평가조차 잘 볼 수 있다는 것이 약간은 불가사의한 측면도 있었는데 지금 생각해보니 비결은 의외로 간단한 것이었습니다. 어느 날 이 친구네 집에 놀러 가는 길에 집 밖으로 흘러나오는 낭랑한 목소리를 들은 적이 있었는데, 바로 친구가 책을 읽는 소리였습니다. 그때는 이런 공부가 어떤 의미인지도 몰랐습니다. 어쨌거나 이 친구는 한껏 혀를 굴려가며 영어 교과서를 열심히 읽었고 그 유별난 발음은 아마도 교과서 테이프를 듣고 똑같이 발음하려고 노력했던 결과였던 것 같습니다. 저는 그렇게 발음하면 닭살이 돋아서 도저히 할 수가 없었지만 분명히 그 친구가 현명했다고 생각합니다. 지금도 궁금한 것은 그 친구는 교과서를 소리 내어 읽는 공부가 좋다는 것을 도대체 어떻게 알고 그토록 일찍부터 시작했을까 하는 것입니다. 나중에 만나면 꼭 물어보고 싶습니다.

라디오 방송으로 영어 공부할 때의 주의사항

이렇듯 장점을 나열해보았는데, 라디오를 활용하는 데 있어서 몇 가지 명심해야 할 것이 있습니다. 제가 만난 사람들 중에는 재미도 있고 시간도 맞아서 라디오로 몇 년간 영어 공부를 했지만 실력이 별로 늘지 않는다는 사람이 많았습니다. 어떻게 활용하느냐에 따라 달라지겠지만 라디오 영어 방송을 꾸준히 듣는 정도의 노력을 했다면 태평양과 같은 영어의 바다에서 바가지로 물을 매일 꾸준히 퍼낸 것에 불과합니다. 이렇게 매일 퍼낸 물이라도 몇 년간 그대로 다 저장이 되었다면 호수 하나를 이루었을지도 모르지만 땅에 부었던 물은 다 땅에 스며들고 증발해서 조그만 웅덩이 하나도 남아 있지 않을 가능성이 높습니다. 이 말은 공부한 내용이 기억에서 점차 사라지는 것을 비유한 것입니다.

상식적으로도 매일 공부한 양과 기억에서 잊히는 양이 같다면 몇 년이 지나도 머릿속에 별로 남아 있지 않은 게 정상일 겁니다. 그럼 어떻게 공부해야 기억에 오래 남게 되는 것일까요? 우선 손에 뭔가 남아 있어야 합니다. 아무리 그때 당시에는 재미있게 머릿속에 쏙쏙 새겨져도 시간이 지나면 다 없어집니다. 하지만 방송 교재라도 사서 읽고 밑줄이라도 그어놓으면 나중에 봐도 이런 것이 있었구나 하는 기억이 남습니다. 그래서 저는 라디오로 공부하는 것을 아예 배제한 사람이면 모를까 라디오를 공부의 도구로 선택한 사람에게는 없는 돈 아껴서라도 방송 교재를 사라고 권유합니다. 눈으로 보고 귀로 들으면 더 기억에 잘 남습니다. 위에서 바가지로 물을 퍼내는 과정에 비유하자면 이렇게 책을 사서 장기 기억을 돕는 방법은 바가지로 퍼낸 물을 땅이 아니라 수영장과 같은 방수 처리가 된 콘크리트 바닥에 붓는 것과 같습니다. 최소한 물이 땅속으로 스며들어 없어지지는 않을 것입니다.

두 번째로 중요한 것은 이렇게 방송 교재를 읽고 방송을 들었어도 나중에 반복해서 기억을 공고히 하지 않으면 다시 소용이 없습니다. 위의 비유를 계속하자면 수영장에 물을 계속 담아도 하루에 한 바가지씩 넣으면 아마도 같은 속도로 증발해갈 겁니다. 이렇게 되면 1년이 지나도 수영장 바닥은 말라 있을 테지요. 그러니 방송 교재를 사서 공부하는 것으로 그치지 말고 처음 공부할 당시에도 반복해서 듣고, 공부하고 나면 일주일이나 한 달, 그리고 6개월 주기로 계속 반복을 해야 합니다. 시간도 없는데 언제 이런 걸 다 하나 싶겠지만 처음에는 방송 교재의 일주일 분량을 공부하는 데 일주일이 걸리겠지만 일주일 뒤에 다시 펼쳐보면 대부분 아는 내용이고 기억에서 사라진 극히 적은 부분만 반복하면 되므로 하루, 아니 두어 시간 이상 걸리지 않아야 정상입니다. 같은 내용을 한 달 후에 봐도 마찬가지입니다. 시간이 얼마 걸리지 않습니다. 이렇게 세 번 반복하고서 6개월 후에 보면 최소 50% 이상은 기억에 남아 있으므로 역시 몇 시간 걸리지 않습니다. 6개월 후에 반복한다고 해서 하루에 다 하는 것은 아니고 며칠에 나누어서 보면 되므로 시간을 그렇게 많이 빼앗기지 않게 됩니다.

이렇게 공부하다 보면 하루에 단 한 시간을 해도 공부할 것의 가짓수는 꽤 많게 됩니다. 좀 더 구체적으로 이야기를 해보겠습니다. 일단 시간을 절약하기 위해 방송은 다운로드해서 직장이든 학원이든 오다가다 길에서 MP3로 듣는 것이 좋습니다. 그리고 저녁에 집에 와서 책상 앞에 앉으면 방송 교재로 복습을 합니다. 일단 45분 정도는 그날의 방송을 복습하고 5분 정도는 지난주에 했던 부분을 복습합니다. 그리고 한 달 전 그날에 했던 내용과 6개월 전 그날에 했던 내용을 각각 5분 정도씩 복습합니다. 실제로 해보면 계획보다 공부를 더 하게 됩니다. 욕심이 생기기 때문입니다. 이렇게 몇 년을 해왔다면 수영장에 뚜껑을 씌우고 물이 증발이 안 되게 계속 저장한 것과 같습니다. 하루 한 바가지씩 부었어도 몇 년간 고스란히 남아 있을 것입니다.

이렇게 해왔어도 약간의 문제는 있습니다. 위에서도 말했듯이 태평양과 같은 것이 영어인데 수영장 몇 개에 물을 채우는 걸로는 본인도 만족이 안 되고 객관적으로도 부족한 경우가 많이 있습니다. 위에서 제가 예로 든 하루 한 시간 책상에 앉아서 공부하는 시나리오는 가장 시간이 없는 사람을 대상으로 한 것이지만, 만약 대학생이라서 방학 때 시간이 좀 있거나 회사원인데 그나마 새벽과 저녁에 몇 시간 이상 공부할 시간을 만들 수 있다면 이젠 바가지로 물을 퍼내는 것이 아니라 펌프로 퍼내는 작업을 해야 합니다. 이 작업은 공부의 절대량을 늘리는 것을 말합니다. 공부 시간을 하루 한 시간에서 서너 시간으로 늘린다거나 평소에는 하루 한 시간씩 계속 유지하되 방학 때는 하루 여덟 시간으로 대폭 늘리는 것이 펌프로 물을 퍼내는 것입니다. 이때는 라디오만을 가지고 공부할 게 아니라 자신이 나름대로 교재를 선정해서 시간을 투자하고 라디오는 추가적으로 매일 한 시간 정도 병행하는 것이 좋습니다. 정리하자면 라디오는 시간이 매우 부족한 사람에게는 주교재가 되고 시간이 좀 있는 사람에게는 다른 영어 공부 교재에 더해서 부교재로 병행하라는 것입니다.

하지만 교재가 무엇이건 기본적인 원칙은 동일하게 적용할 수 있습니다. 새로운 것을 익히는 공부에 75%의 시간을 쏟고 25%의 시간은 일주일, 한 달, 6개월 전에 공부한 내용을 복습하는 데 쓰는 것이 좋습니다. 그럼 1, 2년 전에 공부한 것은 왜 복습을 하지 않느냐고 물을 독자가 있을지 모르겠는데 이건 개인적 선택의 문제입니다. 그렇게 하고 싶으면 해도 됩니다만 이렇게 세 번 복습을 하면 거의 다 머리에 남게 되고 게다가 공부한 내용이 여기저기서 반복이 이루어집니다. 같은 방송에서 다시 다룰 수도 있고, 다른 곳에서 우연히 그 표현을 듣게 될 수도 있고, 하다못해 영화에서 볼 수 있을지도 모릅니다. 그러면 머리에 남아서 평생을 가게 됩니다. 그래서 제 경험상 1년 이상 된 내용은 대개 복습이 필요하지 않았습니다. 한 가지 문제는 정말 시간이 없어서 하루 한 시간도 공부하기가 힘든 사람의 경우입니다. 이런 사람이 얼마나 되는지는 모르겠습니다만 제가 레지던트 할 때 특히 첫 1년은 하루 24시간을 병원에서 일했으니 수면 시간이 있는 것도 감지덕지였습니다. 그래서 영어 공부한다고 책상에 한 시간이나 앉아 있을 수는 없었습니다.

  여러분 중에서 하루 한 시간 공부할 여유는 없고 겨우 30분만 가능하다고 한다면 이런 분도 교재를 사는 것이 좋을까요? 제 생각에는 그래도 교재를 사야 합니다. 하루 30분이 그냥 재미로 라디오 듣는 시간이 아니라, 공부로서 효과를 보는 시간이기를 원한다면 짧은 시간 공부를 하더라도 확실히 공부해야 하고 복습도 해야 합니다. 그대신 시간이 부족하므로 진도를 계속 방송과 같이 나가면 안 됩니다. 한 달 동안 일주일 치 교재만 붙잡고 반복하는 것이 차라리 낫습니다. 차라리 제한된 범위만 반복하는 것이 매일 새로운 방송을 들으면서 계속 잊어버리고 지나가는 것보다 낫습니다. 물 한 바가지라도 물통에 부어 뚜껑을 닫아서 내 것으로 저장해놓아야지 매일 한 바가지씩 땅에 쏟는 것은 말이 안 됩니다.

정리를 해보겠습니다. 저는 사람들이 듣기 실력을 향상시킬 목적으로 안 들리는데도 듣기만 반복하는 것은 에너지의 낭비라고 생각하기에 반대합니다. 몇 번 들어서 안 들리는 것은 많이 들어도 들리지 않기 때문입니다. 들린다는 것은 무슨 말인지 판별해내고 뜻을 파악한다는 것인데 모르는 말의 철자를 판별해내고 뜻을 저절로 구별해내기란 심히 어려운 일입니다. 그래서 소리 내어 읽기가 중요하지만 새로운 듣기를 병행해서 꾸준히 귀를 단련시키는 것도 중요합니다. 같은 표현도 영화, 뉴스, 드라마, 토크쇼, 다른 사람의 목소리 등등으로 다른 상황에서 들으면 더 좋습니다. 이런 문제를 의외로 쉽게 해결해줄 수 있는 것이 라디오 교육 프로그램입니다. 또한 한국인에게 취약한 특정 영역을 아주 잘 다루어주는 것이 라디오 영어입니다. 하지만 기억에 잘 남게 하려면 교재를 사야 하고 반복을 해야 합니다. 이런 몇 가지 주의사항만 잘 지키면 라디오 영어 공부는 아주 유용하게 쓰일 수 있습니다.

DI96463님의 질문: 현재 직장 퇴사 후 창업을 준비 중인 40대 후반으로 두 아이를 둔 가장입니다. 그리고 외국에서의 삶을 늘 생각하고 있는 사람입니다. 영어 공부를 하실 때 영어책 소리 내어 읽기와 EBS 라디오 듣기, 학원에 다니기를 모두 같이 하셨는지요? 그렇게 하다 보면 학습 분량이 너무 많지 않을까요? 영어 공부하실 때 하루에 공부에 할애되는 시간이 총 얼마였습니까? 고시 공부하듯, 대학생들이 방학 때 토익 점수 올리기 위해 하루를 영어 공부에 쏟아붓듯 하셨습니까? 매일 꾸준히 하는 것에 전적으로 공감하는 바이지만 하루에 적정 시간은 얼마일까요? 물론 개인마다 상황과 목표, 학습 능력에 따라 천차만별이라는 것을 알기에 우문(愚問)이지만

질문드립니다

답: 영어를 공부할 때 읽기, 쓰기, 말하기, 듣기가 종합적으로 이루어져야 가장 좋다고 생각은 하지만 현실적으로 다 할 수 없는 경우가 많습니다. 어느 정도는 타협이 있어야 함은 물론입니다. 하루에 공부할 수 있는 시간이 몇 시간 정도냐에 따라 계획이 달라져야 합니다. 만약 방학을 맞은 대학생이라면 하루 여덟 시간 공부하는 계획을 짜도 되지 않겠습니까? 하지만 직장 생활을 하면서 저녁마다 짬짬이 공부를 해야 하는 사람은 하루 두 시간도 벅찬 경우가 많을 것입니다. 그럼에도 불구하고 어지간히 시간이 없어도 일단 위에서 말한 영어 공부의 네 가지 요소 중에서 최소 세 가지는 동시에 해야 한다고 생각합니다. 하루에 한 시간 정도밖에 공부가 가능하지 않은 최악의 경우를 상정한다면 다른 별도의 영어 교재 없이 EBS 라디오 듣고 그 교재로 공부하는 것도 충분한 공부입니다. 라디오 방송을 녹음해서 반복하여 듣고 교재를 소리 내어 읽으면서 공부를 진행하시고 하루 15분 남짓을 투자해서 짧게 일기를 쓰시기 바랍니다. 매달 그 달의 교재를 다 끝내기가 벅차면 다음 달의 교재로 넘어가지 마시고 그 달의 교재가 능숙하게 들리고 방송에 나온 영어가 명료하게 다 들릴 때까지 반복하시기 바랍니다. 시간이 많으면 라디오 교재로 공부하고 학원에도 다니면서, 집에서는 학원에서 배운 것과 라디오 방송 내용을 복습하고 별도로 교재를 정해서 공부하는 것도 가능할 것입니다. 현재는 퇴사하신 상태라고 하니 시간적 여유가 좀 있는 것으로 짐작됩니다. 그렇다면 하루에 여덟 시간 이상 영어에 전념해보시는 것도 좋겠습니다. 영어 공부에 적정한 시간이 따로 있지는 않겠지만 최대한 많은 시간 하는 것이 좋습니다. 많이 하면 공부를 하면서 얻은 지식이 없어지기 전에 반복되는 횟수가 늘어나고 반복이 되면서 기억에 확고하게 자리를 잡게 됩니다. 공부한 내용이 기억에서 없어지지만 않는다면 하루 30분씩 6년 공부한 것이나 하루 세 시간씩 1년 공부한 것이 효과가 같겠지만 인간의 두뇌로는 아마 하

루 세 시간 1년 공부한 것이 훨씬 능률이 높을 것입니다. 그래서 때로는 영어 공부에 '미치는' 시기가 필요한 것이 아닌가 생각됩니다.

저는 군대에서는 하루에 네 시간 이상 공부할 수 있었고 직장 생활을 하면서도 두 시간 이상은 가능했습니다. 그래서 제가 소개한 각 영역을 계속 골고루 했습니다. 책을 정해서 테이프를 듣고 소리 내어 읽기에 시간의 75% 정도를 할애했고 나머지 공부에 25%를 썼습니다. 구체적으로 라디오 청취는 주로 MP3 플레이어를 사용해서 학원에 오고 가는 시간에 들었고 집에 와서는 영어책 소리 내어 읽기에 집중했습니다. 일기를 쓰는 시간은 때로는 한 시간 이상 걸릴 때도 있었지만 보통은 내용이 짧고 간결했기에 30분이 넘지 않았습니다.

Philosopher님의 질문: 한국에서 부부가 다 대학에서 학생을 가르치다가 현재는 교환교수로 온 남편과 함께 미국에서 지내고 있습니다. 읽기와 문법은 문제가 없는데 듣기, 말하기, 쓰기는 상당히 사태가 심각합니다. 듣기의 경우, Voice of America 사이트의 Special English에 올라오는 5분 내외의 짧은 내용들을 처음엔 반 정도 알아듣습니다. 앞뒤 내용으로 추측하는 것 말고 완전히 알아들은 것만 반 정도입니다. 그리고 내용이 길어지면 뒤로 갈수록 집중력이 떨어집니다. 일반 라디오 뉴스는 간신히 키워드만 캐치하는 정도입니다. 그래서 제가 잡은 계획은 VOA SE를 최소한 두 번 정도 일단 듣고 스크립트 읽고 다시 듣기입니다. 그런데 이게 적당한 방법인지 잘 모르겠습니다. 한 번 듣고 거의 이해가 될 때까지 이것만 해도 될지, 아니면 다른 라디오 방송이나 TV 뉴스를 병행해야 하는 것인지요? 그리고 스크립트를 읽는 게 도움이 되는지도 잘 모르겠습니다. 쓰기의 경우, ESL 기준에 맞추어 짧은 글쓰기를 매일 해보려 합니다. 내가 쓰고 내가 첨삭해도 안 하느니보다는 낫겠지 믿고……. 그리고 읽기의 경우, 책을 한 권 정해서 읽는 편이 나을까요, 신문의 사설들을 챙겨 보는 편이 나을까요?

답: 일단 대본을 보는 시점에 대해 말씀드립니다. 듣기는 많이 들을수

록 좋지만 시간상 무한정 들을 수는 없습니다. 그런데 들어보면 스스로 느끼시겠지만 처음 몇 번은 되풀이해서 들을수록 점점 더 많이 내용을 파악하게 되는데, 어느 횟수를 넘어가면 아무리 많이 들어도 들리는 내용만 들리게 됩니다. 들리지 않는 내용은 계속 그대로 남는 것이지요. 이 시점이 바로 스크립트를 보아야 할 시점입니다. 대부분의 사람에게 다섯 번 이내면 아마 들릴 만한 내용은 다 들리지 않을까 생각하고 최대로 잡아도 안 들리는 것을 10번 이상 듣는 것은 별로 의미가 없다고 생각합니다. 이 과정은 들리는 내용과 들리지 않는 내용을 파악하는 과정에 불과하기 때문입니다. 그래서 그다지 많이 반복하지 않아도 무방합니다. 사람마다 견해가 다른 것을 알고 있으나 적어도 저에게는 그렇습니다. 그리고 스크립트를 보고 내용을 완전히 파악한 후에 스크립트를 소리 내어 읽으시기 바랍니다. 그러고 나서도 많이 들어야 합니다. 이전에 들었던 내용이 완전하고 깨끗하게 다 들리고 이해가 되어야 합니다. 그렇지 않다면 읽기가 부족했다는 것을 의미합니다. 한 문장 단위로 받아쓰기를 해서 토씨 하나까지 다 받아쓸 수 있을 정도로 잘 들리고 문장이 기억되게 되면 이제 다음으로 넘어갈 시점입니다.

두 번째로 다른 뉴스를 함께 공부해야 하는가에 대한 답입니다. Voice of America는 쉽지만 필수적인 영어 표현을 많이 담고 있어서 많은 사람들이 선호하는 영어 공부의 교재로 저도 강력 추천하고 있습니다. 아주 좋은 선택을 하신 것으로 보입니다. 하지만 이게 조금은 쉽다 보니 정상적인(?) 뉴스를 함께 공부해야 하는지 의문이 생기셨나 봅니다. 제 견해로는 영어 표현을 익히고 문법 감각을 깨우치는 용도로는 VOA면 충분하고 굳이 텔레비전 뉴스 등을 공부할 필요는 없습니다. CNN 뉴스 등은 VOA가 너무 쉬워졌을 때 시작해도 됩니다. 하지만 이게 쉬워질 정도면 아마 따로 공부를 하지 않았음에도 불구하고 일반 뉴스도 저절로 잘 들릴 가능성이 매우 높습니다. 결국은 필수 단어와 문법 감각이 깨우치면 어지간한 의사소통이 다 가능해지고 방송 뉴스를 알아듣는 것도 마찬가지입니다. 참고로 이렇게 뉴스를 어느 정도 깨우쳐도 아마 영화나 드라마를 볼 때는 그리 쉽지 않을 것입니다. 이는 단어나 표현에서 또 다른 분야거든요. 이런 분야에서의 발전이 뉴스를 통해 어느 정도는 이루어지지만 보다 향상된 듣기를 위해서는 따로 영화나 드라마를 통해 익히는 수밖에 없습니다. 뉴스에 대한 이야기로 돌아와서 일반 뉴스를 보고 싶다면 보셔도 됩니다. 아마 영어 공부가 더 많이 필요하다는 것을 느끼게 하여 동기부여도 될 테고, 배운 내용을 일부라도 복습하는 계기가 되므로 공부의 보람도 느끼게 해줄 것입니다. 하지만 이런 뉴스를 교재 삼아 VOA와 동시에 공부할 필요까지는 없습니다. 시간은 어차피 제한되어 있으니까요.

마지막으로 읽기를 다양하게 하기 위해 신문의 사설들을 챙겨 보는 게 나은지 아니면 한 권의 책을 정해서 읽는 것이 나은지 물으셨습니다. 이렇게 읽기를 연습하는 것은 어쩌면 대부분의 학습자들에게 약간의 사치처럼 여겨질지도 모릅니다. 왜냐하면 제가 권장하는 몇 가지 공부 방법만 따라 해도 하루에 몇 시간이 필요하기 때문에 다른 영어책을 읽을 여유가 별로 없기 때문입니다. 그리고 저는 지금까지 초보 독자들에게 책 읽기라면 큰 소리로 반복해서 읽기만을 이야기하고, 그냥 눈으로만 묵독하는 공부에 대해서 언급한 적이 없기 때문에 독자들이 어떻게 느낄지는 모르겠습니다. 아마 제가 이런 독서를 불필요한 것으로 여긴다고 생각하실 수도 있겠습니다. 눈으로 읽는 공부도 할 수만 있으면 좋습니다. 초보보다는 실력의 여유가 생기기 시작하는 중급자 이상에서 시작하기를 권하고, 또한 공부할 시간이 넉넉한 경우에 추천합니다. 공부할 시간이 빠듯해서 소리 내어 읽을 시간이 부족하면, 효과가 덜한 묵독은 나중으로 미뤄야 합니다. 실제로 저도 영어 실력이 중급을 넘어서기 시작하면서 신문 보기와 책 읽기, 두 가지를 다 해보았습니다. 저는 책을 약간 더 선호하는 편입니다. 한 권을 다 읽었다는 성취감도 그렇고, 한 작가가 쓴 글이니만큼 표현이 겹치는 것이 많아서 복습이 더 잘됩니다. 신문은 시사성이 있는 글이니 더 흥미가 생기는 것도 사실입니다만 때로는 글의 수준이 너무 차이가 나서 한 사람의 수준에 맞춰지지가 않습니다. 하지만 흥미가 매우 중요합니다. 읽는 대상이 무엇이든 글을 즐거운 기분으로 읽을 수 있는 것을 선택하는 것이 매우 권장됩니다. 패션에 관심이 있는 사람은 패션에 관한 잡지를, 할리우드 스타의 일상이 궁금하면 연예 관련 잡지를 보시면 됩니다. 참고로 저의 영어는 자동차 잡지의 영향을 많이 받았습니다. 재미를 가지고 공부할 수 있다면 그 공부는 반은 성공한 것이라고 생각됩니다. 정리하면 눈으로 정독하기는 최대한 재미를 위한 것이 되어야 하고 의무감으로 읽어나가야 하는 것이라면 안 하는 것이 낫습니다. 그리고 영어 실력이 중급 이상이 되는 분이 시간의 여유가 있을 때 하는 것이 좋고, 책 읽고 영어 일기 쓰는 기본적인 영어 공부를 할 시간도 별로 없는데 눈으로 읽기에 시간을 너무 많이 쓴다면 효율이 떨어지지 않을까 생각합니다.

12장
학원과 연수를 100% 활용하는 방법

　　　　　제가 예전에 영어 학원을 다닐 때 일입니다. 당시 저는 거의 초보나 다름없었는데 그래도 영어를 잘하려면 원어민과 일단 이야기를 많이 해야 한다고 생각하고 약간 제 수준보다 높은 회화반에 등록하여 매일 저녁 일을 마치고 학원에 갔습니다. 이 반에 영어를 꽤 잘하는 한 남학생이 있었는데 나중에 서울 모 대학의 공대생이라고 들었습니다. 마음속으로 너무나 부러워하면서 학원을 다녔습니다. 그리고 사정상 2년 정도 학원을 다니지 못하다가 같은 학원에 나중에 다시 돌아갔습니다. 그간 학원은 못 다녔지만 나름대로 집에서 주로 책과 영화로 영어 공부를 했었기 때문에 간단한 레벨 테스트로 고급 회화반에 배정을 받아 다니기 시작했습니다. 그런데 너무나 반갑게도 예전의 그 대학생이 같은 학원에 다니고 있었고, 원래 같은 시간대의 반은 아니었지만 개인 사정이 있을 때마다 가끔씩 제가 듣는 시간에도 청강을 하고는 했습니다.

학원을 다녀도 영어가 늘지 않는 이유

그런데 이 학생의 영어를 들어보고 약간 놀랐습니다. 2년 전에는 정말 잘하는 줄 알았는데 제가 영어가 늘었는지 그 공대생의 영어에 단점이 보이기 시작한 것입니다. 제가 느낀 그 친구 영어의 문제는 말할 때마다 똑같은 단어와 표현만 반복해서 사용한다는 것이었습니다. 이 학생과 나중에 이야기할 기회가 있었는데 그동안 같은 학원을 계속 다녔지만 영어가 별로 늘지 않아서 외국에 영어 연수를 갈 것이라고 하였습니다. 당시는 저도 영어 공부를 좀 해본 터라 뭐가 문제인지 말해주고 싶었지만 아직은 그 학생보다 영어를 더 못하는 사람으로서 영어 공부에 조언을 해줄 입장이 아니어서 그냥 넘어간 기억이 있습니다.

지금 와서 생각해보아도 이 학생의 영어가 제자리걸음이었던 이유는 그때 제가 느꼈던 것과 다르지 않습니다. 가장 중요한 문제는 이 대학생은 영어 학원에 영어를 배우러 다녔다는 것이라고 생각합니다. 영어 학원은 practice(연습)하기 위해 다녀야 하는 곳인데 말이죠. 다시 말해서 학원에서 뭔가 배울 것이라고 기대하고 계속 다녔을 것이나 학원을 오래 다닌 사람들이 한결같이 하는 이야기는 학원을 다니면 처음에는 실력이 늘다가 일정 수준에 도달하면 그 후로는 아무리 열심히 다녀도 영어 실력이 거의 늘지 않게 된다는 것입니다. 물론 예외는 항상 있으나 일반적인 경우가 그렇습니다. 그리고 여기에는 충분한 이유가 있습니다. 여기서 학원에 다닌다 함은 원어민과 프리토킹을 하는 강의에 참석하는 것으로 한정하고 설명을 해보겠습니다.

학원을 아무리 오래 다녀도 실력이 늘지 않는 이유로 꼽을 수 있는 첫 번째는 학원에서 아는 표현만 사용한다는 사실입니다. 당연히 아는 표현만 사용하는데, 이게 무슨 말인지 이해가 되지 않는 분이 있을지 모르겠습니다. 영어로 자신의 의사를 표현하다 보면 누구나 잘 쓰는 표현이 있습니다. 물론 자신이 이미 알고 있는 표현을 반복해서 사용함으로써 확실하게 내 것으로 만드는 과정의 가치는 아무리 강조해도 지나치지 않습니다. 하지만 우리가 영어 공부를 하는 이유는 뭔가 새로운 것을 배우는 데 있을 것입니다. 자신이 스스로 만들어서 표현을 하다 보면 아주 제한된 표현밖에는 사용할 것이 없습니다. 그렇다고 한국말을 억지로 영어로 번역하여 원어민이 듣기에 어색한 표현으로 말을 이어가는 것도 한계가 있습니다. 그럼 같은 수강생들에게서라도 뭔가 배울 것이 있으면 좋은데, 서로 비슷한 상황으로 표현력이 제한되어 있는 처지이므로 함께 이야기하다 보면 자신이 쓰는 표현 외에 상대방에게서 별다르게 배울 표현이 많지 않다는 것을 알게 됩니다. 오히려 서로 한국식 영어 표현(문법적으로는 하자가 없지만 어문학적 특징상 유독 한국 사람만 쓰고 원어민들은 사용하지 않는 표현)을 자연스럽게 접하게 되어 그것에 익숙해지면 득보다 실이 많은 경우도 생깁니다. 결국은 배우는 원천은 학원 강사밖에 없는데 강사조차 학원생들의 눈높이에 맞추어 쉬운 표현으로만 대화를 진행하다 보면 더더욱 배울 만한 표현의 범위가 줄어들게 됩니다. 우리도 그렇지만 외국인들도 선호하는 표현이 있습니다. 사람들은 한번 강사와 친해지면 그 강사의 강의만 듣는 경향도 있으므로 더욱더 배우는 폭이 줄어듭니다. 한 사람과의 대화가 많아지면서 그 사람의 언어 습관과 억양에 익숙해져서 그 사람의 영어는 다른 사람의 영어보다 더 쉽게 들리게 되는데, 이런 현상이 영어 실력이 느는 것으로 오해되기도 합니다. 반대로 익숙하지 않은 영어는 더 안 들리는 현상도 물론 존재합니다.

영어 강사와의 프리토킹으로 내 실력을 완벽히 측정할 수 있을까?

제대를 한 후 처음에는 주로 강남역 근처의 학원만 다니다가 시간상 집에서 가까운 강동구에 있는 학원으로 옮기게 되었습니다. 그때 처음으로 호주 출신의 영어 강사를 만났는데 이 강사의 강의를 들으면서 갑자기 영어가 도통 들리지 않아서 당황한 적이 있습니다. 영어를 잘하게 되면 듣는 이해의 속도가 빨라지고 폭도 넓어지므로 악센트가 호주이건 영국이건 별로 듣는 데 구애를 받지 않게 됩니다. 하지만 당시의 제 수준이 그 정도에 미치지는 못했는지 처음에는 말이 들리지 않아서 고생을 많이 했습니다.

물론 시간이 지나서 호주식 악센트에 익숙해지니까 청취의 어려움이 많이 극복이 되었습니다. 한참 시간이 흐르고 나서 미국에 오니 병원에 인도 출신 의사들이 꽤 많았습니다. 막연히 '인도' 하면 황톳물이 흐르는 깨끗하지 않은 강에서 목욕하는 힌두교의 수행자들이 연상되는 것 말고는 아는 바가 없었던 터라 미국의 병원에 의외로 인도 출신 의사들이 많다는 것은 약간의 문화적 충격이었습니다. 미국 병원에 들어오기 위해서 인터뷰를 다닐 때도 미국의 시골 구석구석까지 인도 출신 의사들이 없는 곳이 없었고, 펜실베이니아의 한 시골 병원에 갔을 때 절반은 백인이고 절반은 인도인처럼 보여서 놀란 적도 있습니다. 나중에 알고 보니 그들이 다 인도 출신은 아니었고 파키스탄이나 방글라데시, 스리랑카 등 우리가 보기에는 구별이 불가능한 비슷한 얼굴을 가진 사람들이었습니다만 하여간 인도계 의사들이 정말 많았습니다. 그렇다 보니 미국인의 영어를 알아듣기도 힘든데 인도인의 영어를 알아듣는 것이 정말 큰 문제가 되었습니다.

  제가 보기에는 미국 영어와 인도 영어는 정말 차이가 컸지만 서로의 의사소통에 문제가 전혀 없었으며, 오히려 미국인과 인도인 둘 다 제 한국식 악센트가 들어간 영어를 알아듣기 힘들어했습니다. 한국인의 영어가 강세와 억양이 없어서 그 사람들로서는 알아듣기가 힘들었을 것이라는 짐작은 가지만 미국인과 인도인들이 의사소통을 잘하는 건 처음에는 불가사의한 문제였습니다. 나중에 보니 여기에는 별다른 비밀이 있는 것은 아니고 그저 익숙해지면 되는 것이었습니다. 물론 인도식 영어가 우리가 듣기에는 이상할지 몰라도 한국식 영어보다 강세와 억양이 더 확실해서 미국 사람들에게 더 쉽게 들렸을 수도 있지만 결국은 그런 영어를 접해보았느냐 그렇지 않느냐가 더 큰 결정인자인 것 같았습니다.

  간혹 인도 출신 의사와 제가 함께 미국인 환자를 볼 때가 있었는데 아주 외진 시골에서 외국인을 접해보지 못한 사람들의 경우 인도 영어나 제 영어나 다 알아듣기 힘들어했습니다. 하지만 몇 번에 걸쳐 이야기를 나누고 나면 역시 영어를 잘하면 다른 억양의 영어에 대한 수용의 폭이 넓다는 것을 증명이라도 하듯 의사소통에 문제가 없었습니다. 그래서 병원에 자주 와본 미국인은 어차피 인도식 영어를 쓰는 의사를 어렵지 않게 보았을 테고 이미 익숙해진 상태에서는 의사소통에 큰 문제가 없었으리라는 생각입니다. 비슷한 예로 한국에서 영어 강사를 하는 원어민 중에 한국인의 영어를 듣기 힘겨워하는 사람을 보지 못했습니다. 왜냐하면 이들도 처음에는 한국식 악센트가 어려웠을지 모르지만 많이 듣다 보니 나중에는 충분히 익숙해졌을 것이기 때문입니다. 그러니 외국인 강사가 자신과 말이 잘 통하는 것이 자신의 영어 실력이 출중하다는 증명이 아니라는 사실을 명심해야 할 것입니다.

  두 번째 중요한 이유를 생각해보겠습니다. 첫 번째로 말씀드렸듯이 같은 표현만 사용하는 자기 자신과 강사가 문제라면 자기 자신은 어쩔 수 없으니까 부분적인 해결 방법으로 강사나 학원을 매달 바꾸면서 학원을 다니면 어떨까 싶지만 더 중요한 이유 때문에 이렇게 해도 소용이 없습니다. 진짜 문제는 우리 대부분은 아무리 잘 가르치는 원어민 강사를 만나도 말로만 들어서는 그들이 쓰는 표현을 받아들이고 응용해서 쓰는 능력이 높지 않다는 것입니다. 예를 들어 어떤 원어민 강사에게 5년 정도 강의를 듣는다 생각해보겠습니다. 그렇다면 그 원어민 강사가 할 수 있는 말은 거의 다 들어보았을 것이고 실로 엄청난 양의 정보가 들어온 셈입니다. 이 말을 다 자신의 기억에 저장하고 필요할 때마다 꺼내서 활용할 수만 있다면 얼마나 좋을까요? 그럼 이 강사만큼 말을 잘할 수 있을 테니까요. 하지만 현실적으로 이런 일이 가능하지 않다는 것은 우리 모두가 다 알 수 있습니다. 듣는 것은 그냥 듣는 정보일 뿐 자신이 따로 공부해서 정리하고 연습하지 않으면 자신의 것이 되지 않습니다.

한 가지 예를 더 보겠습니다. 제가 얼마 전에 블로그에 쓴 글 중에 미국에 사는 한국인들이 잘못 쓰고 있는 표현에 대한 것이 있습니다. 그런데 영어를 좀 한다는 분들과 영어권 국가에 오래 살면서 그쪽에서 교육을 받았다는 분들이 가장 반론을 많이 제기했었습니다. 자신들이 그런 표현을 써본 적도 없고 들어본 적도 없으니 제 주장이 틀렸다는 것입니다. 그중에 한 가지 사례를 들자면 제가 블로그 글에서 식당에서 뭔가 주문하거나 가게에 가서 뭘 살 때 'I'd like something' 이런 식으로 말하는 것이 좋겠다고 추천을 한 적이 있습니다. 그런데 미국에서 오래 공부했다는 분이 댓글을 다셨는데 'I'd like to have something'이라고 하는 것은 맞지만 'have' 없이 그냥 'I'd like something'이라는 표현은 아예 틀린 것이라고 못을 박으셨습니다. 영어를 특별히 잘하지 않아도 이 표현을 이미 알고 계신 분은 아마 대단히 황당할 것입니다. 원어민들이 항상 쓰는 표현이고 각종 책에도 흔히 나오는, 어찌 보면 가장 쉽고 기본적인 이 표현이 틀렸다니요. 하지만 이분은 자신이 써보지도 않았고, 들었어도 별로 의식하지 않아 기억을 못해서인지 자신이 미국에서 살아온 세월과 공부한 분량을 과신하고는 제가 추천한 표현이 잘못되었다고 확언하셨던 것입니다. 이것이 바로 우리 자신의 모습입니다. 공부해서 따로 익히지 않으면 아무리 쉬운 것도 저절로 알기가 무척 힘듭니다. 저는 이런 분을 탓하기보다는 이것이 우리 자신의 모습이 될 수 있다는 측면에서 스스로 경계를 하면서 살아야겠다고 생각합니다.

어쨌거나 말로만 듣고 배우기가 이렇게 어렵습니다. 원어민과 매일 얼굴을 보면서 살아도, 혹은 매일 학교에 다니면서 대화를 하고 살아도 영아기에서 청소년기로 이어지는 언어의 발달 단계를 원어민 속에서 익히지 못한 이상, 영어를 제2외국어로 익히는 성인들은 말만 들어서는 영어를 완전히 배울 수 없습니다. 그래서 제가 주장하는 것처럼 글을 소리로 듣는 것에 더해서 눈으로 보고 소리 내어 읽는 공부와 스스로 글로 쓰면서 연습하는 총체적인 공부가 필요합니다. 그 공부는 자신이 원하는 만큼 성취할 때까지 계속되어야 하고 자신의 역량이 늘어날수록 공부의 수준도 함께 높여가면서 지속해야 합니다. 이렇게 계속하면 학원에서 말로만 듣고 공부하는 경우 발생하는 현상, 즉 실력이 더 이상 상승하지 않고 정체되는 것을 피할 수 있습니다.

학원 수강으로 영어 실력을 늘리는 데 한계가 있는 세 번째 이유를 생각해보겠습니다. 학원에서는 수강생의 영어 구사에 약간의 문제가 있어도(틀린 표현을 자주 쓴달지, 안 좋은 습관이 있다랄지) 대개의 원어민 강사들은 잘못을 지적해주지 않는다는 문제가 있습니다. 그래서 수강생들은 학원에 가서 원어민과 이야기를 하다 보면 말이 잘 통하고 자신의 말이 잘 이해할 만하다고 착각하기가 쉽습니다. 아직은 배우는 입장이므로 당연히 틀린 표현이 있을 텐데 말이죠. 잘못된 표현을 지적받지 못하는 이유는 강사도 학원 수강생의 기분을 상하게 하고 싶지 않기 때문입니다. 저도 아주 오랫동안 알고 지내면서 사제 관계에서 친구 관계가 된 원어민 학원 강사가 있는데 이 친구에게서 제 영어의 문제점을 듣기까지 5년도 더 걸렸습니다. 한번은 이 친구가 제가 말하면서 'so~' 표현을 너무 많이 쓴다고 하더군요. 아무리 친한 사이지만 이런 말을 처음 들었을 때는 기분이 좋지 않았습니다. 자존심이 상해서였을까요. 그때까지는 저도 몰랐습니다만 나중에 곰곰이 생각해 보니 듣는 사람이 짜증이 날 정도로 'so~'를 남용하고 있었습니다. 이런 말은 친구에게 들어도 섭섭한데 무슨 습관 정도가 아니라 문법적으로 엉터리 표현을 사용하고 있다고 학원 강사에게 날마다 지적을 받으면 기분이 얼마나 나쁘겠습니까? 물론 저도 가끔은 선생님으로서의 직설적인 충고를 해주는 원어민 강사를 만난 적이 있습니다만 이런 사람이 그렇게 많지도 않았고 대신 화기애애한 강의실의 분위기에 중점을 두는 강사가 더 많았습니다. 이런 이유로 학원을 오래 다녀도 자기 자신의 영어 표현상의 단점을 알아내기가 그리 쉬운 것은 아닙니다.

넷째로 학습의 양이 너무 적다는 문제가 있습니다. 물론 학원을 다니면서 개인적인 공부를 열심히 하는 사람에게 해당되는 이야기는 아닙니다. 하지만 제가 학원에서 만난 사람들 중에는 상당수가 하루 한 시간 학원 수업만이 영어 공부의 전부인 경우가 많았고, 그나마 아까운 수강료를 냈음에도 불구하고 사정상 자주 빠져야 하는 사람도 많았습니다.

　블로그를 운영하다 보니 본의 아니게 영어 공부에 관해서 질문 메일을 많이 받습니다. 얼마 전에는 캐나다에 계신 한국 여성분의 이메일을 받았는데, 이분은 캐나다인 남편과 결혼하여 한국 사람도 별로 없는 곳에서 영어만 몇 년간 쓰면서 사는 분이었습니다. 하지만 여전히 영어는 어렵고 그래서 스트레스가 많다고 하시면서 무슨 방법이 없느냐고 물어오셔서 저도 성의껏 대답을 보내드린 일이 있습니다. 여기서 생각해볼 것은 이렇게 원어민과 영어를 매일 쓰면서 함께 살아도 영어가 그에 비례해서 계속 늘지 않는데 학원에 다니는 것만으로는 결코 충분한 학습량이라고 볼 수 없다는 것입니다. 따져 보면 학원에서는 하루 한 시간 수업이 대부분 50분 수업이고 한 달에 20시간 정도 학원을 다니면 1년이라도 겨우 240시간밖에 되지 않는데 이 정도밖에 영어를 쓰지 않는 사람이 몇 년을 학원에 다닌들 영어가 얼마나 늘겠습니까.

　전에 읽은 책에서 영어 듣기가 잘되려면 통달이 되는 데 필요한 듣기 공부의 시간이 일정 임계점을 넘어야 하는데 그게 3,000시간이라는 글을 보았습니다. 상당히 긴 것 같습니다. 하지만 더 심한 주장도 있습니다. 혹시 뉴욕에서 활동하는 소위 경영 사상가라는 낯선 직업을 가진 말콤 글래드웰이라는 사람에 대해 들어보셨는지 모르겠습니다. 《티핑 포인트 The Tipping Point》라는 책과 《블링

크Blink)라는 단 두 권의 책으로 세계적 경영 전문가로 꼽히게 되었고, 《아웃라이어Outliers》라는 책도 출간과 동시에 〈뉴욕타임스〉의 주간 베스트셀러 1위에 올랐습니다. 이 사람의 주장 중 하나가 어떤 일에 전문가가 되기 위해서는 1만 시간의 연습이 필요하다는 것입니다. 1만 시간이면 하루 세 시간씩 약 10년의 세월인데 이 정도 노력하면 무엇인들 못할까 싶기는 합니다만 누구나 다 이렇게 할 수 없겠지요.

저는 3,000시간이건 1만 시간이건 이렇게 긴 시간 공부해야만 영어를 잘할 수 있다고 말하고 싶은 것은 아닙니다. 하지만 1년에 240시간의 공부는 아무리 생각해도 부족합니다. 그나마 이 240시간 중에서도 자신이 말하는 시간은 더 적습니다. 학원에서 학생 다섯 명에 강사 한 명으로 반을 꾸려주어도 1인당 말할 수 있는 시간은 결국 5~10분도 안 되는데, 제 경험으로는 학생 수가 10명에 육박한 적도 많았습니다. 언어란 것은 많이 듣고 말하는 연습을 통해 실력을 기르는 것인데 좀 과장하면 학원에 가고 오는 시간 두 시간을 빼고 나면 학원에서는 10분 공부하는 셈이 될 수도 있습니다. 대부분의 사람에게는 학원에 1년 동안 꾸준히 다니는 것도 상당한 노력이 요구되는 일입니다. 하지만 이렇게 1년 이상 꾸준히 학원을 빠지지 않는 노력을 할지라도 위에 열거한 여러 가지 요인들로 인해서 영어 실력을 늘리는 데 그리 큰 효과를 발휘하지 못한다면 영어 학원은 아예 다니지 말아야 하는 것일까요?

학원을 제대로 활용하는 방법

제가 학원에 다닐 때 방학을 이용해서 하루에 네 시간이나 외국인 회화반을 듣는 여대생이 있었습니다. 돈도 돈이지만 시간도 많이 투자되는 일이었기에 대단한 결단이 필요했으리라 생각합니다. 제 짐작에 아마도 그 여학생은 외국으로 단기 영어 연수를 떠나는 것과 비교해서 한국에서 열심히 학원 다니는 것도 결국은 큰 차이가 없으리라고 생각하고서 그렇게 했던 것 같습니다. 비행기 표 값과 체재비라도 아꼈으니 잘했다고 칭찬하고 싶기도 합니다만 조금 더 욕심을 낸다면 차라리 그 시간의 일부를 자기 스스로 공부하는 데 사용하고, 학원은 한두 시간만 다니면 어떨까 하는 생각이 들었습니다. 왜냐하면 위에 쓴 대로 학원은 아는 표현을 써먹어보고 기억에 각인시키기 위해 실습하는 장소이지 새로운 표현을 배우는 곳이 아니기 때문입니다. 엄밀하게 따져서 학원에서 새로운 표현을 가르치지 않는 것은 아니며, 배워도 소용이 없다는 것도 아닙니다만 내가 고기를 잡지 않고 남이 계속 잡아주면 스스로 고기 잡는 법을 익히기가 정말 힘듭니다. 남이 고기 잡는 것을 네 시간이나 구경하느니 되든 안 되든 스스로 해보는 것이 좋다는 생각입니다. 여기서 말하는 자신이 스스로 하는 공부란 물론 제가 책의 앞부분에서 언급했듯이 영어책 소리 내어 읽기, 영어 일기 쓰기 등의 공부를 말합니다. 이런 맥락에서 혹시 학원을 오래 다녔는데도 실력이 늘지 않는다고 고민하시는 독자 분이 있다면 실력이 잘 늘지 않는 것은 영어에 재능이 없기 때문이 아니고 위에서 언급한 대로 원래 학원에 한계가 있기 때문이라는 점을 생각해야 하겠습니다.

앞에서 밝혔듯이 지금까지 말한 학원 강의란 학원에서 원어민 강사와 프리토킹을 하는 중·고급 회화반을 말하는 것이었습니다. 그럼 초보자를 위해 청취, 발음, 문법, 기초구문 등을 가르치는 학원 강의는 어떨까요? 일단 초보자는 배워야 할 내용이 참 많고 누군가 일목요연하게 핵심적인 내용을 잘 정리해서 가르쳐준다면 받아들이기도 쉽고 시간도 절약될 수 있으므로 저는 적극 추천하는 편입니다. 학원의 효과는 재수하면서 입시학원에 다녀보신 분이나 토플이나 토익 등의 특정 시험을 준비하기 위해서 전문학원에 다녀보신 분들이라면 잘 아시리라고 생각합니다. 학원 강사들은 짧은 시간에 많은 지식을 머리에 넣어주는 데 통달한 사람들이기 때문에 시간과 금전적인 여유만 되면 이들의 힘을 빌리는 것을 마다할 필요는 없습니다. 물론 이것도 마찬가지로 남이 고기 잡는 것을 구경하는 것에 불과합니다. 배웠으면 스스로 정리하고 연습해보는 복습 과정을 통해서 자신의 것으로 만들어야 합니다. 이 과정이 없으면 학원에 아무리 열심히 다녀도 배우는 그 순간만 다 아는 것 같을 뿐 나중에 남는 것이 별로 없습니다.

또 하나, 저도 그랬고 다른 사람도 비슷한 경향이 있지만 기초반을 오래 다니는 것을 창피하게 여기고 하루 속히 원어민 회화반으로 올라가기를 원하는 사람들이 많은데 이런 경향은 경계해야 합니다. 가능하면 원어민 회화반으로 올라가기 전에 기초반에서 충분히 실력을 키우는 것이 좋습니다. 반복되는 이야기 같지만 다시 강조하면 회화반에서는 이미 스스로 공부해서 알고 있는 내용을 써먹어봄으로써 스스로의 기억에 각인시키는 효과와 자신감을 얻는 효과가 있기 때문에 실력이 쌓이기 전에 빨리 올라갔을 때 얻을 수 있는 이득이 별로 없습니다. 어디에나 예외가 있기 마련이므로 제가 말하는 이런 일반적 권고사항에 해당되지 않는 분들도 있을 것이니 스스로 신중하게 판단하는 것이 좋겠습니다.

직장 근무 등으로 인해 시간적 제약이 심해서 하루 한 시간 정도밖에 영어 공부를 할 여유가 없는 사람은 어떤 전략으로 공부 계획을 짜야 할까요. 이렇게 시간이 없는 사람은 상황에 따라서 학원을 다니는 것이 나을 수도 있고, 혹은 학원 대신 혼자서 공부하는 것이 나을 수도 있습니다. 학원을 다녀야 하는 사람은 영어를 잘하는 사람으로 원어민과 계속 이야기하는 시간을 가짐으로써 감을 유지해야 하는 사람입니다. 아무래도 영어가 모국어가 아니다 보니 영어권 국가에서 지낼 때는 영어를 꽤 잘하던 사람도 한국으로 돌아가서 영어를 못하고 살다 보면 영어 능력을 점점 잃게 됩니다. 이렇게 보자기 속의 물처럼 계속 새는 영어 실력을 그나마 어느 정도 유지하는 비결은 외국인과 회화를 하는 길입니다. 그럼 학원을 다니지 말아야 할 사람은 누구일까요? 바로 이 정도로 영어를 잘하는 사람을 제외한 나머지 모든 사람입니다. 영어의 기초가 전혀 없는 초급자와 자신이 초급은 넘어서지만 그래도 초급에서 중급 사이라고 생각하는 분은 학원에서 보낼 한 시간과 이동에 들어가는 한두 시간을 합해서 생기는 두세 시간을 차라리 집에서 책을 소리 내어 읽으면서 공부하는 시간으로 전용해서 활용하는 것이 낫습니다.

그럼 학원의 단점으로 꼽은 것들을 어떻게 극복할 수 있을까요? 문제는 여러 가지이지만 해결방법은 단 한 가지, 스스로 하는 공부와 학원을 병행하는 것입니다. 사람은 자신이 아는 표현만 반복해서 쓰는 경향이 있기 때문에 학원 공부가 비효율적이라고 했는데 이는 아는 표현의 종류를 꾸준한 스스로의 공부를 통해 늘림으로써 극복할 수 있습니다. 자신이 별도로 공부하여 학원에서 쓰는 표현을 풍부하게 만들면 실제로 써먹어본 표현이 잘 잊히지 않는 관계로 서로 상승 작용을 일으키면서 전반적인 영어 실력이 향상되게 됩니다. 또 선생님과 대화하는 것만으로는 기억에 남지 않으므로 나중에 써먹기가 힘들다고 했는데, 영어 표현을 사용할 때 따로 공부해서 이미 알고 있는 표현이라면 강사가 그 표현을 쓸 때 확실하게 각인이 되어 자신이 써먹을 수 있는 원천이 될 수 있습니다. 학원 강사로부터 자신의 문제점을 정확하게 지적받기가 어렵다고 했는데 공부하면서 자신이 뭘 어떻게 잘못했는지 스스로 깨달아간다면 그것으로도 충분한 실력 증진이 될 것입니다. 원래 언어란 것은 표현을 암기하고 있는 상태에서 그 표현이 딱 맞는 상황에 써먹어야 기억에 남습니다. 똑같이 영어를 들어도 자신이 알고 있는 표현은 더 잘 들리고 더 기억에 오래 남습니다. 따라서 이미 알고 있는 것이 많은 사람이 더 많은 이익을 볼 수 있는 곳이 학원입니다. 맨땅 위에 집을 짓는다고 했을 때 아무 준비도 하지 않고 온 사람과 미리 벽돌이라도 열심히 만들어 온 사람이 집 짓는 속도에서 서로 차이가 나는 건 당연할 것입니다.

이 글을 주의 깊게 읽지 않고서 자칫 중급 이하의 실력이라면 학원을 다니지 말아야 한다고 판단해버리는 사람이 있을까 봐 다시 한번 강조합니다. 시간만 충분하다면 학원을 다니는 것이 좋습니다. 하지만 초보자는 원어민 회화보다는 기본 실력을 쌓는 데 더 힘을 쏟아야 하고, 원어민 회화로 올라가기 위해 기본 강좌를 너무 빨리 건너뛰지 말아야 합니다. 그냥 꾸준히 실력을 쌓으면서 기다려야 합니다. 실력이 중급 정도의 수준에 도달하면 원어민 회화를 시작하되 너무 많은 시간을 투자하면 안 됩니다. 자기 스스로 공부하는 시간과 원어민 회화의 비율은 3 대 1 이상이 되는 것이 좋으며 너무 공부할 시간이 부족한 경우 아예 학원을 다니지 말고 차라리 스스로 공부해서 실력을 쌓아가는 편이 더 낫습니다. 고급자의 경우 이미 영어 공부의 노하우가 충분할 것이므로 원어민 회화를 꾸준히 하면서 감을 유지하는 것은 충분히 가치 있는 일입니다.

영어 연수, 언제 가야 하나

영어 연수가 붐인 현실에서 나도 한번 가볼까 하는 유혹을 받는 사람이 많습니다. 얼마 전만 해도 영어 연수는 대학생들의 전유물인 줄로만 알았는데 요즘은 직장인들도 직장을 그만두고서 많이 간다고도 하고 대학을 졸업하고 취업을 준비하는 입장에서도 많이 간다고 합니다. 학원은 직장이나 학원을 다니면서 병행할 수 있는 데에 반해 연수는 아예 모든 것을 중지하고 가야 하니 상당한 부담과 결단이 따르는데, 들어가는 비용과 시간을 생각해보면 영어 공부의 정점에 있는 단계가 아닌가 싶습니다. 영어 연수를 다녀왔으면 영어가 많이 늘어야 정상일 것 같은데 유감스럽게도 별로 효과를 보지 못했다는 사람이 의외로 많습니다. 결론부터 말하자면 영어 연수 역시 영어 실력 향상을 보장하지는 않습니다.

그 이유는 위에서 학원에 다녀도 영어 실력이 늘지 않는 이유로 꼽았던 네 가지와 동일합니다. 즉 새로운 표현을 듣기만 해서는 배우기가 어렵다는 것, 사람은 새로운 표현을 받아들이지 못하고 익숙한 표현만을 사용하는 경향이 있다는 것, 선생님으로부터 잘못을 지적받으면서 잘못을 고쳐나가는 과정이 별로 없다는 것, 그리고 학습 시간이 적다는 것입니다. 물론 연수가 가져다주는 가장 커다란 혜택은 일단 영어 환경에 풍덩 빠져본다는 것이니 마지막에 학습 시간과 관련해서 문제 삼은 학원의 단점은 훌륭하게 극복될 수 있을 것으로 보입니다. 하지만 그 점을 빼면 영어 연수는 여러 가지 측면에서 학원과 판박이입니다. 영어 연수를 가면 학원 혹은 학교에 등록하여 본인과 똑같은 영어 초보자들과 더듬더듬 이야기해야 할 것입니다. 그리고 학원 밖에 나오면 대개 한국어를 쓰는 환경으로 다시 들어갈 가능성이 높습니다. 아무래도 한국 친구들과 어울리게 되고 어디를 찾아가더라도 자신이 마음 편한 곳을 찾다 보니 한인타운에서 시간을 보내게 되리라는 것입니다. 학교에서 영어를 쓰느라 힘들었으니 이제 좀 쉬자는 보상심리까지 있으면 방과 후에는 영어책 잡기가 더 힘들어질 겁니다. 물론 그렇지 않은 분들도 많은 줄 알기 때문에 일반화시킬 수는 없지만 이런 약점이 있을 수도 있다는 것을 이야기하는 것입니다. 만약 영어 실력을 늘리는 데 전념하기 위한 목적으로 한국인이 별로 없는 곳을 골라서 학교를 택하고 그런 지역에서 철저하게 영어로만 생활하기로 결심하고 실천하는 분들도 있을 것입니다만 한국에서 알선받는 대부분의 어학원이나 학교가 한국인이 집중적으로 많은 도시에 분포하다 보니 영어 연수를 영어 환경에서만 보내기가 쉽지 않은 것 같습니다.

제가 이야기를 나누어본 소위 실패한 영어 연수생들은 학교와 학원에서 영어를 썼지만, 새로 사귄 한국인 친구들과 한국말로 어울리고, 집에 와서는 텔레비전을(심지어는 한국말로 나오는) 보는 것이 전부인 비효율적인 영어 공부를 하면서 시간을 보냈다고 했습니다. 외국까지 가는 것이니 상당히 굳은 마음가짐을 하고 떠났겠지만 결국 원한 만큼의 실력 향상을 도모하지 못하고 그냥 귀국하는 경우가 생길 수 있습니다. 적지 않은 사람들이 영어 연수를 통해 자신의 영어 실력을 업그레이드시킨 예도 많습니다. 그런데 이런 경우들은 영어를 못하던 초보가 영어권 국가의 물을 먹었다는 것만으로 갑자기 고급 영어 구사자가 된 것이 아니고 한국에서 준비를 착실하게 한 사람으로서, 마치 영어 실력의 폭탄이 터질 준비가 된 사람이 영어 연수로 뇌관에 불을 붙였다고 생각해야 합니다.

이런 사람이 영어 연수를 하게 되면 실력이 비축되어 있던 상황에서 본격적으로 영어를 사용함으로써 감을 익히고 자신감을 얻는 계기가 제공되게 되어 남이 보기에는 정말 태권도 노란 띠가 하루 아침에 5단이 된 것처럼 급작스런 영어 실력의 향상이 있었던 걸로 보일 수도 있습니다. 비결을 따져보면 겉보기에는 다 똑같은 초보자로 보였을지 몰라도 새로운 환경에서 영어를 스폰지처럼 흡수할 만한 영어 실력이 이미 있었고 영어 연수에서 남들보다 훨씬 빠른 속도로 영어를 흡수한 것뿐인데 말입니다. 단기 영어 연수는 이런 의미에서 영어를 배우러 가는 것이 아니라 스스로 한국에서 익힌 영어를 본격적으로 써먹음으로써 자신감을 갖는 계기가 되어야 합니다. 이렇게 이야기하고 보면 학원에 다니는 자세와 다를 바가 없다는 결론에 다다르게 됩니다.

이런 사실은 연예인이나 정치인 등 유명인도 마찬가지입니다. 가끔 뉴스를 보면 낙선한 정치인도 미국 유학을 가고, 연예인도 머리를 식힐 겸 유학을 가며, 방송인들도 휴식을 갖는 의미로 유학을 간다는 소식을 듣게 됩니다. 이런 뉴스를 들으면 저도 예전에는 미국에 일단 가기만 하면 누구나 영어가 터질 것이라고 생각했습니다. 한국에서는 아무리 해도 안 되는 영어가 미국에 가서 살면서 부딪히면 어떻게든 될 것이라는 생각을 했던 것입니다.

아마도 부모님들의 이런 오해가 수많은 조기 유학생을 양산한 것은 아닌가 합니다. 다 그런 것은 아니지만 조기 유학을 온 어린 학생들의 많은 수가 영어를 잘하게 되기는 합니다. 하지만 그 과정을 보면 말이 통하지 않아서 친구들에게 따돌림도 당하고 바보 취급도 당하면서 피나게 영어를 연습해서 따라잡게 되는 것입니다. 세상에 저절로 되는 것이 어디 있겠습니까? 이 아이들이 이런 투지와 절박성을 가지고 공부를 했다면 한국에서도 영어를 잘했을지도 모릅니다. 하지만 이런 동기가 어디서나 쉽게 부여되는 것은 아니니 조기 유학 자체가 불필요한 것이라고 극단적으로 말하기는 어렵습니다. 다만 유명인이든, 대학교수든, 조기 유학생이든, 저절로 영어가 되는 경우는 없다는 것입니다. 저도 지금이니까 이렇게 결론이 자연스럽게 도출되었지 의대 다닐 때만 해도 정말 몰랐습니다.

해외 영어 연수를 활용하는 방법

초보자는 한국에서 그냥 공부하는 것이 좋고 최소한 중급까지 실력을 끌어올리고 나서 외국에 나가는 것이 좋습니다. 다만 초급인 경우에도 외국 연수가 정당화될 수 있는 이유가 몇 가지가 있는데 외국에 나가서 넓은 안목을 기를 수 있다는 것, 의사소통의 불편을 경험함으로써 향후 공부에 대한 자극을 받는다는 것, 외국인을 두려워하지 않는 배짱을 기르는 것이 되겠습니다. 이런 것이 목적이면 연수의 기간은 가급적 한두 달의 단기가 나을 것이며 영어 실력의 기반이 없는 상태에서 6개월 이상의 장기 해외 체류는 생산성의 측면에서 손해가 아니겠는가 생각합니다. 이것은 남다른 강한 정신력이 없는 (저와 독자 분들의 90% 정도에 해당하는 사람들과 같은) 일반적인 경우에 대한 의견이고, 만약 정말 독하게 마음을 먹고 낮에는 학교에서 저녁에는 집에서 고시 공부하듯이 공부할 각오가 있으면 단기든 장기든, 초보든 중급이든, 위와 같은 저의 의견에 예외라고 판단됩니다. 이런 분은 학원이든 연수든 자신의 재량에 따라 결정해도 상관이 없을 것입니다.

수년씩 해외에 체류하는 장기 유학이나 이민은 위와 같은 원칙이 적용되지 않는 또 다른 상황입니다. 일단 영어 환경에 노출되는 시간이 상당히 길어지면서 그 자체로 영어 실력이 늘 계기가 많이 제공되기 때문입니다. 한국에서 실력을 쌓을 만큼 쌓고 외국에 가는 것이 좋다는 사실에는 변함이 없지만 실력이 초급인 사람도 장기 유학이나 이민을 불가피하게 결정할 수밖에 없는 경우가 있을 것입니다. 이런 분들에게 제가 할 수 있는 최선의 충고는 미국에 온다고 저절로 영어가 될 것이라고 기대하지 말고 개인적으로 따로 공부를 해야 한다는 것입니다. 미국에 와서 학교도 다니고 직업 생활도 영위하다 보면 분명히 영어가 늘게 되어 있습니다만 자신이 별도로 기울이는 노력이 없으면 영어가 전형적인 구어체 영어 수준에 고착되게 되고, 어쨌든 말이 통하므로 자신이 쓰는 영어가 원어민이 듣기에는 부자연스럽게 들리더라도 개의치 않고 자기만의 영어를 평생 쓰게 되는 경우도 생깁니다. 한국인만 그런 것은 아니고 미국에 온 세계 각국 출신의 1세대 이민자들이 이런 범주에 속하는 경우가 많습니다. 하지만 이들은 미국 사람과 의사소통을 하면서 큰 불편 없이 살아가는 경우가 많으므로 굳이 이런 것을 교정해서 미국 사람의 수준으로 높이려고 애쓰며 스트레스를 받아야 하는가는 또 다른 이야기가 될 것입니다만 훌륭한 영어를 구사하기를 원한다면 노력을 따로 해야 합니다.

    그러나 미국에서 그럭저럭 잘 사시는 많은 분들도 아무래도 남의 나라에서 사는 것이다 보니 변호사, 의사, 회계사 등의 전문직과 이야기할 때 표현상 제약이 많고, 문제가 생겨도 관공서에 따지기도 힘들며, 자녀 문제로 학교에서 선생님과 터놓고 이야기하기도 어려운 등의 문제로 영어 실력을 향상시키고픈 욕구가 대단한 것을 목격하였습니다. 그래서 본인이 나이는 들었지만 아직도 영어를 잘하고 싶은 마음이 많다며 어떻게 하면 좋으냐고 저에게 질문을 해오신 분들이 많습니다. 이럴 때 저는 예외 없이 영어책 소리 내어 읽기를 비롯한 쓰기, 듣기 등을 골고루 공부하라고 권해드렸습니다. 영어권 국가에 사는 것은 영어 공부의 측면에서 여러모로 혜택이 많은 것임은 분명하지만 스스로 공부하면서 실력을 키우지 않으면 외국에 살았던 기간에 비례해서 영어가 늘지 않습니다. 마치 학원에 오래 다녀도 실력이 더 이상 늘지 않는 것과 비슷한 원리입니다. 이런 것을 생각해보면 세상에 공짜란 정말 없는 것 같습니다. 스스로 공부해서 내 것으로 만들지 않은 것은 진정한 내 것이 아니니 말입니다. 하지만 노력하면 그 노력에 합당하게 대가가 돌아오는 것이 영어 공부입니다. 때로는 이 세상에 영어 공부만큼 정직한 것이 또 있나 하는 생각도 듭니다. 학원도 연수도 이민도 그래서 다 같습니다. 영어 실력을 높이려면 자신이 공부해야 한다는 것이 결론입니다.

Macy님의 질문: 저는 현재 어학 연수 중입니다. 저뿐만 아니라 다른 한국인 어학 연수생들이 많이 있는데요. 한국 사람들을 보면 문법 실력은 좋은 반면에 듣기와 말하기가 부족하다는 것을 뼈저리게 느낍니다. 영어를 듣고 있으면 잘 집중이 안 되고 졸리기까지 한데요. 왜 그런지 모르겠습니다. 우리가 남이 말하는 것을 듣는 데 연습이 덜 되어 있어서 그런 것일까요?

답: 위로가 되실지 모르겠는데 외국인의 영어를 듣고 있으면 집중이 잘 안 되고 졸리는 현상은 저도 있었습니다. 일찍이 테이프를 수백 번 반복해서 들으며 귀 뚫기를 시도했을 때도 그랬고, 한참 나중에 미국에 와서 미국인과 생활할 때도 회의에 들어가서 고생을 많이 했습니다. 그 이유는 듣고 있는 내용이 잘 들리지 않을 경우 그 말이 단조로운 소음으로 처리되어 두뇌에 입력이 되기 때문입니다. 마치 자동차에 타고 있을 때 자동차가 바람을 가르는 소리나 엔진 소리가 적지 않은 소음임에도 불구하고 계속 들릴 경우 오히려 자장가로 변하는 현상과 비슷하다고 생각됩니다. 저도 확실한 해결책은 없습니다만 일단 이런 현상에 너

무 좌절하지 않으셨으면 좋겠습니다. 그냥 생길 수 있는 현상으로 받아들이시되 매 강의시간 전에 커피라도 여러 잔 마시면서 외국인들의 말을 최대한 알아들으려고 노력하셨으면 좋겠습니다. 확실히 알아듣지 못하는 문장이 계속 이어지면 무척 지루해지기 마련입니다. 그럴 때는 외국인이 말하는 문장마다 주어를 확실하게 되새기면서 상대방의 말을 들어보시기 바랍니다. 아무리 말이 안 들려도 주어는 들을 수 있는 경우가 많습니다. 그렇게 일부만이라도 확실하게 알아들으려는 노력을 기울이면서 점점 주어에서 동사까지 들으려고 노력을 하십시오. 시간이 지남에 따라 목적어까지 들릴 것입니다.

Gemma님의 질문: 제 주위사람한테 상담하지 못하는 고민이 있어서 이렇게 메일을 보냅니다. 저는 모 대학 국제학부에 다니고 있습니다. 국제학부는 모든 수업을 영어로 하고 과제도, 시험도 당연히 영어로 제출합니다. 이런 과 특성 때문인지, 보통 외국에서 몇 년 살다 온 아이들이 주를 이뤄 어떨 때는 평소 대화도 영어로 합니다. 한국 속의 미국이라고 할까요. '가서 열심히 하면 돼!' 이런 생각으로 무작정 원서를 쓰고 합격을 했는데, 가장 큰 문제는 회화입니다. 수업 시간에 토론도 하고 그러는데 도저히 따라가지를 못하네요. 그러다 보니 자신감도 떨어지고, 성적도 좋지 않습니다. 지금 고수민 님께서 블로그에 올리신 영화 보며 회화하는 공부법을 시작했는데요. 과연 어학 연수가 좋은 방법인지, 정말 유창한 회화를 하려면 어떻게 해야 하는지 궁금합니다.

답: 유창한 회화가 안 되는 이유는 여러 가지가 있을 수 있지만 질문 주신 Gemma님의 특정한 상황을 넘어서 전반적으로 다 짚어보겠습니다.
가능한 이유로 첫째는 상대방이 한 말이 무슨 뜻인지 알아듣지 못해서일 겁니다. 내가 말을 못 알아들었는데 무슨 말을 해야 할지 알 수는 없겠지요. 이런 경우는 영어 초급자에게 자주 일어나는 현상이고 단어, 숙어, 발음, 악센트, 문장 구조 등의 파악이 안 되는 것이 문제이니 이를 해결하는 것이 우선입니다. 엄밀히 말해서 말하기의 문제가 아니라

듣기의 문제이지만 상당히 많은 사람들이 듣기의 문제를 말하기의 문제로 오해하는 경우가 있어서 첫 번째로 적어보았습니다.

둘째로 문장을 만드는 능력이 없어서입니다. '내가 어제 엄마 심부름으로 사당동에 갔는데 초등학교 동창을 길에서 우연히 만났다' 라고 말을 하려면 순식간에 머릿속에서 영작이 일단 되어야 입을 통해서 밖으로 나옵니다. 물론 문장을 먼저 만들고 머릿속의 문장을 읽는 것이 아니라 한국말을 하는 것과 똑같은 사고 과정을 통해서 그냥 하고 싶은 말이 술술 나와야 합니다. 문장을 만드는 능력이 자신에게 있는지 확인해보는 가장 쉬운 방법은 하고 싶은 말을 종이에 써보는 것입니다. 영작이 한 번에 무리 없이 된다면 문장을 만드는 능력이 있다고 봐야 합니다. 이메일을 주신 대학생은 이런 문제는 아닌 것으로 보입니다. 만약 영작 자체가 안 되는 경우는 문장 구성에 필요한 단어를 몰라서 그럴 수도 있고, 숙어를 몰라서일 수도 있고, 문장 구성의 문법적인 감각이 부족할 수도 있는데, 결국은 이 경우도 역시 영어 기본기의 문제입니다. 전반적인 영어 공부의 모든 영역을 다 공부하는 것이 해결책입니다.

세 번째로 전반적인 영어 실력은 좋은데 특정 상황에 쓰는 특정 표현만 부족한 경우가 있습니다. 영어로 강의하면서 학생을 가르치는 영문학 교수님도 미국 식당에서 음식 주문하기도 버거울 수 있습니다. 일단 메뉴를 알아야 하고, 메뉴 내용이 뭔지 알아도 온통 이탈리아어나 프랑스어로 된 메뉴를 어떻게 발음하는지 모를 수 있습니다. 이런 경우는 문화적인 배경에 대한 이해와 어휘력이 부족하다는 문제의 연장선상이지만, 그렇다고 해서 한국 사람이 미국에서 쓰이는 모든 단어를 알 수도 없고 알 필요도 없습니다. 해결책은 의외로 간단합니다. 위의 영문학 교수님 같으면 미국 식당 메뉴판의 내용을 복사해서 단어를 찾아가며 공부하고 식당에서 주문하는 예절이나 순서를 한 번만 누군가에게 제대로 배운다면 그 다음부터는 아무 문제도 안 될 겁니다. 영어를 어느 정도 해도 드물게 접하는 특정한 상황에 쓰는 특정한 말은 우리가 외국인인 이상 배워도 끝이 없습니다만 한 번 배우면 거의 잊지 않고 평생 써먹을 수 있습니다. 그래서 이런 종류의 부족함 때문에 좌절할 필요는 없다고 생각합니다.

네 번째 문제는 머릿속으로 따져보면 확실히 알고 있는데 실제 말로는 문장이 제대로 나오지 않는 경우입니다. 영어로 말하기는 영어로 문장을 구성하는 능력뿐만이 아니라 입에서 소리를 만들어 내보내는 과정을 포함합니다. 이런 경우도 역시 반복된 구두 연습(oral drill)을 통해서 말이 바로바로 나오도록 만들어야 합니다.

다섯 번째로 문제가 되는 것은 자신감의 부족입니다. 영어 공부의 달인들이 항상 하는 말이 영어가 부족해도 부끄러워 말고 틀린 말이라도 자꾸 하면서 배짱을 쌓아야 영어가 는다는 것입니다. 틀린 표현을 쓰기를 두려워해서 아예 말을 적게 하는 것은 상당수의 한국인이 다른 민족에 비해 더 많이 갖는 특징인 것 같습니다. 잘 알지도 못하면서 자꾸 말하는 것을 경박하다고 보는 유교적 전통 때문인지 저도 이런 성향이 매우 강했습니다. 물론 비즈니스의 세계에서는 사소한 실수가 엄청난 손해가 될 수 있으니 사소한 어감의 차이까지도 따지는 것이 당연합니다. 하지만 학교를 다니는 사람이 친구들과 이야기하거나 학급에서 토론하는데 이런 사소한 실수를 두려워해서 말문을 닫아버리면 실력이 늘 길이 없습니다. 예전에 '나는 이렇게 영어 도사가 되었다' 라는 식의 책을 많이 읽었는데 궁에 가서 얼굴에 철판을 깔고 외국 관광객에게 말을 많이 걸어봤다거나 길을 가는 주한미군을 붙잡고 용기를 내어 영어로 대화를 시도했었다는 이야기를 종종 보았습니다.

한국인에게는 외국어인 영어로 말하다 보면 틀리는 것이 정상이고, 외국인이 한국말을 틀리게 하는 건 너그럽게 받아들이면서 왜 영어가 틀리는 걸 그토록 부끄러워하느냐고 많은 사람들이 말합니다. 제가 생각해도 맞는 말이지만 용기가 없는 저 같은 사람에게는 여전히 틀리는 것이 부끄러울 뿐이었습니다. 바로 제가 그 대표적인 강박증 환자였기 때문입니다. 이 부끄러움증을 극복하는 길은 한 번쯤 원어민들 사이에 풍덩 빠져서 억지로 말을 만들어 쓰면서 살아보는 것입니다. 무수하게 틀리겠지만 자신의 실수와 남의 표현을 통해서 뭐가 바른 말인지 하나씩 배워가는 것입니다. 그래서 Gemma님의 경우는 영어 연수를 적극 권장하고 싶습니다. 문법에 맞는 문장의 영작을 잘할 수 있고 듣기에도 크게 무리가 없다면 결국은 말을 입 밖으로 내는 연습이 부족했다는 것과 자신감이 충분하지 않은 것으로 진단이 됩니다. 이런 분은 말을 일단 입 밖으로 많이 내는 연습을 해야 하고 이 과정에서 부끄러움을 덜 느낄 환경이 되어야 하는데 이런 것을 연수로 잘 성취할 수 있습니다. 말하자면 영어 공부의 10단 피라미드에서 9단까지는 쌓았고 꼭대기 10단에 벽돌 하나만 올리면 되는 경우인데 이런 사람들은 영어 연수로 실력이 비약적으로 늘 수 있습니다. 연수를 가서 어차피 모르는 사람들 사이에서 서로 틀리면서 되는 대로 부끄럼 없이 말을 하다가도 선생님이 지적해주는 것을 하루에 하나씩만 고쳐나간다면 이렇게 쌓인 자산이 나중에 훌륭하게 쓰일 수 있습니다. 금방 잘하실 수 있을 것 같습니다.

마치며

긴 글을 읽어주셔서 감사합니다. 과연 어떤 느낌이 드셨을까 궁금합니다. 읽고 나서 영어 공부란 게 별것 아니구나, 그저 꾸준히 테이프를 들으면서 책을 소리 내어 읽고, 영어 일기 쓰고, 나중에 공부한 걸 학원 가서 써먹으면 해결되겠구나 하고 확신을 가지셨다면 더 바랄 게 없을 것 같습니다.

영어를 잘하고 싶어 하는 사람은 너무나 많은데 정작 잘하는 사람은 적습니다. 그 이유는 첫째, 노력의 양이 불충분했기 때문일 것입니다. 그 말은 결국 공부를 중도에 포기했다는 이야기인데 공부를 지속하지 못한 이유는 잘못된 목표 설정으로 끝이 어디인지 몰라 방황했기 때문일 수도 있고, 공부 방법 자체가 지속 가능하지 않은 지루한 방법이었을 수도 있습니다. 그래서 이 책에서는 몇 달 만에 영어가 된다는 식의 뜬구름 잡는 이야기는 하지 않았습니다. 또한 누구나 실행 가능하고 지속 가능한 공부 방법을 소개했습니다.

영어 잘하는 사람이 드문 두 번째 이유로 사람들의 영어 학습법 자체에 결함이 있었을 수도 있습니다. 부적절한 방법이란 영어 실력의 향상을 더디게 만드는 비효율적인 방법이거나, 아예 효과가 없는 방법일 수도 있을 것입니다. 제가 머리가 좋아서 아무도 생각하지 못한 하늘에서 떨어진 것 같은 혁신적인 공부 방법을 만들어서 소개해드렸으면 얼마나 좋았을까 생각도 합니다만 이 책에서는 대신 제가 아는 가장 우직하지만 효과만큼은 확실한 방법을 알려드렸습니다.

  책을 읽으면서 느끼셨겠지만 제가 알려드린 방법은 솔직히 제 방법도 아닙니다. 그냥 선배들이 오랫동안 해왔던 방법이고, 외국인들도 외국어를 익히기 위해 하는 방법이며, 지금도 많은 사람들이 하고 있는 방법일 뿐입니다. 이렇게 하면 절대로 영어가 안 터질 리가 없을 것이라고 생각함에도 불구하고 너무 당연한 방법이라 혹시 다른 더 좋은 방법이 있을까 봐 방황하는 분들에게 확신을 드리고자 저는 이 책을 썼습니다.

  돈은 하룻밤 만에 벌 수도 있지만 영어 능력은 하룻밤 만에 쌓을 수 없습니다. 아무리 부인하고 싶어도 영어 능력도 결국은 기억이고 습관입니다. 몇 달 만에 한국인의 입에서 영어가 터지게 만드는 방법이 있다면 노벨상이 문제가 아니라 인류의 역사가 진작 다 바뀌었을 것입니다. 가장 극과 극의 언어를 그토록 쉽게 배우게 만들 수 있다면 세상에 뭔들 어렵겠습니까? 하지만 노력 없이 쉽게 영어가 터지게 하는 그 어떤 방법도 존재하지 않습니다. 대신 저는 이 책으로 여러분의 단 10분의 노력도 헛되지 않도록 가장 효율적이고 제대로 된 방향을 제시하고자 했습니다.

  여러분이 노력하는 그 모습은 정말 아름답습니다. 언젠가 분명히 영어의 말문이 열리고 귀로 말이 쏟아져 들어올 때가 올 것입니다. 그때가 되면 아실 것입니다. 영어를 터지게 한 것은 여러분 개개인의 열정이었다는 것을 말이죠. 행운을 빕니다.

2009년 여름
집필을 마치며
맨해튼이 보이는 창가에서

고수민

내 생애 마지막 영어 공부법
뉴욕의사의 백신 영어

1판 1쇄 발행 2009년 9월 21일
1판 16쇄 발행 2025년 2월 19일

지은이 · 고수민
펴낸이 · 주연선

(주)은행나무
04035 서울특별시 마포구 양화로11길 54
전화·02)3143-0651~3 ｜ 팩스·02)3143-0654
신고번호·제 1997—000168호(1997. 12. 12)
www.ehbook.co.kr
ehbookehbook.co.kr

ISBN 978-89-5660-312-4 03740

• 이 책의 판권은 지은이와 은행나무에 있습니다. 이 책 내용의 일부 또는 전부를 재사용하려면 반드시 양측의 서면 동의를 받아야 합니다.

• 잘못된 책은 구입처에서 바꿔드립니다.

"내 생애 마지막 영어 공부법"
1천4백만 블로거들의 공감 수기를 공개합니다

계속되는 실패에도 영어를 놓지 못하는 많은 이에게 용기와 실질적인 도움을 준다. 비슷한 어려움과 경험 끝에 성취한 저자의 노하우가 독자에게 희망과 자신감을 심어준다. _ 엄명희

'몇 달 만에 영어 마스터' 등 자극적인 문구로, 노력 없이 영어를 빨리 습득하는 비법이 있는 것처럼 독자를 현혹하는 책과 다르다. 영어는 언어이고 문화이며 결코 거저 얻을 수 없다고 말하는 진실되고 용기 있는 책. _ 서진웅

잘못된 영어 공부법이라는 흙 속에서 진주를 발견한 기분이다. 영어를 잘하는 입장에서 자신의 방법을 고집하는 것이 아니라 영어를 못하는 독자를 배려한 저자의 공부법, 적극 추천한다. _ 김동현

영어 공부의 고충에 대한 상세한 묘사와 대안의 제시, 원어민의 뉘앙스 등 학원 강의나 문제집으로는 배울 수 없었던 보석 같은 정보가 가득하다. _ 문종훈

남편의 해외발령으로 쉰두 살에 영어를 시작하게 된 내게 길이 되어준 글. 외국인이 하는 말을 다 이해할 수는 없지만 외국인 친구를 초대하는 일이 어렵지 않은 지금의 상황이 감개무량하다. _ ID: peti90